权威·前沿·原创

皮书系列为
"十二五""十三五"国家重点图书出版规划项目

广州蓝皮书

BLUE BOOK OF GUANGZHOU

广州市社会科学院／编

广州文化创意产业发展报告（2019）

ANNUAL REPORT ON CULTURAL & CREATIVE INDUSTRY OF GUANGZHOU (2019)

主　编／徐咏虹
副主编／张跃国　朱小燚　尹　涛　温朝晖
执行主编／皮　健　杨代友　梁　迅　王　丰

社会科学文献出版社
SOCIAL SCIENCES ACADEMIC PRESS (CHINA)

图书在版编目(CIP)数据

广州文化创意产业发展报告.2019/徐咏虹主编.――北京：社会科学文献出版社，2019.7
（广州蓝皮书）
ISBN 978-7-5201-4921-1

Ⅰ.①广… Ⅱ.①徐… Ⅲ.①文化产业－产业发展－研究报告－广州－2019 Ⅳ.①G127.651

中国版本图书馆 CIP 数据核字（2019）第 102119 号

广州蓝皮书
广州文化创意产业发展报告（2019）

主　　编／徐咏虹
副 主 编／张跃国　朱小燚　尹　涛　温朝晖
执行主编／皮　健　杨代友　梁　迅　王　丰

出 版 人／谢寿光
责任编辑／连凌云　丁　凡

出　　版／社会科学文献出版社·城市和绿色发展分社（010）59367143
　　　　　地址：北京市北三环中路甲29号院华龙大厦　邮编：100029
　　　　　网址：www.ssap.com.cn
发　　行／市场营销中心（010）59367081　59367083
印　　装／天津千鹤文化传播有限公司

规　　格／开本：787mm×1092mm　1/16
　　　　　印　张：20.25　字　数：303千字
版　　次／2019年7月第1版　2019年7月第1次印刷
书　　号／ISBN 978-7-5201-4921-1
定　　价／128.00元

本书如有印装质量问题，请与读者服务中心（010-59367028）联系

▲ 版权所有 翻印必究

《广州文化创意产业发展报告（2019）》编委会

主　　　编　徐咏虹

副　主　编　张跃国　朱小燚　尹　涛　温朝晖

执 行 主 编　皮　健　杨代友　梁　迅　王　丰

执 行 编 委　（按姓氏笔画排序）

　　　　　　　广新力　白国强　伍　庆　许　芳　江晶涛
　　　　　　　李雪枝　李　黎　李朔熹　何　江　邹　璇
　　　　　　　张　强　张友明　张赛飞　陈晓丹　陈晓晖
　　　　　　　欧江波　赵　龙　柳立子　段德海　郭艳华
　　　　　　　覃海深　蔡进兵

编辑部成员　李明充　郭贵民　艾希繁　陈　荣　王　靖
　　　　　　　林倩怡　张杰锋

主要编撰者简介

徐咏虹 女，广东广州人，广东省委党校研究生学历。历任广州市荔湾区团委书记，共青团广州市委副书记、书记，广州市青联主席，广东省青联副主席，广州经济技术开发区、高新区、保税区党委副书记兼政法委书记，萝岗区委副书记、政法委书记，广州市文化局党委书记，广州市文化广电新闻出版局党委书记，广州市海珠区委副书记、区长，现任中共广州市委常委、宣传部部长。

张跃国 男，文学学士，法律硕士，现任广州市社会科学院党组书记、院长，广州大学客座教授。研究方向为城市发展战略、创新发展、传统文化。主持或参与中共广州市委第九届四次会议以来历届全会和党代会报告起草、广州市"十三五"规划研究编制、广州经济形势分析与预测研究、广州城市发展战略研究、广州南沙区发展战略研究和规划编制，以及市委、市政府多项重大政策文件制定起草。

朱小燚 男，安徽凤台人，研究生学历。历任广州市政府外事办科员、副主任科员、主任科员，广州市政府外事办国际交流处副处长，广州市政府办公厅秘书，共青团广州市委书记助理，广州市政府外事办领事处处长，广州市政府外事办礼宾处处长，广州市政府外事办（港澳办）副主任、党组成员，现任中共广州市委宣传部副部长，分管全市文化和文化产业发展工作。

尹　涛 男，湖南道县人，博士研究生学历，经济学研究员，现任广州市社会科学院党组成员、副院长。广东省第十二届人大代表,广州市人民政府第三届决策咨询专家,广州市人民政府重大行政论证专家,广州市人文社会科学文化产业重点研究基地主任,广东省生产力学会副会长,广州市文化创意行业协会副会长。研究方向为产业经济、城市经济、经济规划与管理。近年来完成广州市哲学社会科学规划立项课题1项、重点委托课题2项;科研成果获省部级二等奖2项,省部级三等奖2项,广州市级二等奖5项、入围奖1项,地厅级一等奖1项、二等奖2项;主持和参与横向课题50余项。

温朝晖 男,硕士研究生学历,历任广州市农牧业局办公室主任科员、办公室副主任,广州市农业局办公室副主任,广州市文化局宣传处处长,广州市文化局办公室主任,广州市文化广电新闻出版局政策法规处处长,广州市文化广电新闻出版局组织人事处处长。现任广州市文化广电新闻出版局副巡视员,负责行政审批、文化产业发展和文化市场监管等工作,协调大型文化基础设施建设工作。

摘　要

党的十九大报告指出,"坚定文化自信,推动社会主义文化繁荣兴盛",要"健全现代文化产业体系和市场体系,创新生产经营机制,完善文化经济政策,培育新型文化业态"。习近平总书记视察广东时,明确要求广州实现老城市新活力,要在城市文化综合实力方面出新出彩。文化产业的高质量发展是广州增强城市文化综合实力,坚定文化自信的重要支撑。《广州文化创意产业发展报告》围绕"总结成绩、分析问题、展望未来、提出建议"研究广州文化创意产业的发展状况,致力于为政府决策服务、供学者研究参考以及有助于企业把握行业动态,合政产学研之力,促进广州文化创意产业高质量发展。

《广州文化创意产业发展报告(2019)》由广州市职能部门、科研院校、行业内专家学者的十余篇调研报告组成,按内容分为总报告、"一带一路"观察篇、融合发展篇、行业研究篇、发展模式探索篇、交流互鉴篇等六大部分。总报告回顾总结了2018年广州通过完善文化产业政策、推动文化消费、促进文化旅游融合发展、举办文交会、打造城市文化品牌、促进文化"走出去"等系列措施促进文化产业发展。基于2017年数据分析了广州文化产业取得的进步：文化产业增加值达到1161.07亿元,占全市地区生产总值的5.4%,支柱产业地位进一步提升。文化服务业增加值占文化产业增加值的比重达到72.7%,文化服务业的产业主导作用凸显。文化产业固定资产资金来源向多元化发展,投资结构进一步优化。城乡居民文化娱乐消费支出均呈现增长态势。文化贸易进出口额达到211.97亿美元,占全市进出口总额的14.8%,在经济发展中的重要性更加凸显。文化新兴行业发展有亮点,数字音乐成为国内龙头,网络直播全国第一,广州文交会品牌进一步彰显。

总报告还分析了广州文化产业发展存在的问题、面临的环境，预测了进一步发展的趋势和文化产业的主要指标，提出了广州加快文化产业发展的对策建议。

除总报告外，"一带一路"观察篇从文化产业"走出去"、文化贸易制度创新、文化交流与合作等方面进行了研究。融合发展篇分析了广州文化产业与金融、文化产业与 IAB 产业、文化传媒业态融合等热点问题。行业研究篇介绍了广州市的印刷产业、博物馆旅游和历史建筑利用的发展情况和趋势。发展模式探索篇分别从区、镇和企业三个层面总结分析广州文化创意产业的发展模式。交流互鉴篇分析了国际文化市场发展趋势、欧美和澳大利亚等国家和地区的文化产业发展做法及其对广州的启示。

关键词： 文化产业　融合发展　产业创新　文化新业态

Abstract

The report of the 19th national congress of the Communist Party of China (CPC) pointed out that "to firm cultural self-confidence and promote the prosperity of social culture", it is necessary to "improve the modern cultural industry system and market system, innovate the production and operation mechanism, improve cultural and economic policies, and cultivate new cultural formats". When General Secretary Xi Jinping inspected Guangdong, he explicitly asked Guangzhou to realize the new vitality of the old city and to make new achievements in the comprehensive strength of urban culture. The high-quality development of the cultural industry is an important support for Guangzhou to enhance the comprehensive strength of urban culture and firm cultural self-confidence. "Annual Report on Cultural& Creative Industries of Guangzhou" focuses on "summarizing achievements, analyzing problems, looking forward to the future, making suggestions" to study the development of Guangzhou's cultural and creative industries. It is committed to service for government decision-making, reference for scholars to study and helping enterprises grasp the industry dynamics. Promote the high-quality development of Guangzhou culture creative industry with the strength of the government, industry, research and research.

Annual Report on Cultural& Creative Industries of Guangzhou (2019) consists of more than ten reports form Guangzhou's functional departments, scientific research institutions, and specialists in the industry. It is composed of six chapters: general report, "One Belt and One Road" observation, integrated development, industry analysis, industrial model exploration, and mutual exchange. The general report reviewed and summarized a series of measures to promote the development of Guangzhou cultural industries in 2018, including improving the cultural industry policies, promoting cultural consumption, promoting the integration of cultural tourism, holding 2018 Guangzhou Cultural Industry Fair, building urban cultural brands, and promoting cultural "going out". Based on the data of 2017, the progress of cultural industry in Guangzhou was analyzed: the added value of the cultural industry reached 116.107 billion yuan, accounting for 5.4% of the city's regional GDP, and the status of the pillar industry was further enhanced. The added value of the cultural service industry accounted for 72.7% of the added value of the cultural industry, and the leading role of the cultural service industry was prominent. The capital sources of fixed assets in the cultural industry have diversified, and the investment structure has been further optimized. The cultural and entertainment consumption expenditures of urban and rural residents both have shown an increasing trend. The import and export volume of cultural trade reached 21.197 billion US dollars, accounting for 14.8% of the city's total import and export volume, and its importance in economic development is even more prominent. There are bright spots in the development of emerging cultural industries. Digital music has become the domestic leader, and the network broadcast is the first in the country. The brand of Guangzhou Cultural Industry Fair is further highlighted. The general report also analyzes the problems existing in the development of Guangzhou's cultural industry, the environment it faces, predicts the trend of further development and the main indicators of the cultural industry, and proposes countermeasures and suggestions for Guangzhou to accelerate the development of cultural industries.

In addition to the general report, the "One Belt, One Road" observation section has conducted research on cultural industry "going out", cultural trade system innovation, cultural exchange and cooperation. The "Integrated Development" analyzes the hot issues of Guangzhou's cultural industry, such as the integration of cultural industry and finance, cultural industry and IAB industry, cultural industry and cultural media formats in Guangzhou. The "Industry Analysis" introduces the development and trends of the printing industry, museum tourism and historical building utilization in Guangzhou. The "Industrial Model Exploration" summarizes and analyzes the development model of Guangzhou's cultural and creative industries from three levels: district, town and enterprise. The

Abstract

"Mutual exchange" analyzes the development trend of the international cultural market, the cultural industry development practices of countries such as Europe, America and Australia and their implications for Guangzhou.

Keywords: Cultural Industry; Integrated Development; Industry Innovation; New Business Forms of Culture

目 录

Ⅰ 总报告

B.1 2018年广州市文化创意产业发展现状与2019年形势分析
　　………………………………… 尹　涛　杨代友　李明充 / 001
　　一　2018年广州市推动文化产业发展的主要举措 ……… / 002
　　二　广州文化产业发展现状分析 …………………………… / 006
　　三　广州市文化产业细分行业结构分析 …………………… / 022
　　四　广州文化产业新兴行业分析 …………………………… / 051
　　五　广州市文化产业发展存在的问题 ……………………… / 055
　　六　2019年广州文化产业发展的环境分析 ……………… / 058
　　七　广州文化产业发展趋势分析及指标预测 ……………… / 062
　　八　促进广州文化产业创新发展的对策建议 ……………… / 069

Ⅱ "一带一路"观察篇

B.2 "一带一路"背景下广州文化产业发展研究
　　………………………………………………… 陈　峰　王　靖 / 074
B.3 "一带一路"文化多样性视角下自贸试验区文化贸易制度创新路径
　　………………………………………………… 王　越　胡泓媛 / 094

001

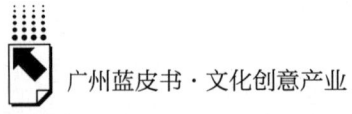

B.4 "一带一路"背景下的广州—南太平洋岛国文化交流研究
....贾云平 / 110

Ⅲ 融合发展篇

B.5 推动广州文化产业与金融协同发展的机制和政策研究
....顾乃华 程嘉嘉 / 123

B.6 推进 IAB 与广州文化产业融合发展对策研究
....李明充 杨代友 / 143

B.7 提升文化产业基金服务广州文化产业发展能力的研究
....蔡进兵 林瑶鹏 / 158

B.8 广州地区媒体融合发展态势研究..................文远竹 / 169

Ⅳ 行业研究篇

B.9 广州市印刷产业发展现状与思路研究..........李巧玲 郭贵民 / 180

B.10 广州市博物馆旅游产品开发模式创新研究......刘 佳 柳立子 / 197

B.11 广州市历史建筑保护利用调查研究..................胡会东 / 211

Ⅴ 发展模式探索篇

B.12 打造粤港澳大湾区文化新名片
——海珠区创新文化产业发展新模式..................邹 荃 / 221

B.13 沙湾镇"文化+旅游"模式的形成与发展..........谢海燕 / 232

B.14 广州 VR 产业化历程与路径探索
——以广州卓远科技为例..................阳序运 / 243

Ⅵ 交流互鉴篇

B.15 从国际文化市场发展趋势看广州文化产业发展
　　…………………………………………………… 杨代友　陈　荣 / 255

B.16 澳大利亚文化产业政策发展及其启示
　　…………………………………………………… 付　瑶　郭贵民 / 272

B.17 欧美国家文化产业发展及其对广州的启示 …………… 杨俭波 / 281

B.18 后记 ………………………………………………………………… / 298

皮书数据库阅读**使用指南**

003

CONTENTS

I General Report

B.1 Analysis of the Development of Guangzhou's Cultural and Creative Industry in 2018 and Prospect of 2019
Yin Tao, Yang Daiyou and Li Mingchong / 001

    1. Major Measures to Develop Guangzhou Cultural Industry in 2018 / 002

    2. The Current Development of Guangzhou Cultural Industry in 2018 / 006

    3. The Competitiveness Appraise of Each Cultural Industry in Guangzhou / 022

    4. The Analysis of Emerging Business in Guangzhou Cultural Industry / 051

    5. The Problems Existing in the Development of Guangzhou's Cultural and Creative Industry / 055

    6. Analysis on the Development Environment of Guangzhou Cultural Industry in 2019 / 058

    7. The Development Tendency and Index Forecast of Guangzhou Cultural Industry / 062

    8. Countermeasures and Suggestions to Accelerate the Development of Guangzhou Cultural Industry / 069

CONTENTS

II "One Belt and One Road" Observation

B.2 Research on the Development of Cultural Industry in Guangzhou under the Background of the Belt and Road *Chen Feng, Wang Jing* / 074

B.3 The Innovation Path of the Cultural Trade System in the Pilot Free Trade Zone from the Perspective of The Belt and Road Cultural Diversity
Wang Yue, Hu Hongyuan / 094

B.4 Research on the Cultural Cooperation between Guangzhou and South Pacific Island Countries under the Background of the Belt and Road
Jia Yunping / 110

III Integrated Development

B.5 Research on the Mechanism and Policy of Promoting the Coordinated Development of Cultural Industry and Finance in Guangzhou
Gu Naihua, Chen Jiajia / 123

B.6 Promote the Research on the Integration of IAB and Guangzhou Cultural Industry *Li Mingchong, Yang Daiyou* / 143

B.7 Research on Improving the Ability of Cultural Industry Fund to Serve the Development of Cultural Industry in Guangzhou
Cai Jinbing, Lin Yaopeng / 158

B.8 Study on Development Countermeasures of Media Convergence in Guangzhou *Wen Yuanzhu* / 169

IV Industry Analysis

B.9 Study on the Development Situation and Countermeasures of Guangzhou Printing Industry *Li Qiaoling, Guo Guimin* / 180

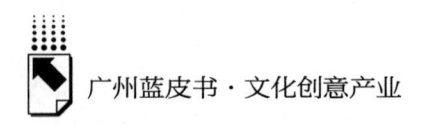

B.10 Innovative Research on the Development Mode of Guangzhou
Museum Tourism Products *Liu Jia, Liu Lizi* / 197

B.11 Investigation on the Conservation and Utilization of Historic
Building in Guangzhou *Hu Huidong* / 211

V Industrial Model Exploration

B.12 Create a New Cultural Card of Guangdong-Hong Kong-Macao
Greater Bay Area
—*Haizhu District Innovates a New Mode of Cultural
Industry Development* *Zou Quan* / 221

B.13 The Formation and Development of "Culture+ Tourism" Mode in
Shawan Town *Xie Haiyan* / 232

B.14 Research on the Process and Path of VR Industrialization in Guangzhou
—*A Case Study of Guangzhou Zhuoyuan Technology Co., LTD*
 Yang Xuyun / 243

VI Mutual Exchange

B.15 Development Trend of International Cultural Market and
Countermeasures and Suggestions of Guangzhou
 Yang Daiyou, Chen Rong / 255

B.16 Research on Australia Cultural Industry Policy Development and
Enlightenment *Fu Yao, Guo Guimin* / 272

B.17 The Development of Cultural Industry in Europe and America and its
Enlightenment to Guangzhou *Yang Jianbo* / 281

B.18 Postscript / 298

总报告

General Report

B.1
2018年广州市文化创意产业发展现状与2019年形势分析

尹涛 杨代友 李明充*

摘 要： 2018年，广州市深入贯彻习近平总书记对广东工作重要指示批示精神和视察广州的重要讲话精神，坚定文化自信，多措并举，文化产业增加值占GDP比重进一步提高，支柱性产业地位进一步提升。重视文化产业的顶层设计，在财政、税收、金融等方面加大对文化产业的政策支持，并制定了重要的纲领性文件《广州市关于加快文化产业创新发展的实施意见》以及相关系列政策文件；多部门统筹合作，全力办好2018年广州文交会；整合文化和旅游行政资源，组建广州市文化广

---

* 尹涛，广州市社会科学院副院长、研究员、博士；杨代友，广州市社会科学院产业经济与企业管理研究所所长、研究员、博士；李明充，广州市社会科学院广州文化产业研究中心执行主任，广州文化上市公司产业联盟秘书长。

电旅游局，推动文化和旅游融合发展；深化落实文化消费试点工作，培育文化消费市场；推动文化产业"走出去"，等等。同时，广州文化产业也存在不少问题。展望2019年，广州市文化产业将保持快速发展势头，特别是新兴业态将加快发展，对经济社会的贡献将进一步提升。报告建议在上一年的政策基础上，广州市实施以下措施：推动非中心城区功能疏解工作，释放空间资源，以文化产业大发展推动广州实现老城新活力；提升文化产品和服务质量，打造文化产业高质量品牌；完善人才激励机制，培育文化产业高质量发展新队伍；推进广州与粤港澳大湾区各地文化产业合作发展。

关键词： 广州　文化创意产业　文化创新　产业合作

一　2018年广州市推动文化产业发展的主要举措

2018年，广州市以习近平新时代中国特色社会主义思想为指导，全面贯彻党的十九大和十九届二中、三中全会以及中央经济工作会议精神，全面贯彻落实习近平总书记对广东重要讲话和对广东工作一系列重要指示精神，着力在城市文化综合实力方面出新出彩，突出文化产业发展重点工作，逐步完善文化产业相关政策，推动文化和旅游各项资源融合，抓紧各项工作落实，全力办好"广州文交会"，深入推进文化消费试点，打造和推广广州城市文化品牌，促进文化企业"走出去"，为文化产业营造了良好的政策环境。

（一）逐步完善文化产业相关政策

为了推进全市文化产业的快速发展，广州高度重视文化产业的顶层设计，在财政、税收、金融等方面加大对文化产业的政策支持，并制定了重要的纲领性文件《广州市关于加快文化产业创新发展的实施意见》，以及电影、动漫游戏、文化产业园区、实体书店、博物馆等一系列配套政策文件，初步形成"1+N"的文化产业政策体系。

2018年11月出台的《广州市关于加快文化产业创新发展的实施意见》明确了广州文化产业的高端战略定位，提出到2035年，文化产业成为全市重要的战略性支柱产业，提出巩固和壮大数字内容产业、打造动漫游戏产业之都、推进传媒影视融合发展、建设全国艺术产业中心、培育全球文化创意设计之城、打造全球文化装备制造中心、超前布局文化产业前沿领域，基本将广州建成国际性文化产业枢纽城市。

开展广州市时尚创意（含动漫）产业发展专项资金评审工作，2018年，动漫游戏资金项目申报主体达到130家，比上一年76家增长了71%，资金极大地调动了企业的积极性；申报项目总数达到315个，比上一年153个项目增长106%，资金对优秀动漫游戏项目的催化作用立竿见影，广州动漫游戏行业更加活力迸发。

2018年9月印发了《广州市扶持电影产业发展暂行规定》，提出大力扶持影片创作，鼓励出品优秀电影作品，推动电影作品高新技术应用，大力引进和培育电影人才，鼓励电影投资，设立影视综合服务单位为电影企业更好地提供服务等。2018年10月，广州市文广新局印发了《广州市博物馆扶持资金管理办法》，规范和加强广州市博物馆扶持资金的分配和管理，在新建博物馆项目、扩建博物馆项目、运行奖励项目中择优给予扶持。出台了《广州市关于支持实体书店发展的实施意见》，通过租金补贴、项目补助等方式，完善实体书店布局、打造新型人文生活空间、建设文化地标、提升实体书店核心竞争力，大力支持实体书店的发展。落实《广州市市级文化产业示范园区管理办法》，积极开展市级及以上文化产业园区认定工作，经过严格调研和筛选，陆续认定了33个市级文化产业示范园区。

（二）全力办好"广州文交会"

市委市政府高度重视2018年"广州文交会"工作，市委市政府主要领导多次对2018年"广州文交会"作出批示，并数次主持召开"广州文交会"协调会，要求各相关部门高度重视"广州文交会"筹备工作。围绕2018年"广州文交会"工作，相关部门在2017年首届"广州文交会"闭幕后，在进行全面总结的基础上，随即组织启动2018年第二届"广州文交会"的筹备工作，召开专题工作会议，群策群力，明确责任分工，着力推进各项工作早起步早落实。同时，积极完善"广州文交会"工作机制，扎实做好各项筹备工作。市文广新局、科创委、金融工作局、国规委、城市更新局等相关部门积极配合，广州市各区深度参与，为2018年"广州文交会"的成功举行发挥了积极的作用。在"广州文交会"开幕式上，积极开展文化招商工作，编发总计72个项目的《广州文化产业重点项目招商手册》，现场组织了一批产业项目合作签约；广州市社会科学院和南方日报社在文交会开幕式上发布了"广州文化企业50强"榜单；邀请了文化、金融、科技、城市更新等职能部门负责人在会上解读产业政策；发起了粤港澳大湾区文化创意产业联盟倡议，并提出成立广东省粤港澳大湾区文化创意产业促进会，打造高效而统一的粤港澳大湾区文化产业资源共同体。

（三）推动文化和旅游融合发展

为统筹文化事业、文化产业发展和旅游资源开发，根据《广州市机构改革方案》部署安排，广州市将市文化广电新闻出版局的文化、广播电视管理职责，以及市旅游局的职责进行整合，组建广州市文化广电旅游局。大力推进文化旅游融合发展示范园区的推介工作。落实《广东省文化厅广东省旅游局关于开展第二批省文化旅游融合发展示范区创建申报工作的通知》要求，推荐沙湾古镇和荔枝湾非遗园区两个项目申报广东省文化旅游融合发展示范区。文化能促进旅游产业的内涵式、创新型、特色化、体验式发展，旅游促进文化的创新、创意和创造，以文化人。这样，文化和旅游的融合发展，实现了广州文化和旅游资源与载体、内容与形式、休闲与体验的结合，推动业态创新，助力高质量发展，实现产业升级与消费升级。

（四）深入推进文化消费试点

按照国家首批扩大文化消费试点城市工作有关要求，结合广州市经济发展特点和居民消费实际，广州逐步总结"供给端与需求端双改革、引导消费与补助消费双驱动、建机制与建平台双保障"的思路，继续探索"市场化条件下政府—商户—消费者可持续消费机制"等文化消费新模式，促进文化消费市场培育，扩大文化消费规模。为加大政府对文化消费投入力度，专程向广州市扩大文化消费试点工作领导办公室申请广州市文化消费积分通项目补贴资金，积极推进相关工作。同时，积极推动文化消费活动，以广州艺术节等众多的群众文化活动为重点，以群众参与、惠民利民、引导消费、扩大市场为主题，加大惠民力度，鼓励市民文化消费。

（五）打造和推广广州城市文化品牌

由广州市委宣传部、广州市旅游局主办的2018"广州过年、花城看花"春节旅游及城市文化品牌形象推广活动在北京、上海、青岛、哈尔滨等多个城市举行，围绕"花城"与"过年"的主题，通过宣传展示、年花布置、利是封派送、茶艺品茗、广式点心品尝、花艺欣赏等活动，推广"花城广场灯光音乐会"、传统迎春花市、春节花车大巡游、第24届广州园林博览会、2018年海心沙时尚花市、2018年"花开盛世 灯耀中华"越秀花灯、2018年云台花园绿雕艺术花卉展、荔枝湾涌水上花市、广府庙会等文化活动，用极具视觉冲击力的视频充分展示了广州的人文历史、独具魅力的广府文化、美食美景和广式春节特色等，极大提升了广州的城市文化品牌形象。

（六）促进文化企业"走出去"

2018年广州市委宣传部、广州市文化广电旅游局（原广州市文化广电新闻出版局）组团参加了中国（深圳）国际文化产业博览交易会（以下简称"文博会"）。根据省文化厅及市委宣传部要求，组织相关企业参加了此次文博会，指导越秀区承办本次广州馆的组织策划，围绕"文化创造美好生活"主题，以一棵许愿树延伸出"绿色文化"主线，诠释了"文化+旅游"、"文化+科技"、"文化+农业"等六大主题的理念，借助"文博会"展示了广州市文化产业发展的辉煌成就，取得了良好的社会效益和经济效益。组团赴港参加2018年香港高级视听展。委托市文化娱乐业协会组织6家广州唱片制作公司赴香港参加高级视听展，设立广州馆，进一步发挥龙头企业的模范带头作用，为内地歌手往海外发展起到桥头堡作用。

二 广州文化产业发展现状分析

（一）文化产业快速发展，占GDP比重提升

经广州市统计局核算，2017年，广州市文化产业实现增加值1161.07亿元，同比增长18.87%，占全市国内生产总值的比重达到5.40%，比2016年提升0.47个百分点，占广东省文化产业增加值的比重达到24.1%，占全国文化产业增加值的比重达到3.3%。预计2018年，广州文化产业增加值达到1261.43亿元，占GDP比重为5.5%（见图1）。

2017年，广州市规模以上文化产业法人单位数达到2148个，同比增长9.93%，比2016年多了194个。规模以上文化产业法人单位数不断增多，加快推动了广州市文化产业转型升级。

从广州市文化产业法人单位增加值看，2017年广州市实现增加值1123.02亿元，同比增长19.04%。其中，文化服务业法人单位实现增加值816.71亿元，同比增长41.10%。文化制造业法人单位实现增加值220.66亿元，同比下降22.70%。文化批发和零售业法人单位实现增加值85.65亿元，同比增长8.23%（见图2）。

2017年广州市文化服务业法人单位增加值占全市文化产业法人单位增加值的比重为72.7%，较2016年提高了11.4个百分点。文化制造业法人单位、文化批发和零售业法人单位增加值占全市文化产业法人单位增加值的比重分别为19.6%和7.6%，较2016年分别下降10.7个百分点和0.8个百分

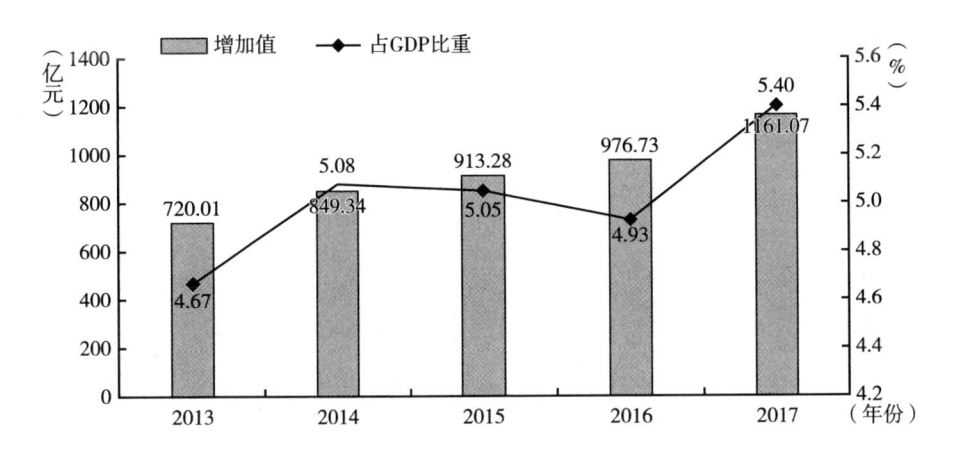

图1 广州市文化产业增加值及占全市GDP比重

注：自2014年起文化产业增加值核算采用新的核算方法，核算口径有调整，包括法人单位和个体户。

资料来源：广州市统计局。

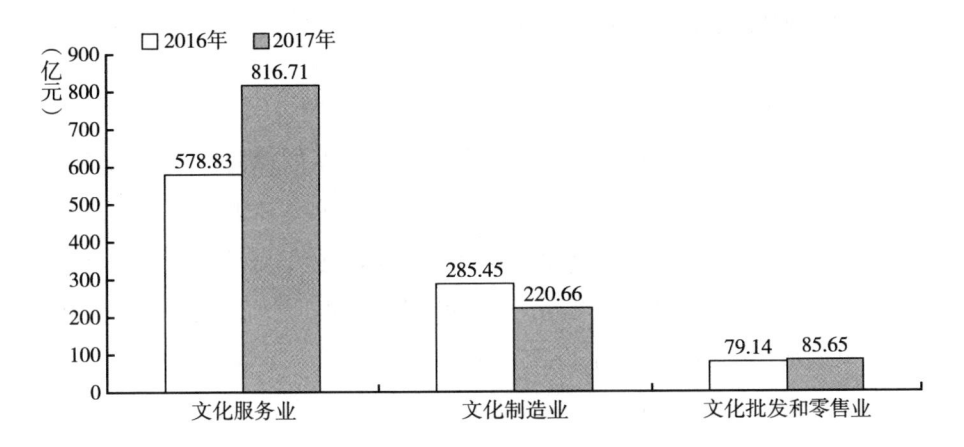

图2 广州市分行业文化产业法人单位增加值

点（见图3）。

总体来看，2017年，广州文化产业发展迅猛，增加值同比增长18.87%，规模以上文化产业法人单位数比上年增加194个，文化服务业增长最快，占全部文化产业增加值的比重进一步上升，这说明，文化服务业在

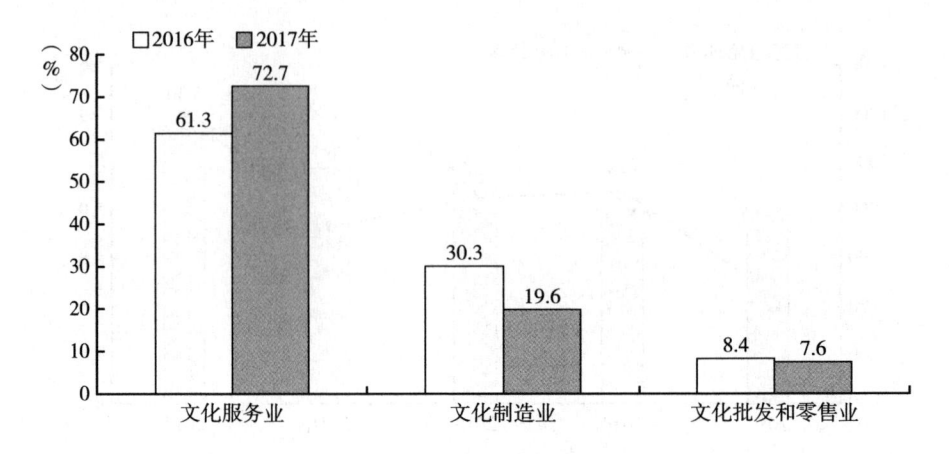

图3 广州市文化产业法人单位增加值占比

全市文化产业发展中的主导作用得到进一步凸显,产业结构呈现不断优化的发展趋势。

(二)规模以上文化行业不断壮大

1. 各行业规模以上文化产业法人单位增加值

2017年,广州市规模以上文化产业法人单位增加值达到860.00亿元,占广州市文化产业增加值的比重达到74.07%。从九大行业来看,内容创作生产、创意设计服务、新闻信息服务规模以上法人单位增加值排名前三,分别达到308.37亿元、120.65亿元、88.49亿元,占广州市规模以上文化产业法人单位增加值的比重分别为35.86%、14.03%、10.29%(见图4)。

2. 各行业规模以上文化产业法人单位数

从九大行业来看,创意设计服务、内容创作生产、文化消费终端生产规模以上法人单位数排名前三,分别达到663个、403个和305个,占广州市规模以上文化产业法人单位数的比重分别为30.87%、18.76%、14.20%。而文化投资运营的法人单位数最少,为11个,占广州市规模以上文化产业法人单位数的比重为0.51%(见图5)。这说明,广州市的文化投资运营发展还处于起步阶段,未来还有很大的发展空间。

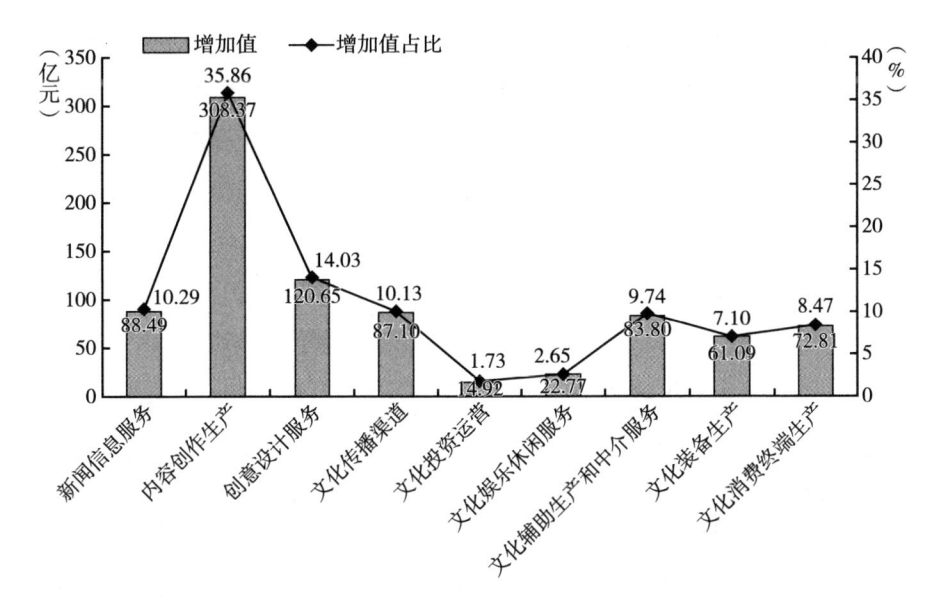

2018年广州市文化创意产业发展现状与2019年形势分析

图4 2017年广州市各行业规模以上文化产业法人单位增加值及占比

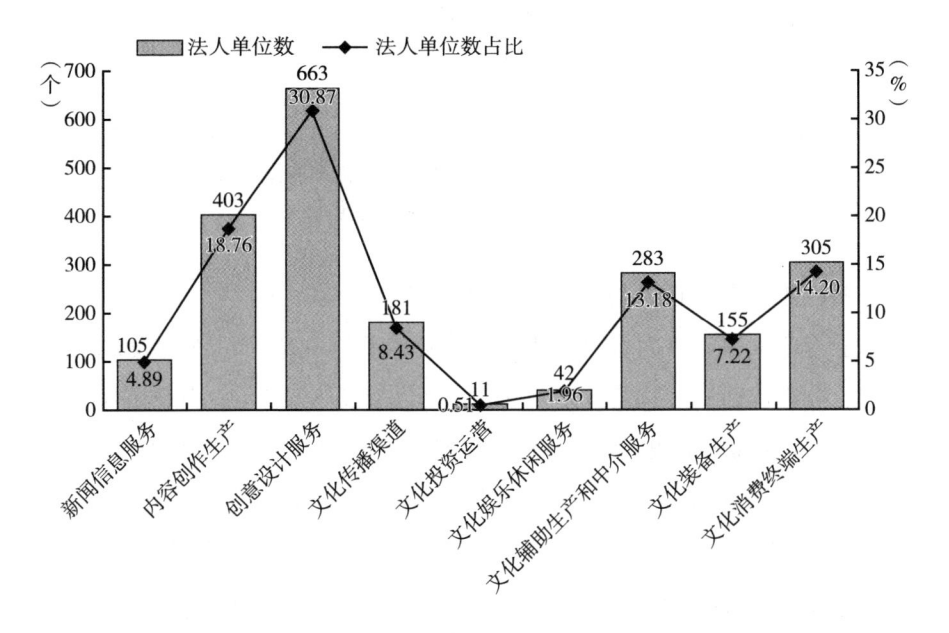

图5 2017年广州市各行业规模以上文化产业法人单位数及占比

009

3. 各行业规模以上文化产业法人单位年末从业人数

从年末从业人数来看，内容创作生产、文化消费终端生产、创意设计服务较多，分别达到7.28万人、5.32万人、4.97万人，占规模以上文化产业法人单位年末从业人数的比重分别为22.24%、16.25%、15.18%（见图6）。

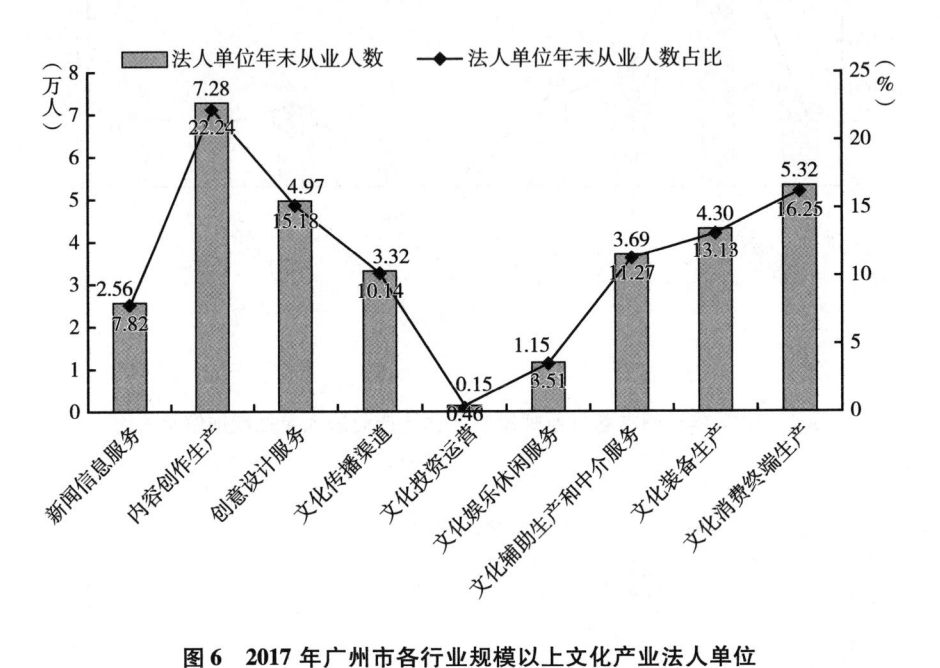

图6 2017年广州市各行业规模以上文化产业法人单位年末从业人数及占比

4. 各行业规模以上文化产业法人单位营业收入

从营业收入来看，内容创作生产、文化消费终端生产、创意设计服务排名前三，分别达到801.10亿元、705.83亿元、576.85亿元，占全市规模以上文化产业法人单位营业收入的比重分别为23.24%、20.48%、16.74%（见图7）。

从创收能力来看，各行业具有明显差异。以内容创作生产、创意设计服务为例，创意设计服务平均每个规模以上文化产业法人单位实现营业收入0.87亿元，而内容创作生产平均每个规模以上文化产业法人单位实现营业收入1.99亿元，是创意设计服务的2.3倍。这表明，内容创作生产创收能力较强。

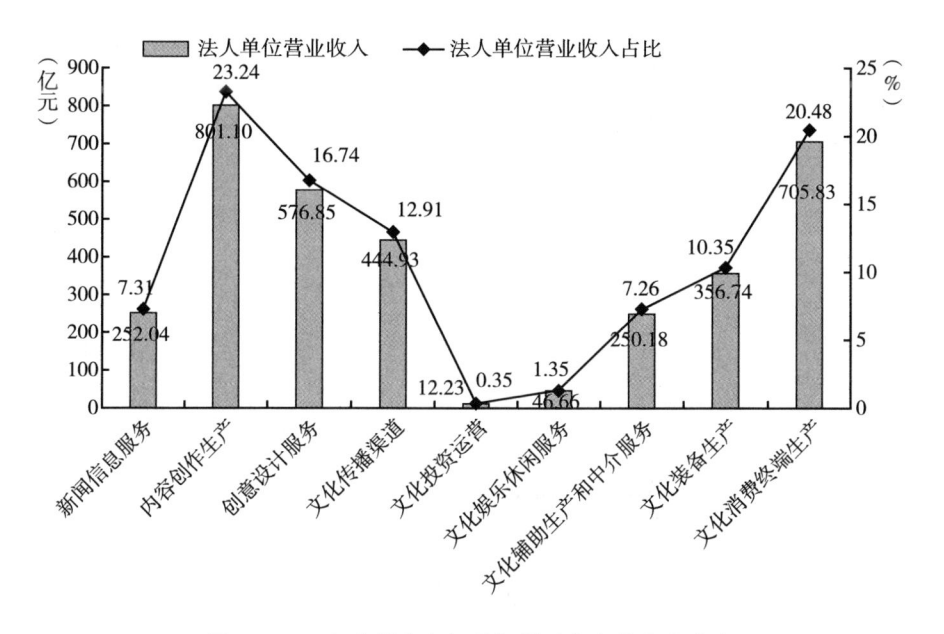

图7 2017年广州市各行业规模以上文化产业法人单位营业收入及占比

可见，内容创作生产、创意设计服务、文化消费终端生产及新闻信息服务等行业在九大行业中具有一定的比较优势。

（三）文化产业空间分布态势稳定

1. 各区文化产业增加值及占GDP比重情况

2017年，从文化产业增加值来看，天河区、越秀区、黄埔区位居全市前三，分别达到339.80亿元、191.84亿元、186.84亿元，占据广州市文化产业增加值的比重分别为29.27%、16.52%、16.09%（见图8、图9）。

就2017年文化产业增加值占区域GDP比重来看，番禺区、天河区和越秀区排名前三，其文化产业增加值占区域GDP比重分别达到8.22%、7.93%、6.08%。黄埔区的占比达到5.76%，其增幅在各区中排名第一（见图10），比该区2016年提高了2.16个百分点。近年来，黄埔区高度重视文化产业发展。一方面，黄埔区不断优化营商环境，并出台了"文创十

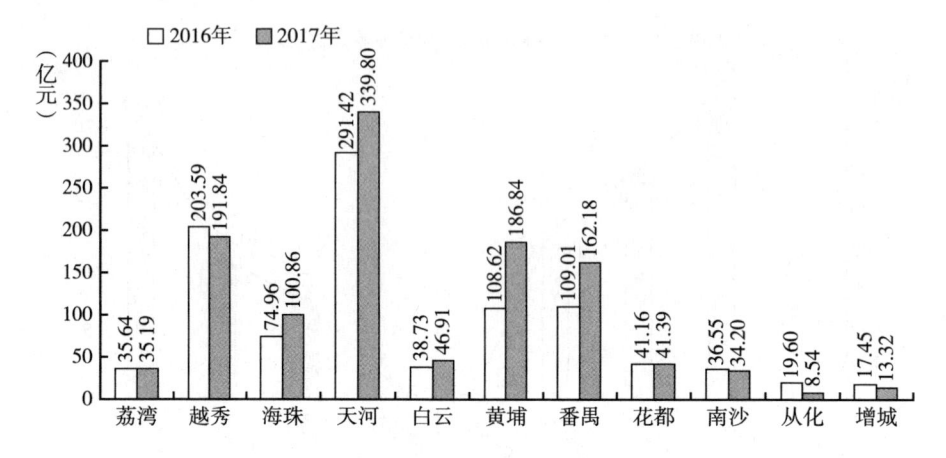

图8 广州市各区域文化产业增加值

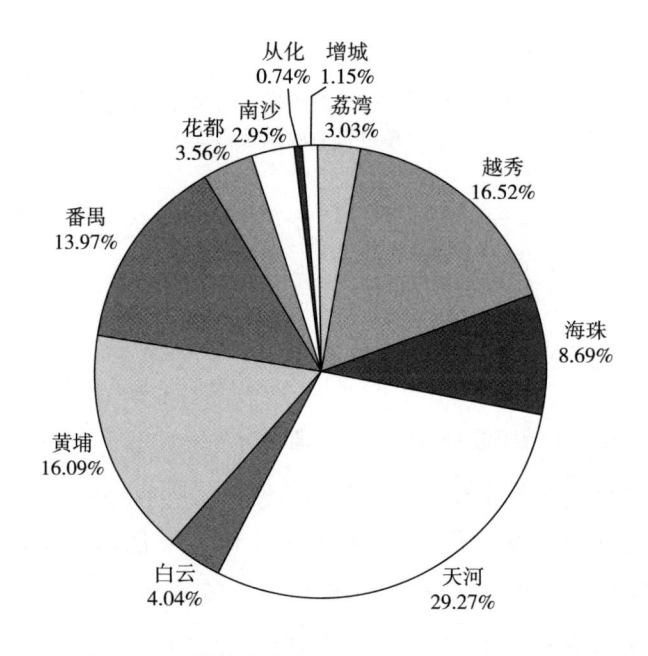

图9 2017年广州市各区域文化产业增加值占比

条",进一步释放政策红利;另一方面,黄埔区大力引进行业龙头企业(如分众传媒),以及乐金显示、创维集团等大型文化企业的重大项目,极大地推动了该区文化产业快速发展。

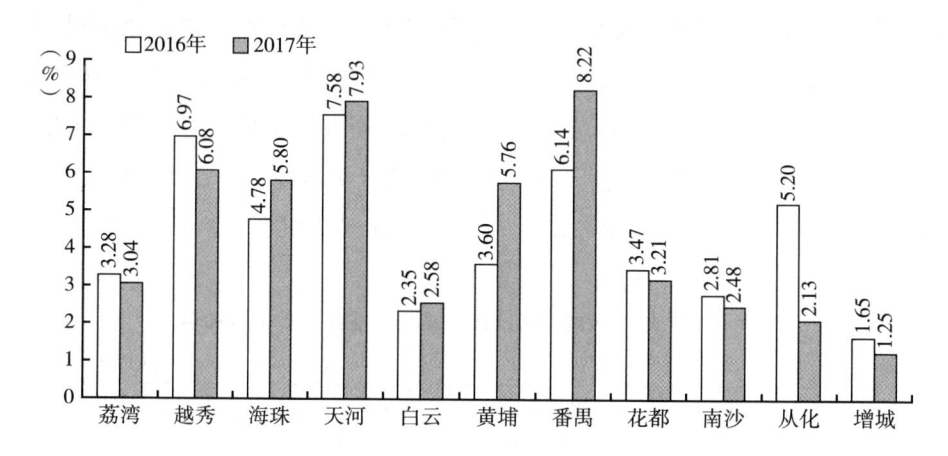

图10 广州市各区文化产业增加值占GDP比重

2. 各区文化产业法人单位增加值及构成

2017年，从文化产业法人单位增加值来看，天河区、黄埔区、越秀区位居全市前三，分别达到335.37亿元、185.90亿元、182.41亿元（见图11、表1）。

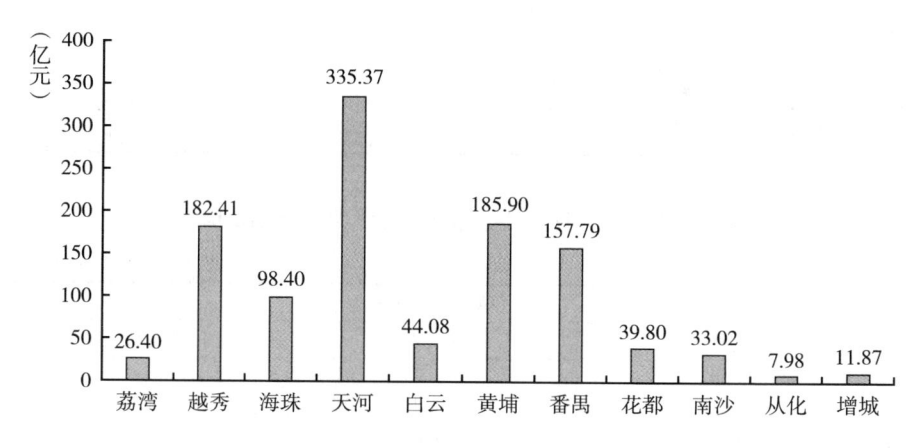

图11 2017年广州市各区文化产业法人单位增加值

分析各区文化产业法人单位增加值构成可知，各区文化产业结构存在较大差异：（1）文化服务业方面，海珠区文化服务业法人单位增加值占全区文化产业法人单位增加值的比例最高，达到93.5%。天河区、越秀区分别排名第二位、第三位，占比分别为87.8%、85.8%。（2）文化制造业方面，南沙区文化制造业法人单位增加值占全区文化产业法人单位增加值的比例最高，达到86.5%。从化区、花都区的占比分别排名第二位和第三位，分别为66.5%、65.3%。（3）文化批发和零售业方面，荔湾区文化批发和零售业法人单位增加值占全区文化产业法人单位增加值的比例最高，达到26.0%，越秀区、天河区的占比分别排名第二位、第三位，分别为13.5%、10.8%（见表2）。

表1　2017年广州市各区分行业文化产业法人单位增加值

单位：亿元

地区	文化产业法人单位增加值	文化服务业法人单位增加值	文化制造业法人单位增加值	文化批发和零售业法人单位增加值
荔湾	26.40	17.50	2.04	6.86
越秀	182.41	156.46	1.26	24.69
海珠	98.40	92.01	2.96	3.43
天河	335.37	294.59	4.48	36.30
白云	44.08	20.67	22.13	1.28
黄埔	185.90	123.70	58.49	3.71
番禺	157.79	89.55	62.13	6.11
花都	39.80	11.45	25.97	2.38
南沙	33.02	4.04	28.56	0.42
从化	7.98	2.62	5.31	0.05
增城	11.87	4.12	7.33	0.42
合计	1123.02	816.71	220.66	85.65

表2　2017年广州市各区文化产业法人单位增加值构成

单位：%

地区	区域文化产业结构		
	文化服务业	文化制造业	文化批发和零售业
荔湾	66.3	7.7	26.0
越秀	85.8	0.7	13.5
海珠	93.5	3.0	3.5
天河	87.8	1.3	10.8
白云	46.9	50.2	2.9
黄埔	66.5	31.5	2.0
番禺	56.8	39.4	3.9
花都	28.8	65.3	6.0
南沙	12.2	86.5	1.3
从化	32.8	66.5	0.6
增城	34.7	61.8	3.5

（1）各区文化服务业分析

2017年，广州市文化服务业法人单位实现增加值816.71亿元。其中，天河区、越秀区、黄埔区的文化服务业法人单位增加值排名全市前三，分别达到294.59亿元、156.46亿元、123.70亿元，占广州市文化服务业法人单位增加值的比重分别为36.07%、19.16%、15.15%。海珠区和番禺区分别排名第四位、第五位，分别达到92.01亿元、89.55亿元，占广州市文化服务业法人单位增加值的比重分别为11.27%、10.96%（见图12）。这说明，天河区、越秀区、黄埔区等已成为广州市文化服务业的集聚区。

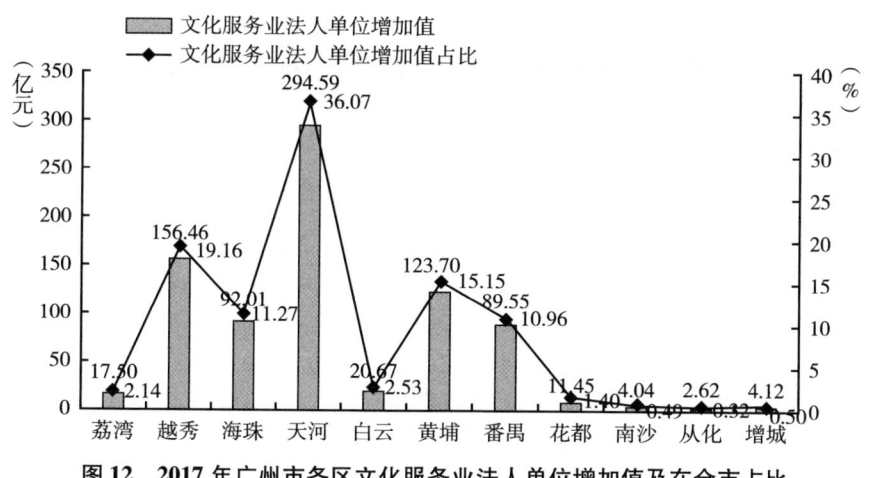

图12　2017年广州市各区文化服务业法人单位增加值及在全市占比

（2）各区文化制造业分析

2017年，广州市文化制造业法人单位实现增加值220.66亿元。其中，番禺区、黄埔区、南沙区的文化制造业法人单位增加值分列全市前三，分别为62.13亿元、58.49亿元、28.56亿元，占全市文化制造业法人单位增加值的比重为28.16%、26.51%、12.94%（见图13）。这表明，广州市文化制造业主要分布在番禺区、黄埔区、南沙区等区域。

（3）各区文化批发和零售业分析

2017年，广州市文化批发和零售业法人单位实现增加值85.65亿元。其中，天河区、越秀区、荔湾区的文化批发和零售业法人单位增加值排名

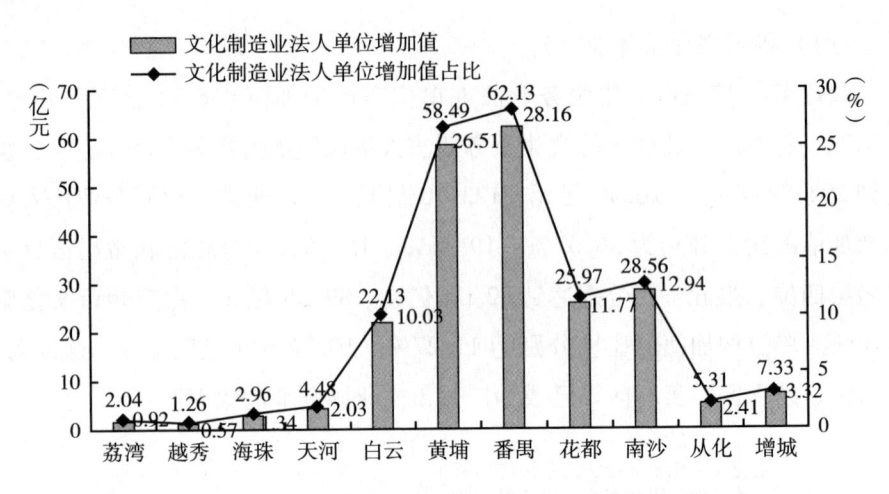

图 13　2017年广州市各区文化制造业法人单位增加值及在全市占比

全市前三，分别达到36.30亿元、24.69亿元、6.86亿元，占广州市文化批发和零售业法人单位增加值的比重分别为42.38%、28.83%、8.01%（见图14）。这说明，文化批发和零售业主要分布在天河区、越秀区、荔湾区等中心城区。

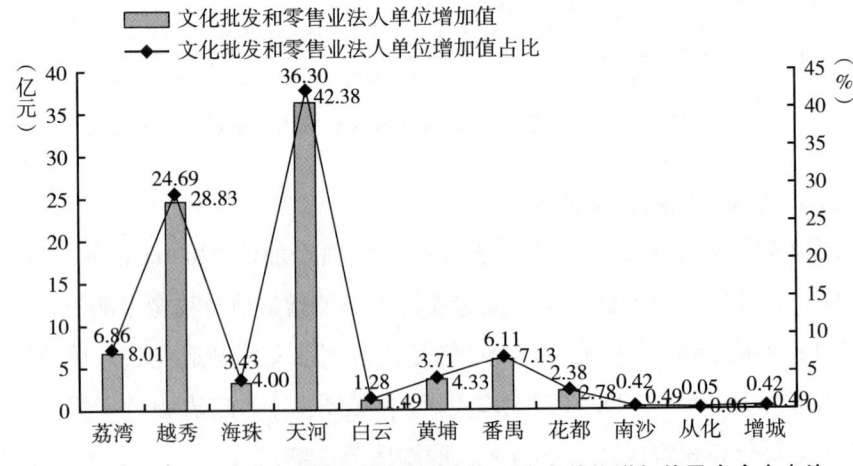

图 14　2017年广州市各区文化批发和零售业法人单位增加值及在全市占比

3. 各区规模以上文化产业法人单位数

从规模以上文化产业法人单位数来看，越秀区、天河区、海珠区排名全市前三,分别达到598个、455个、324个,占全市规模以上文化产业法人单位数的比重分别为27.84%、21.18%、15.08%(见图15)。

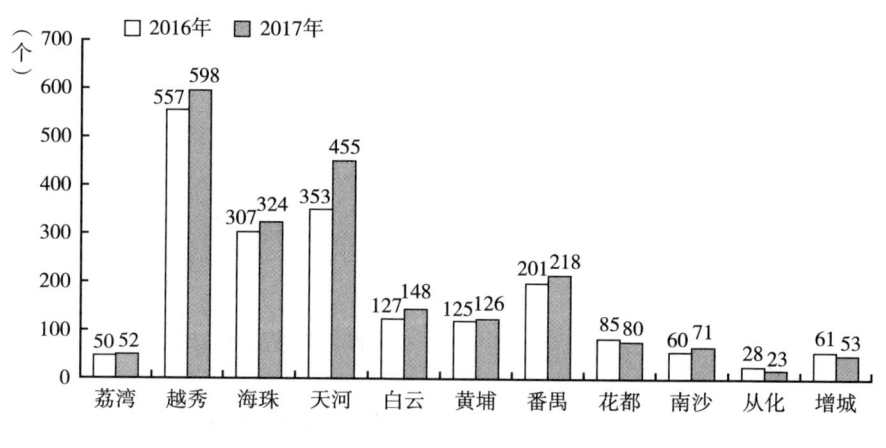

图15 广州市各区规模以上文化产业法人单位数

(四)文化产业固定资产投资结构优化

新增固定资产逐年下降。2014年以来,广州市文化产业固定资产投资年度完成投资额、新增固定资产均呈现逐年下降的趋势。2014~2017年,文化产业固定资产投资年均下降7.38%;新增固定资产下降更快,年均下降速度高达36.71%。2017年,广州市文化产业本年完成投资额达到159.93亿元,同比下滑13.79%。同年,广州市文化产业新增固定资产为49.65亿元(见图16),同比下滑51.97%,这意味着,相当大的一部分投资在当年没有形成新的固定资产。

投资结构有所优化。从2017年广州市文化产业固定资产资金来源看,自筹资金为131.20亿元,占本年资金来源的81.62%,仍然占据主导地位,但国内贷款、利用外资和其他资金的额度均有所提升,分别达到15.01亿元、0.39亿元、7.08亿元(见图17),占本年资金来源的9.34%、0.24%、4.40%(见图18),分别比2016年提升了12.58亿元、0.39亿元、0.41亿元,尤其是利用外资方面,取得了零的突破。国家预算资金出现明显下滑,达到7.07亿元,比2016年降低了22.80亿元,这表明广州市文化产业减少

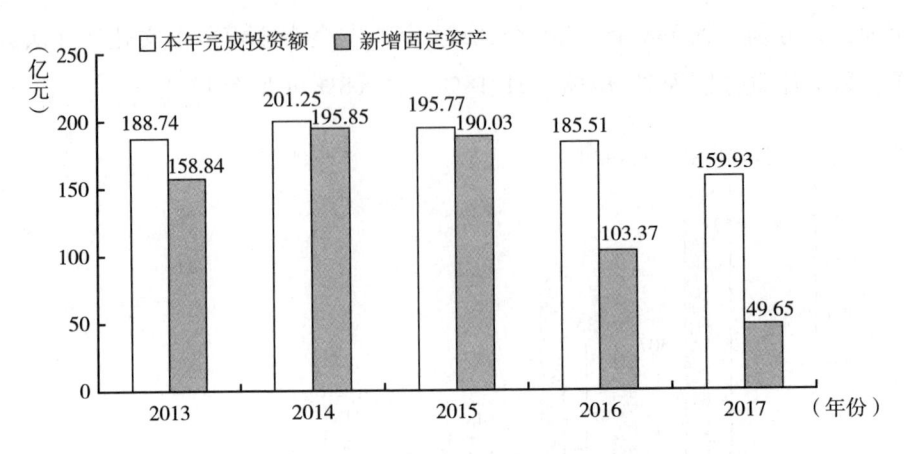

图16 广州市文化产业本年完成投资额、新增固定资产情况

了对国家财政支出的依赖。综上可知，广州市文化产业固定资产资金来源更加多元化，投资结构得到进一步优化。目前，广州市文化产业发展利用外资的额度较低，还需要广州市进一步扩大文化开放，着力创新引进外资方式，充分发挥外资推动文化产业发展的积极作用。

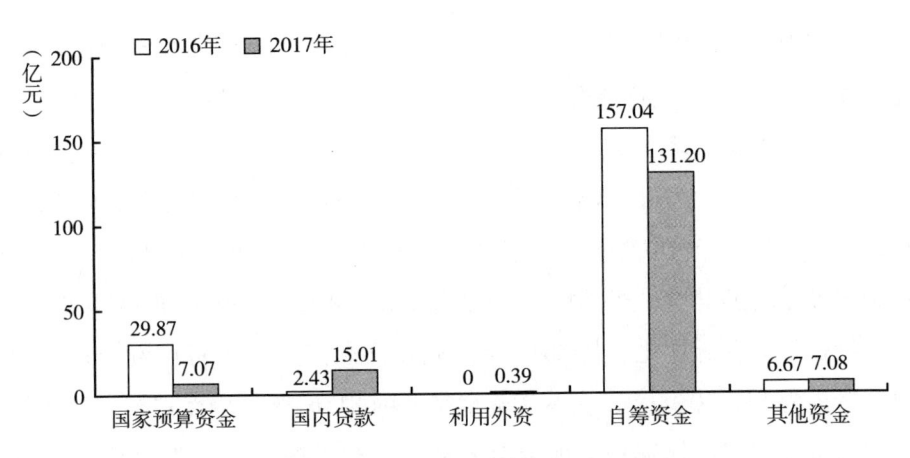

图17 广州市文化产业固定资产资金来源情况

（五）文化产业施工项目、投产项目数量下降

2017年，广州市文化产业施工项目达到203个，比2016年减少了79

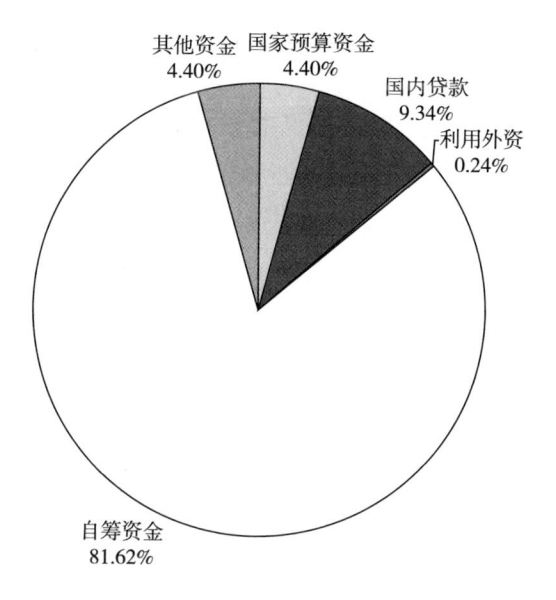

图18　2017年广州市文化产业固定资产资金来源占比

个。其中新开工项目仅为85个，比2016年减少了110个。2017年，广州市文化产业全部建成投产项目为94个，比2016年减少了63个。同年，广州市文化产业项目建成投产率为46.3%，比2016年下降了9.4个百分点（见图19）。

由此可知，广州市文化产业施工项目、新开工项目和全部建成投产项目均出现了较明显的下滑。而且，文化产业项目建成投产率较低。可能的原因在于，2017年广州市文化产业固定资产投资下滑，对当年全市文化产业项目建设造成了较大的影响。

（六）城乡文化消费旺盛

1. 城市居民家庭人均文化娱乐消费支出

2017年，广州市城市居民家庭人均消费支出首次突破40000元，达到40636.76元，比2016年增加了2238.56元。其中文化娱乐支出达到3777.34元，比2016年提升了210.45元。2017年，文化娱乐支出占城市居民家庭人均消费支出的比重达到9.3%，与2016年的占比持平（见图20）。

在文化娱乐支出中，2017年文化娱乐用品、文化娱乐服务的支出实现

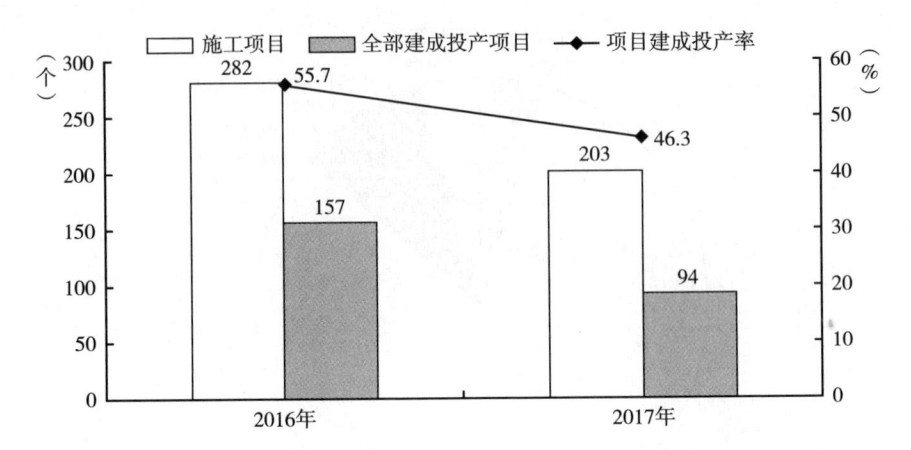

图19　广州市文化产业施工项目、全部建成投产项目及项目建成投产率

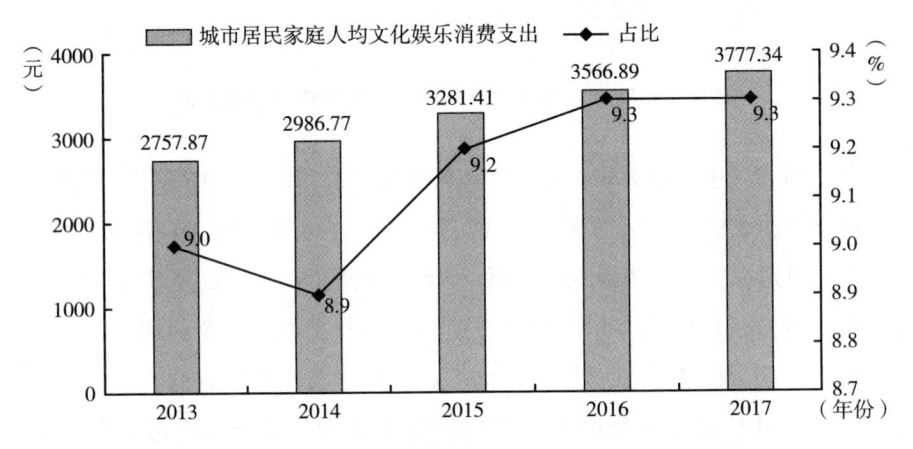

图20　广州城市居民家庭人均文化娱乐消费支出及占城市居民家庭人均消费支出的比重

双提升，分别达到975.40元、2801.94元，分别比2016年提升了25.72元和184.73元。2017年，文化娱乐用品支出占文化娱乐支出的比重为25.8%，同比下降了0.8个百分点；文化娱乐服务支出占比达到74.2%，同比增加了0.8个百分点。

2. 农村居民家庭人均文化娱乐消费支出

2017年，广州市农村居民家庭人均消费支出达到18932.29元，比2016年增加了1337.22元。其中，文化娱乐支出为793.60元，比上年提升了

114.93元（见图21）。分析可知，文化娱乐支出占农村居民家庭人均消费支出的比重为4.2%，比2016年的占比提高了0.3个百分点。

图21　广州农村居民家庭人均文化娱乐消费支出及占农村居民家庭人均消费支出的比重

在文化娱乐支出中，2017年文化娱乐用品、文化娱乐服务的支出分别达到280.36元、513.24元，实现双提升，分别比2016年提升了48.26元和66.68元。2017年，文化娱乐用品支出占文化娱乐支出的比重为35.3%，同比提高了1.1个百分点。文化娱乐服务支出占文化娱乐支出的比重为64.7%，同比下降了1.1个百分点。

综上可知，在文化娱乐支出方面，2017年城市、农村均出现增长态势。在文化娱乐用品支出和文化娱乐服务支出方面，城市与农村均有所增长。

（七）文化产品进出口稳步发展

2017年，广州市文化产业主要商品进出口额达到211.97亿美元，与2016年基本持平。其中，文化产业主要商品出口额为121.08亿美元，同比增长3.1%；文化产业主要商品进口额为90.89亿美元，同比下降3.8%（见图22）。2017年，广州市文化产业主要商品贸易差额达到30.19亿美元。①

---

① 从2017年起，文化产业主要商品进出口额包含珠宝首饰进出口额，2017年增长速度按可比口径计算。

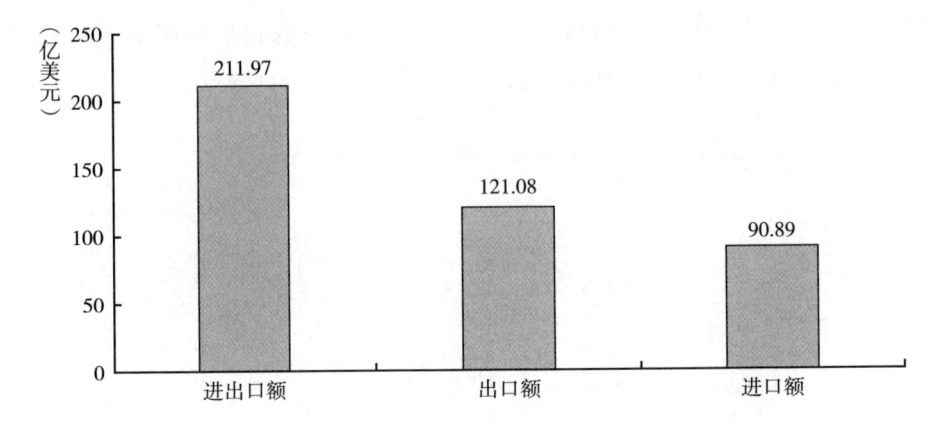

图 22 2017年广州市文化产业主要商品进出口额情况

从主要商品分类来看，光学、照相、医疗等设备及零附件的进出口额最高，达到113.97亿美元，占广州市文化产业主要商品进出口额的比重达到53.77%。其中出口额和进口额分别为54.72亿美元、59.25亿美元，分别增长12.0%、1.7%。珠宝首饰排在第二位，进出口额为71.17亿美元，占广州市文化产业主要商品进出口额的比重达到33.58%。其中出口额和进口额分别为44.03亿美元、27.14亿美元。

艺术品、收藏品及古物的进出口额排名靠后，仅为0.03亿美元，占广州市文化产业主要商品进出口额的比重达到0.02%。其中出口额0.01亿美元、进口额0.02亿美元，分别增长151.0%、78.8%（见图23）。这说明艺术品、收藏品及古物的进出口的发展并不充分，但具有巨大的发展潜力。

三 广州市文化产业细分行业结构分析

为保持已有统计数据的连贯性，《文化及相关产业分类（2018）》继续保留文化制造业、文化批发和零售业、文化服务业三个产业类别的划分。文化制造业包括珠宝首饰及有关物品制造、雕塑工艺品制造、金属工艺品制造、花画工艺品制造、抽纱刺绣工艺品制造、陈设艺术陶瓷制造、其他工艺美术及礼仪用品制造、园艺陶瓷制造、文化用机制纸及纸板制造等50个小

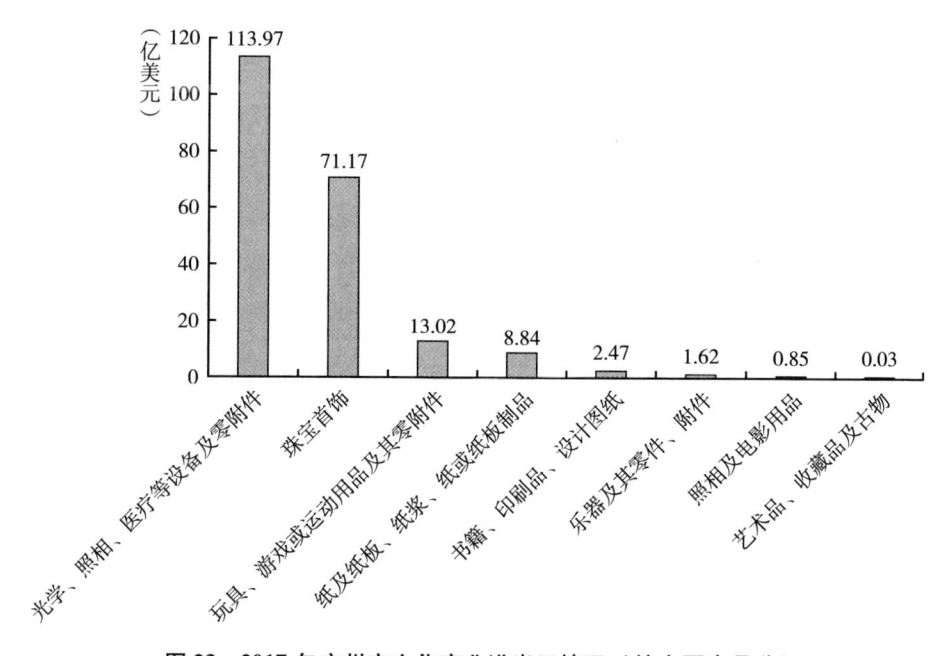

2018年广州市文化创意产业发展现状与2019年形势分析

图23 2017年广州市文化产业进出口情况（按主要商品分）

类；文化批发和零售业包括图书批发，报刊批发，音像制品、电子和数字出版物批发，首饰、工艺品及收藏品批发，艺术品、收藏品拍卖，艺术品代理，文化贸易代理服务等22个小类；文化服务业包括新闻业、报纸出版、广播、电视、互联网搜索服务、电子出版物出版、数字出版、文艺创作与表演、群众文体活动等72个小类。

（一）规模以上文化制造业

2017年广州文化制造业50个行业中有44个行业达到规模以上。

1. 各行业从业人员期末人数分析

2017年，广州市规模以上文化制造企业从业人员期末人数达到138369人。就从业人员期末人数来看，音响设备制造、珠宝首饰及有关物品制造、影视录放设备制造在文化制造业各行业中排名前三，分别达到22750人、20041人、17654人（见图24），占广州市规模以上文化制造企业从业人员期末人数的比重分别达到16.44%、14.48%、12.76%。

023

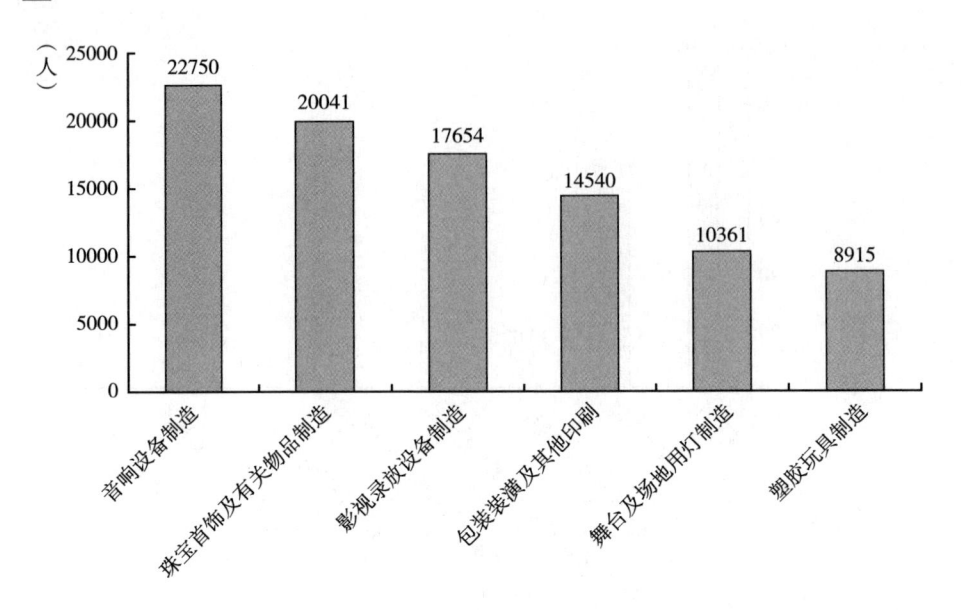

图24　2017年广州市规模以上文化制造企业从业人员期末人数情况
（排名前六的行业）

2. 各行业营业收入分析

2017年，广州市规模以上文化制造企业营业收入达到8879572万元。就营业收入来看，电视机制造、影视录放设备制造、音响设备制造在文化制造业各行业中排名前三，分别达到2043315万元、1893564万元、935996万元（见图25），占广州市规模以上文化制造企业营业收入的比重分别为23.01%、21.32%、10.54%。

3. 各行业营业税金及附加分析

2017年，广州市规模以上文化制造企业营业税金及附加达到38833万元。就营业税金及附加来看，影视录放设备制造、电视机制造、音响设备制造在文化制造业各行业中排名前三，分别达到5319万元、4998万元、4460万元（见图26），占广州市规模以上文化制造企业营业税金及附加的比重分别为13.70%、12.87%、11.49%。

4. 各行业营业利润分析

2017年，广州市规模以上文化制造企业营业利润达到322343万元。就

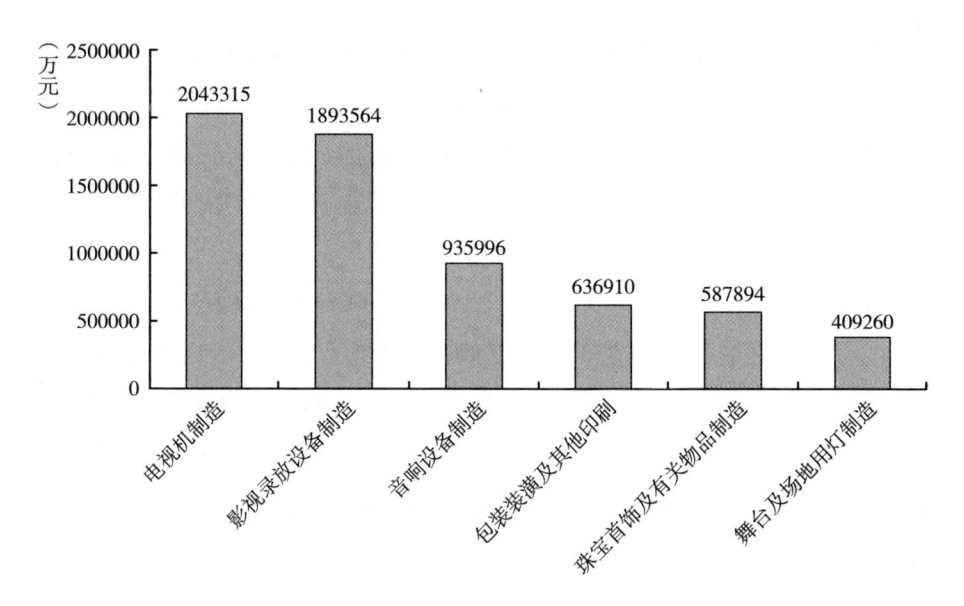

图 25　2017 年广州市规模以上文化制造企业营业收入情况
（排名前六的行业）

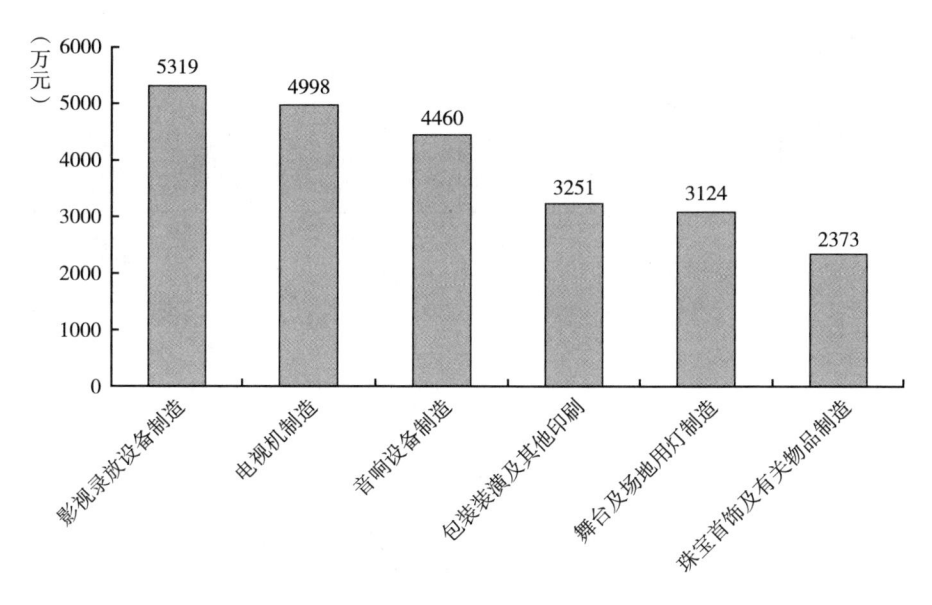

图 26　2017 年广州市规模以上文化制造企业营业税金及附加情况
（排名前六的行业）

营业利润来看，电视机制造、包装装潢及其他印刷、舞台及场地用灯制造在文化制造业各行业中排名前三，分别达到68661万元、35312万元、28935万元（见图27），占广州市规模以上文化制造企业营业利润的比重分别为21.30%、10.95%、8.98%。另外，雕塑工艺品制造、幻灯及投影设备制造和书、报刊印刷的营业利润分别为-916万元、-2128万元、-14298万元，说明这些行业企业经营状况不佳。书、报刊印刷行业的经营之所以出现巨大的亏损，可能的原因在于：一方面，随着电子阅读、新媒体的迅速发展，纸质书、纸质媒体行业的发展空间日趋狭窄，对书、报刊的销售和生产造成了相当的冲击；另一方面，面对时代的发展趋势，传统书、报刊印刷行业没有及时创新商业模式，加快推动行业的转型升级。

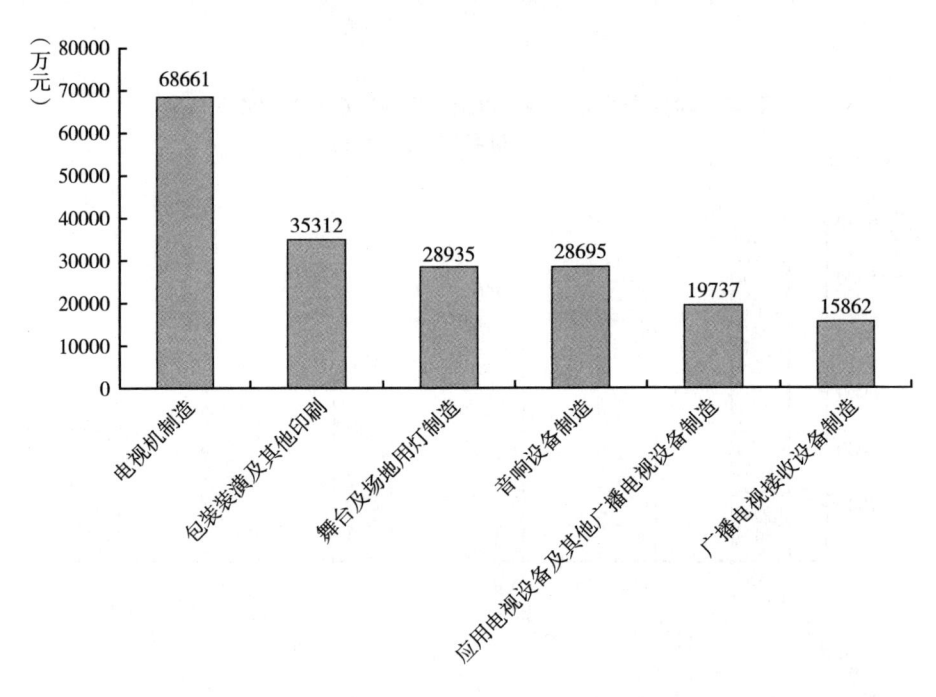

图27 2017年广州市规模以上文化制造企业营业利润情况
（排名前六的行业）

5. 各行业利润总额分析

2017年，广州市规模以上文化制造企业利润总额达到377788万元。就利润总额来看，电视机制造、机制纸及纸板制造、包装装潢及其他印刷在文化制造业各行业中排名前三，分别达到73956万元、45028万元、37095万元（见图28），占广州市规模以上文化制造企业利润总额的比重分别为19.58%、11.92%、9.82%。另外，幻灯及投影设备制造、影视录放设备制造以及书、报刊印刷等行业的利润总额为负值，分别达到 -2088万元、-4705万元、-15252万元。

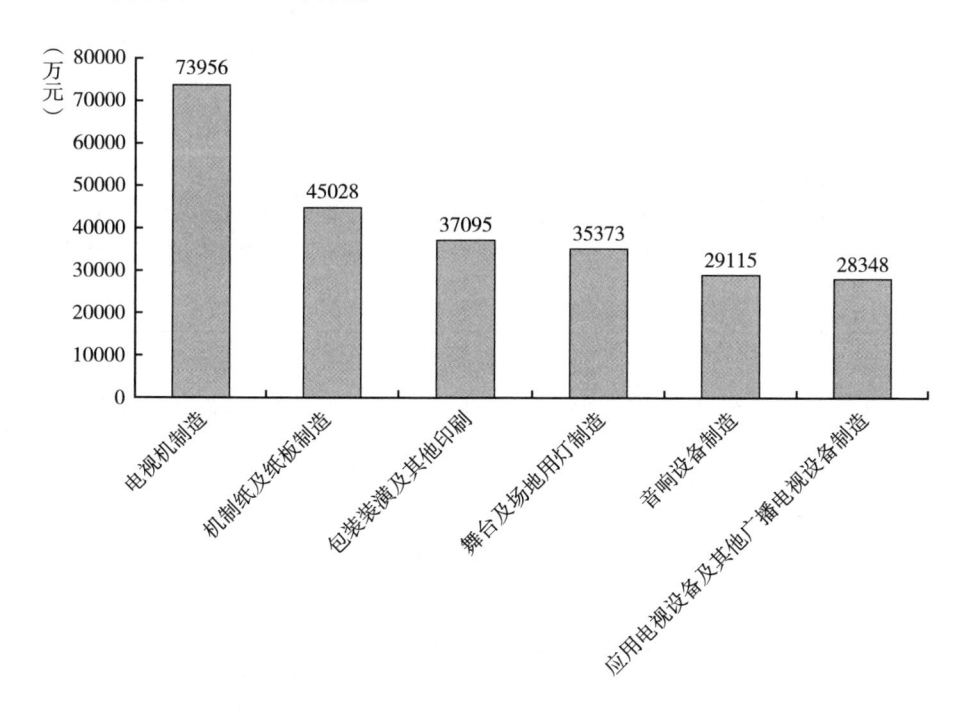

图28　2017年广州市规模以上文化制造企业利润总额情况
（排名前六的行业）

6. 2017年广州文化制造业各行业竞争力评价

先对2017年广州文化制造业44个行业的法人单位、从业人员期末人数、资产总计、营业收入、营业税金及附加、营业利润、利润总额、应付职工薪酬、应交增值税、工业总产值、工业销售产值等11大类指标的数据进行标准化处理后，接着进行主成分分析，可以得到以下结果（见表3）。

表3 11大类指标数据处理后主成分分析结果

Principal components/correlation		Number of obs	=	44
		Number of comp.	=	11
		Trace	=	11
Rotation: (unrotated = principal)		Rho	=	1.0000

Component	Eigenvalue	Difference	Proportion	Cumulative
Comp1	8.37958	7.33187	0.7618	0.7618
Comp2	1.04772	.0628754	0.0952	0.8570
Comp3	.98484	.647902	0.0895	0.9466
Comp4	.336938	.216718	0.0306	0.9772
Comp5	.12022	.0318557	0.0109	0.9881
Comp6	.0883647	.0545228	0.0080	0.9962
Comp7	.0338419	.0276225	0.0031	0.9992
Comp8	.00521945	.00275163	0.0005	0.9997
Comp9	.00246782	.00168546	0.0002	0.9999
Comp10	.000782355	.000757049	0.0001	1.0000
Comp11	.0000253064	.	0.0000	1.0000

由上表可以看出，前三个特征值累积贡献值达到94.7%，且特征值要大于1（第三个特征值近似于1），说明前三个主成分基本包含了全部指标具有的信息，接下来取前三个特征值，通过对载荷矩阵进行旋转，可得到相应的特征向量（见表4）。

表4 载荷矩阵旋转后相应的特征向量

Principal components (eigenvectors)			
Variable	Comp1	Comp2	Comp3
x1_s	0.2690	−0.0559	0.5677
x2_s	0.2846	−0.4215	0.3327
x3_s	0.3014	0.0339	−0.1527
x4_s	0.3160	−0.1211	−0.3672
x5_s	0.3390	−0.0802	−0.0664
x6_s	0.2782	0.5219	0.0601
x7_s	0.2632	0.6183	0.0873
x8_s	0.3121	−0.3017	0.2526
x9_s	0.3157	0.1560	0.1884
x10_s	0.3143	−0.1185	−0.3811
x11_s	0.3137	−0.1132	−0.3856

因而前三个主成分为：

第一主成分：

$$F_1 = 0.269x_1 + 0.2846x_2 + 0.3014x_3 + 0.316x_4 + 0.339x_5 \\ + 0.2782x_6 + 0.2632x_7 + 0.3121x_8 + 0.3157x_9 \\ + 0.3143x_{10} + 0.3137x_{11}$$

第二主成分：

$$F_2 = -0.0559x_1 - 0.4215x_2 + 0.0339x_3 - 0.1211x_4 - 0.0802x_5 \\ + 0.5219x_6 + 0.6183x_7 - 0.3017x_8 + 0.156x_9 \\ - 0.1185x_{10} - 0.1132x_{11}$$

第三主成分：

$$F_3 = 0.5677x_1 + 0.3327x_2 - 0.1527x_3 - 0.3672x_4 - 0.0664x_5 \\ + 0.0601x_6 + 0.0873x_7 - 0.2526x_8 + 0.1884x_9 \\ - 0.3811x_{10} - 0.3856x_{11}$$

在这次的主成分分析里面，我们可以进行一些检验以验证我们分析的效果，通过 KMO 检验和 SMC 检验，得到了下面的检验值（见表5）。

表5　通过 KMO 检验和 SMC 检验得到的检验值

| Kaiser-Meyer-Olkin measure of sampling adequacy ||
Variable	kmo
x1_s	0.7171
x2_s	0.6133
x3_s	0.6550
x4_s	0.8993
x5_s	0.8624
x6_s	0.6360
x7_s	0.6092
x8_s	0.7198
x9_s	0.7510
x10_s	0.7413
x11_s	0.7224
Overall	0.7201

续表

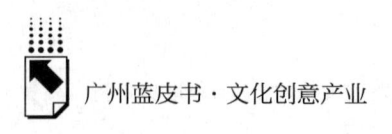

Variable	smc
x1_s	0.9038
x2_s	0.9920
x3_s	0.9856
x4_s	0.9989
x5_s	0.9890
x6_s	0.9951
x7_s	0.9954
x8_s	0.9911
x9_s	0.9697
x10_s	1.0000
x11_s	0.9999

Kaiser-Meyer-Olkin 抽样充分性测度也是用于测量变量之间相关关系的强弱的重要指标，是通过比较两个变量的相关系数与偏相关系数得到的。KMO 介于 0～1。KMO 越高，表明变量的共性越强。如果偏相关系数相对于相关系数比较高，则 KMO 比较低，主成分分析不能起到很好的数据约化效果。根据 Kaiser（1974），一般的判断标准如下：0.00～0.49，不能接受（Unacceptable）；0.50～0.59，非常差（Miserable）；0.60～0.69，勉强接受（Mediocre）；0.70～0.79，可以接受（Middling）；0.80～0.89，比较好（Meritorious）；0.90～1.00，非常好（Marvelous）。

SMC 即一个变量与其他所有变量的复相关系数的平方，也就是复回归方程的可决系数。SMC 比较高表明变量的线性关系越强，共性越强，主成分分析就越合适。根据 KMO 越高，表明变量的共性越强，SMC 比较高表明变量的线性关系越强，共性越强，主成分分析就越合适，从上表可以看出，在该例中，各变量基本符合要求。

通过碎石图，我们可以很直观地看出各个特征值的大小。在该图中，特征值等于 1 处的水平线标示了保留主成分分析的分界点，同时再次强调了本例中的成分 4～11 并不重要（见图 29）。

接下来以各主成分的方差贡献率占 3 个主成分累积贡献率的比重为权

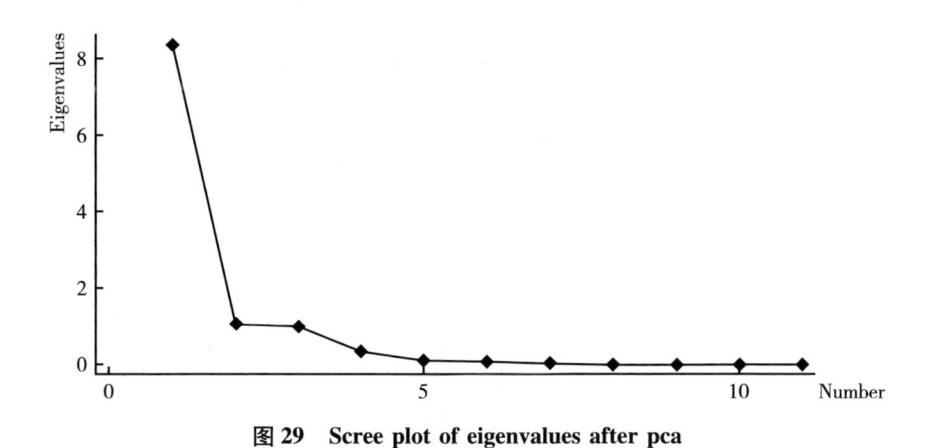

图 29　Scree plot of eigenvalues after pca

重，可得到文化制造业竞争力各行业的综合得分 F。

$$F = 0.8048F_1 + 0.1006F_2 + 0.0946F_3$$

根据以上公式可得文化制造业各行业竞争力的综合得分及排序（见表6）。

表 6　文化制造业各行业竞争力综合得分及排序

ind_name	f_1	f_2	f_3	综合得分	排名
电视机制造	8.7332	2.9041	-3.7445	6.9664	1
音响设备制造	6.6575	-1.2915	0.5276	5.2779	2
包装装潢及其他印刷	5.6262	0.2898	1.4281	4.6922	3
影视录放设备制造	6.2806	-3.9313	-4.7815	4.2068	4
珠宝首饰及有关物品制造	4.6290	-1.6126	1.1188	3.6690	5
舞台及场地用灯制造	3.9091	0.8631	0.8245	3.3108	6
机制纸及纸板制造	2.7967	1.9456	-0.3330	2.4150	7
应用电视设备及其他广播电视设备制造	1.9403	1.4821	0.0014	1.7108	8
塑胶玩具制造	0.4355	-0.5292	0.1143	0.3081	9
抽纱刺绣工艺品制造	0.2067	0.8499	0.3837	0.2881	10
广播电视接收设备制造	0.0401	1.2248	0.4550	0.1985	11
西乐器制造	-0.0437	0.4639	0.1770	0.0282	12
油墨及类似产品制造	-0.1040	0.3272	0.4896	-0.0045	13
地毯、挂毯制造	-0.3391	0.7503	0.0042	-0.1970	14
书、报刊印刷	-0.2014	-2.1313	0.0951	-0.3675	15
可穿戴智能设备制造	-0.7267	1.1273	0.1734	-0.4551	16
印刷专用设备制造	-0.8066	0.2978	0.3920	-0.5821	17

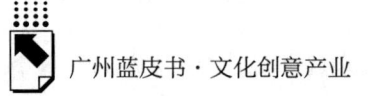

续表

ind_name	f_1	f_2	f_3	综合得分	排名
其他玩具制造	-0.8219	-0.4565	0.0897	-0.6989	18
露天游乐场所游乐设备制造	-0.9932	0.1471	0.1888	-0.7667	19
文具制造	-1.0010	0.1318	0.1863	-0.7747	20
游艺用品及室内游艺器材制造	-1.0342	0.0084	0.1999	-0.8126	21
专业音响设备制造	-1.0928	-0.0231	0.2632	-0.8569	22
复印和胶印设备制造	-1.2276	-0.0882	0.1206	-0.9854	23
其他工艺美术及礼仪用品制造	-1.2755	-0.1849	0.2647	-1.0201	24
装订及印刷相关服务	-1.2390	-0.3984	0.1373	-1.0242	25
照相机及器材制造	-1.3307	0.0155	0.1495	-1.0553	26
金属工艺品制造	-1.3768	-0.1011	0.2304	-1.0964	27
笔的制造	-1.4354	-0.0360	0.0715	-1.1520	28
工艺美术颜料制造	-1.4697	-0.0717	0.0736	-1.1831	29
雕塑工艺品制造	-1.5321	-0.2517	0.1244	-1.2466	30
电玩具制造	-1.5500	-0.1518	0.1372	-1.2498	31
电影机械制造	-1.5577	-0.1141	0.0411	-1.2612	32
文化用信息化学品制造	-1.6221	-0.2006	0.0346	-1.3224	33
其他乐器及零件制造	-1.6461	-0.0788	0.0827	-1.3249	34
娃娃玩具制造	-1.6367	-0.1390	0.0238	-1.3290	35
电子乐器制造	-1.6496	-0.0591	0.0354	-1.3302	36
记录媒介复制	-1.6688	-0.1062	0.0670	-1.3474	37
漆器工艺品制造	-1.6673	-0.0769	0.0168	-1.3480	38
本册印制	-1.6801	-0.1229	0.0683	-1.3581	39
中乐器制造	-1.6885	-0.1090	0.0202	-1.3680	40
儿童乘骑玩耍的童车类产品制造	-1.6970	-0.0931	0.0326	-1.3721	41
幻灯及投影设备制造	-1.6843	-0.2972	-0.0321	-1.3885	42
其他智能消费设备制造	-1.7241	-0.0842	0.0266	-1.3935	43
陈设艺术陶瓷制造	-1.7307	-0.0879	0.0201	-1.3998	44

可以看出，在广州文化制造业的44大行业中，电视机制造、音响设备制造、包装装潢及其他印刷、影视录放设备制造、珠宝首饰及有关物品制造、舞台及场地用灯制造、机制纸及纸板制造、应用电视设备及其他广播电视设备制造、塑胶玩具制造、抽纱刺绣工艺品制造、西乐器制造等行业具有比较优势，综合竞争力排名靠前。而电子乐器制造、记录媒介复制、漆器工艺品制造、本册印制、中乐器制造、儿童乘骑玩耍的童车类产品制造、幻灯

及投影设备制造、其他智能消费设备制造、陈设艺术陶瓷制造等行业综合竞争力排名靠后，说明这些行业相对比较弱势。

（二）限额以上文化批发和零售业

2017年广州文化批发和零售业22个行业中有21个行业达到限额以上。

1. 各行业从业人员期末人数

2017年，广州市限额以上文化批发和零售业企业从业人员期末人数达到27557人。就从业人员期末人数来看，首饰、工艺品及收藏品批发，报刊批发，文具用品批发在文化批发和零售业各行业中排名前三，分别达到10666人、2900人、2334人，占广州市限额以上文化批发和零售业企业从业人员期末人数的比重分别为38.71%、10.52%、8.47%（见图30）。

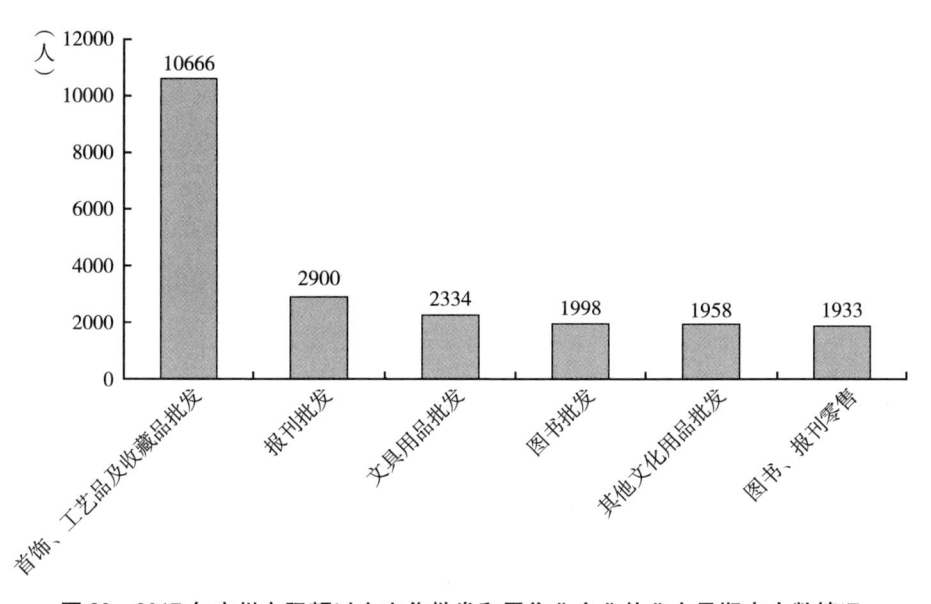

图30　2017年广州市限额以上文化批发和零售业企业从业人员期末人数情况
（排名前六的行业）

2. 各行业营业收入

2017年，广州市限额以上文化批发和零售业企业营业收入达到7434588万元。就营业收入来看，首饰、工艺品及收藏品批发，家用视听设备批发，文具用品批发在文化批发和零售业各行业中排名前三，分别达到2191316万元、1914743万元、1136641万元，占广州市限额以上文化批发和零售业企业营业收入的比重分别为29.47%、25.75%、15.29%（见图31）。

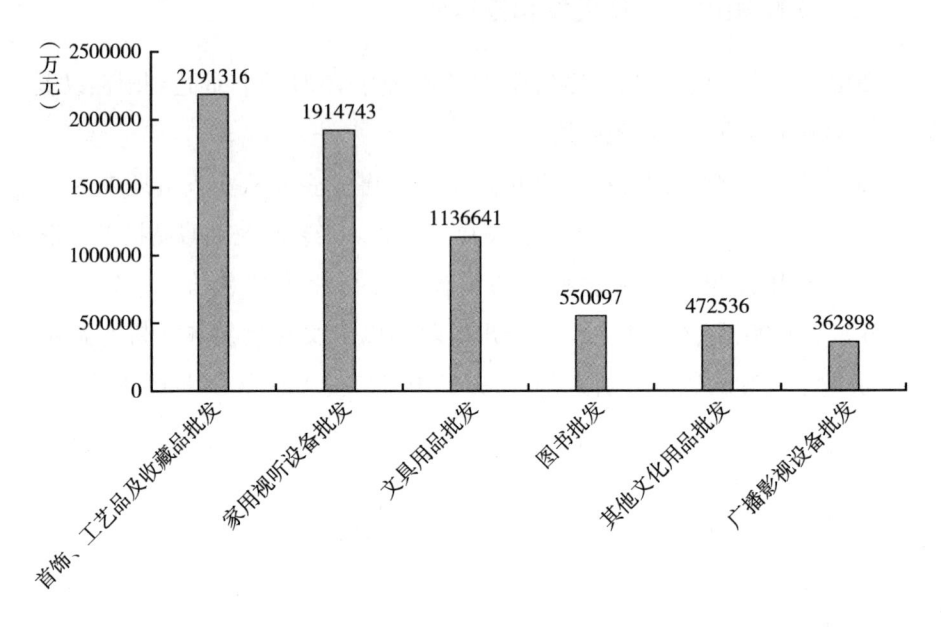

图31　2017年广州市限额以上文化批发和零售业企业营业收入情况（排名前六的行业）

3. 各行业营业成本

2017年，广州市限额以上文化批发和零售业企业营业成本达到6558588万元。就营业成本来看，首饰、工艺品及收藏品批发，家用视听设备批发，文具用品批发在文化批发和零售业各行业中排名前三，分别达到1819481万元、1811708万元、1068241万元，占广州市限额以上文化批发和零售业企业营业成本的比重分别为27.74%、27.62%、16.29%（见图32）。

4. 各行业营业税金及附加

2017年，广州市限额以上文化批发和零售业企业营业税金及附加达到36490万元。就营业税金及附加来看，首饰、工艺品及收藏品批发，家用视听设备批发，文具用品批发在文化批发和零售业各行业中排名前三，分别达

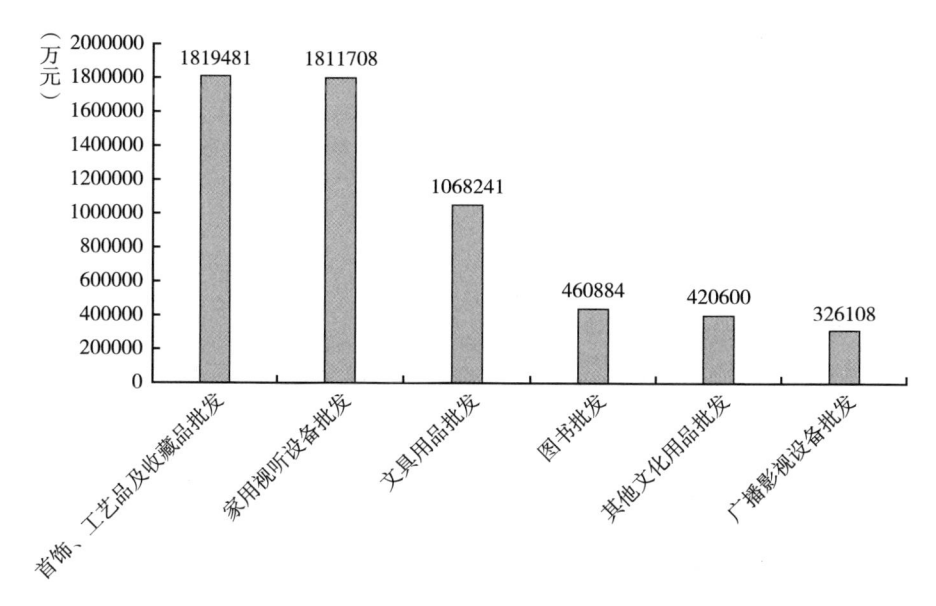

2018年广州市文化创意产业发展现状与2019年形势分析

图32 2017年广州市限额以上文化批发和零售业企业营业成本情况（排名前六的行业）

到25634万元、2151万元、1447万元，占广州市限额以上文化批发和零售业企业营业税金及附加的比重分别为70.25%、5.89%、3.97%（见图33）。

5. 各行业营业利润

2017年，广州市限额以上文化批发和零售业企业营业利润达到241784万元。就营业利润来看，首饰、工艺品及收藏品批发，图书批发，家用视听设备批发在文化批发和零售业各行业中排名前三，分别达到99979万元、38064万元、32880万元（见图34），占广州市限额以上文化批发和零售业企业营业利润的比重分别为41.35%、15.74%、13.60%。另外，其他文化用品零售以及音像制品、电子和数字出版物批发这两个行业的营业利润为负值，分别达到-194亿元、-460万元。这说明，其他文化用品零售以及音像制品、电子和数字出版物批发行业企业的经营水平有待提高。

6. 各行业利润总额

2017年，广州市限额以上文化批发和零售业企业利润总额达到251630万元。就利润总额来看，在文化批发和零售业各行业中排名前三的行业分别

035

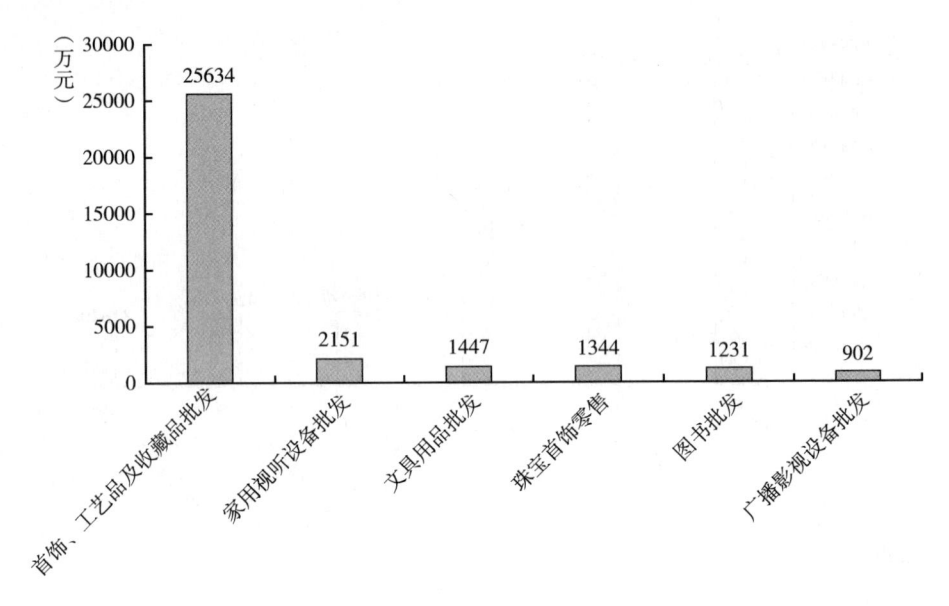

图33 2017年广州市限额以上文化批发和零售业企业营业税金及附加情况
（排名前六的行业）

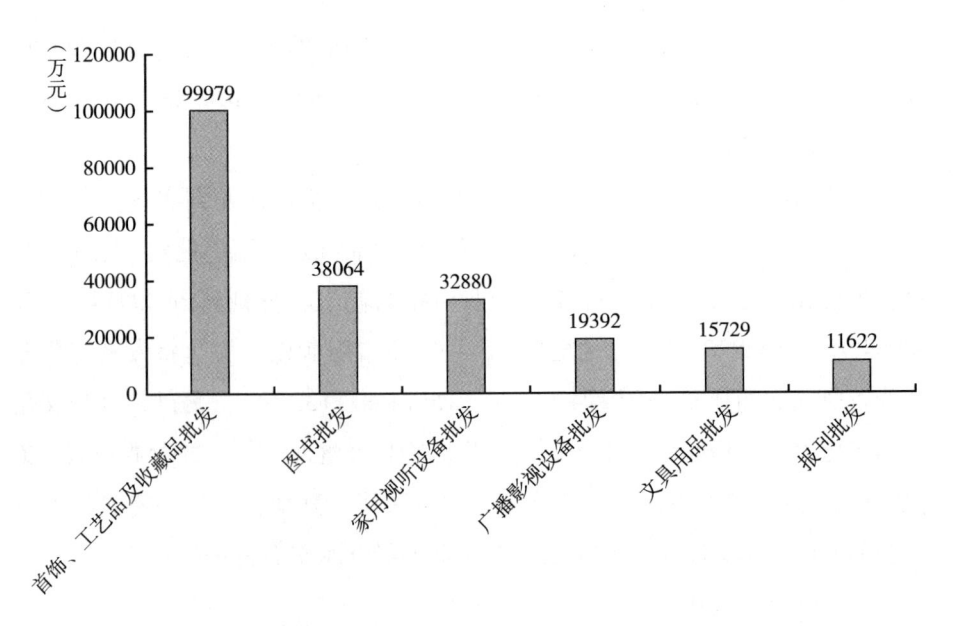

图34 2017年广州市限额以上文化批发和零售业企业营业利润情况
（排名前六的行业）

为首饰、工艺品及收藏品批发，图书批发，家用视听设备批发，分别达到101924万元、38442万元、35620万元（见图35），占广州市限额以上文化批发和零售业企业利润总额的比重分别为40.51%、15.28%、14.16%。其他文化用品零售以及音像制品、电子和数字出版物批发这两个行业的利润总额较低，分别为75万元和0万元。

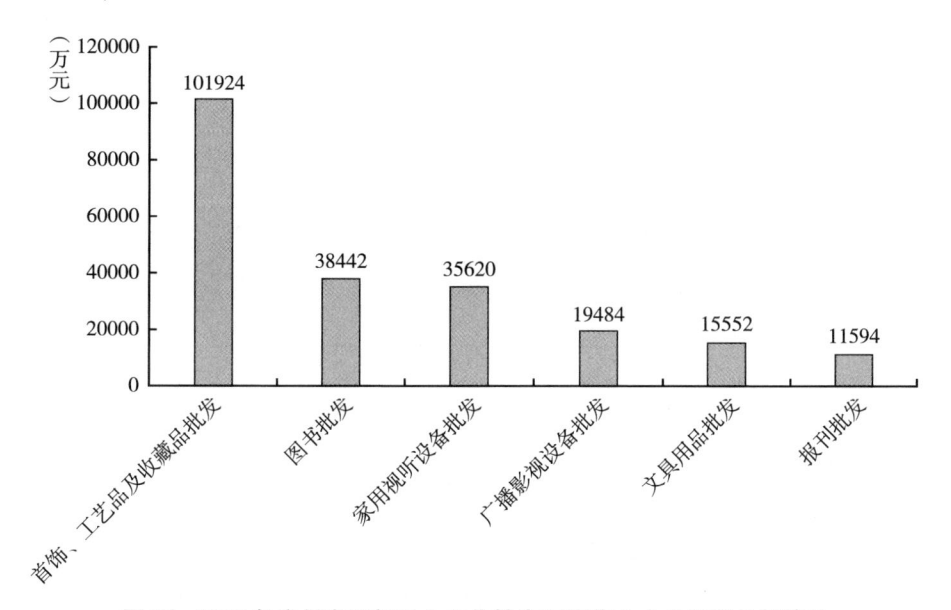

图35 2017年广州市限额以上文化批发和零售业企业利润总额情况
（排名前六的行业）

7. 2017年广州文化批发和零售业各行业竞争力评价

先对2017年广州文化批发和零售业的21大行业的"法人单位（个）""从业人员期末人数（人）""资产总计（万元）""营业收入（万元）""营业成本（万元）""营业税金及附加（万元）""营业利润（万元）""利润总额（万元）""应付职工薪酬（万元）""应交增值税（万元）"等10大类指标的数据进行标准化处理后，接着进行主成分分析，可以得到表7的结果。

由表7可以看出，前两个特征值累积贡献值达到93.62%，且特征值要大于1，说明前两个主成分基本包含了全部指标具有的信息，接下来取前两个特征值，通过对载荷矩阵进行旋转，可得到相应的特征向量（见表8）。

表7　10大类指标数据处理后主成分分析结果

Principal components/correlation

Number of obs	=		21
Number of comp.	=		9
Trace	=		10

Rotation: (unrotated = principal)

Rho = 1.0000

Component	Eigenvalue	Difference	Proportion	Cumulative
Comp1	8.17707	6.99187	0.8177	0.8177
Comp2	1.1852	.860576	0.1185	0.9362
Comp3	.32462	.113674	0.0325	0.9687
Comp4	.210946	.137577	0.0211	0.9898
Comp5	.0733685	.0485222	0.0073	0.9971
Comp6	.0248462	.0216182	0.0025	0.9996
Comp7	.00322803	.00264413	0.0003	0.9999
Comp8	.000583903	.000441401	0.0001	1.0000
Comp9	.000142502	.000141028	0.0000	1.0000
Comp10	1.47470e-06	.	0.0000	1.0000

表8　载荷矩阵旋转后相应的特征向量

Principal components (eigenvectors)

Variable	Comp1	Comp2
x1_s	0.1690	0.7415
x2_s	0.3323	-0.1746
x3_s	0.3234	0.2053
x4_s	0.3225	0.2608
x5_s	0.3119	0.3125
x6_s	0.3177	-0.3287
x7_s	0.3420	-0.1318
x8_s	0.3429	-0.1198
x9_s	0.3339	-0.2157
x10_s	0.3288	-0.1601

因而前三个主成分为：

第一主成分：

$$F_1 = 0.169x_1 + 0.3323x_2 + 0.3234x_3 + 0.3225x_4 + 0.3119x_5 \\ + 0.3177x_6 + 0.342x_7 + 0.3429x_8 + 0.3339x_9 \\ + 0.3288x_{10}$$

第二主成分：

$$F_2 = 0.7415x_1 - 0.1746x_2 + 0.2053x_3 + 0.2608x_4 - 0.3125x_5 \\ - 0.3287x_6 - 0.1318x_7 - 0.1198x_8 - 0.2157x_9 \\ - 0.1601x_{10}$$

在这次的主成分分析里面，我们可以进行检验以验证我们分析的效果，通过 KMO 检验和 SMC 检验，得到了下面的检验值（见表9）。

表9 通过 KMO 检验和 SMC 检验后得到的检验值

Kaiser-Meyer-Olkin measure of sampling adequacy	
Variable	kmo
x1_s	0.4820
x2_s	0.7325
x3_s	0.7163
x4_s	0.6332
x5_s	0.6172
x6_s	0.6888
x7_s	0.6950
x8_s	0.6911
x9_s	0.6931
x10_s	0.8844
Overall	0.6912

Squared multiple correlations of variables with all other variables	
Variable	smc
x1_s	0.9635
x2_s	0.9991
x3_s	0.9980
x4_s	1.0000
x5_s	1.0000
x6_s	0.9981
x7_s	0.9998
x8_s	0.9998
x9_s	0.9998
x10_s	0.9766

SMC 即一个变量与其他所有变量的复相关系数的平方，也就是复回归方程的可决系数。SMC 比较高表明变量的线性关系越强，共性越强，主成

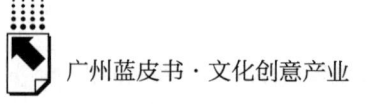

分分析就越合适。根据 KMO 越高，表明变量的共性越强，SMC 比较高表明变量的线性关系越强，共性越强，主成分分析就越合适，从上表可以看出，在该例中，各变量基本符合要求。

通过碎石图，我们可以很直观地看出各个特征值的大小。在该图中，特征值等于 1 处的水平线标示了保留主成分分析的分界点，同时再次强调了本例中的成分 3～10 并不重要（见图 36）。

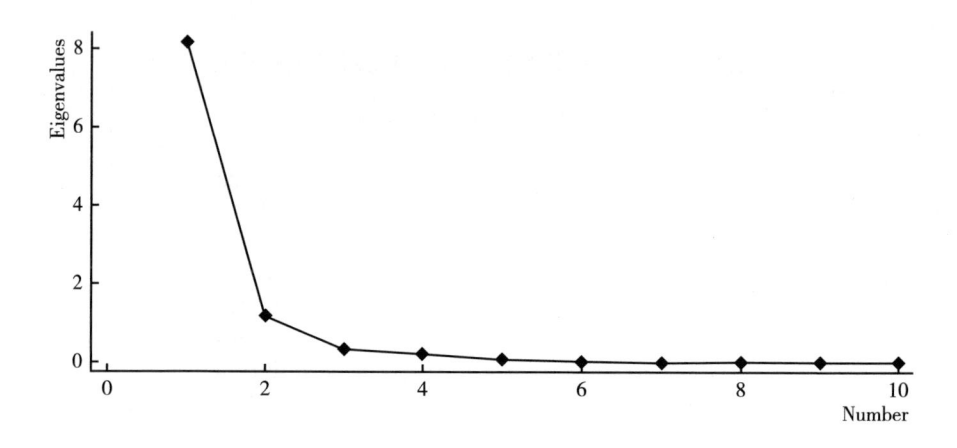

图 36　Scree plot of eigenvalues after pca

接下来以各主成分的方差贡献率占 3 个主成分累积贡献率的比重为权重，可得到文化批发和零售业竞争力各行业的综合得分 F。

$$F = 0.8734F_1 + 0.1266F_2$$

根据以上公式可得文化批发和零售业各行业竞争力的综合得分及排序（见表 10）。

表 10　文化批发和零售业各行业竞争力综合得分及排序

行业	f_1	f_2	综合得分	排序
首饰、工艺品及收藏品批发	10.8006	-3.7804	8.9547	1
家用视听设备批发	3.2494	0.5545	2.9082	2
文具用品批发	2.1620	2.0684	2.1502	3
图书批发	1.9708	0.3358	1.7638	4

续表

行业	f_1	f_2	综合得分	排序
其他文化用品批发	0.5450	1.5057	0.6666	5
广播影视设备批发	0.4620	-0.0399	0.3985	6
图书、报刊零售	-0.2536	0.5787	-0.1483	7
报刊批发	-0.2888	-0.5427	-0.3209	8
珠宝首饰零售	-1.1057	0.1852	-0.9423	9
家用视听设备零售	-1.2002	0.0357	-1.0438	10
文具用品零售	-1.2414	0.2512	-1.0525	11
电气设备批发	-1.3126	-0.0709	-1.1554	12
工艺美术品及收藏品零售	-1.4016	-0.0653	-1.2325	13
乐器零售	-1.4388	0.0891	-1.2454	14
乐器批发	-1.5141	-0.0652	-1.3307	15
其他文化用品零售	-1.5400	-0.0131	-1.3467	16
贸易代理	-1.5247	-0.1387	-1.3492	17
艺术品、收藏品拍卖	-1.5065	-0.2645	-1.3493	18
音像制品、电子和数字出版物零售	-1.5879	-0.2224	-1.4151	19
照相器材零售	-1.6089	-0.1219	-1.4206	20
音像制品、电子和数字出版物批发	-1.6649	-0.2794	-1.4895	21

可以看出，在广州文化批发和零售业的21大行业中，首饰、工艺品及收藏品批发，家用视听设备批发，文具用品批发，图书批发，其他文化用品批发，广播影视设备批发，图书、报刊零售，报刊批发，珠宝首饰零售，家用视听设备零售等综合竞争力排名靠前，具有相对比较强的优势；乐器零售，乐器批发，其他文化用品零售，贸易代理，艺术品、收藏品拍卖，音像制品、电子和数字出版物零售，照相器材零售，音像制品、电子和数字出版物批发等行业综合竞争力靠后，竞争力相对较弱。

（三）规模以上文化服务业

2017年广州文化批发和零售业72个行业中有58个行业达到规模以上。

1. 各行业从业人员期末人数

2017年，广州市规模以上文化服务业企业从业人员期末人数达到

161516人。就从业人员期末人数来看，在文化服务业各行业中排名前三的行业分别为应用软件开发、工程设计活动、互联网其他信息服务，分别达到38044人、25712人、11893人（见图37），占广州市规模以上文化服务业企业从业人员期末人数的比重分别为23.55%、15.92%、7.36%。

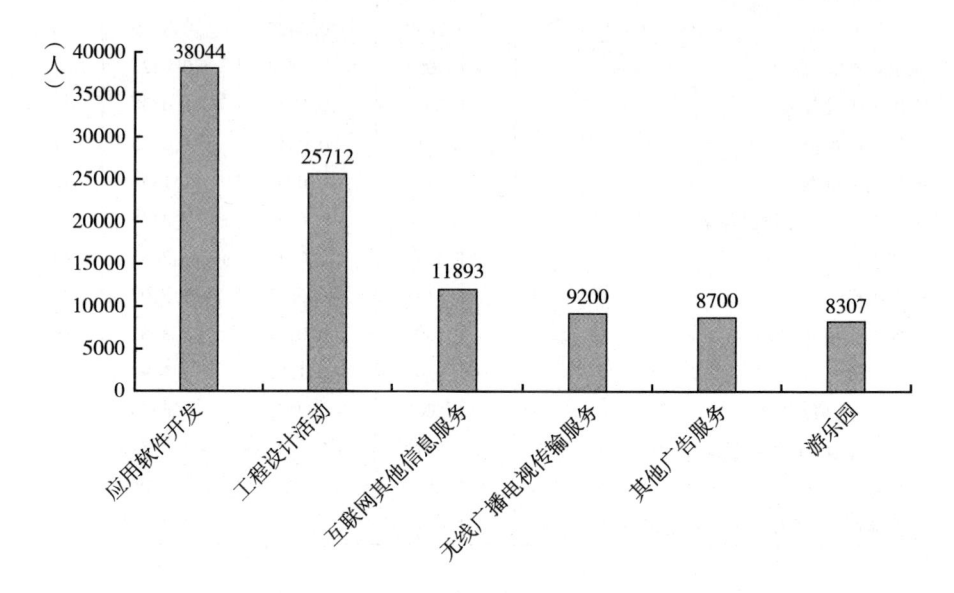

图37 2017年广州市规模以上文化服务业企业从业人员期末人数情况（排名前六的行业）

2. 各行业营业收入

2017年，广州市规模以上文化服务业企业营业收入达到18151448万元。就营业收入来看，在文化服务业各行业中排名前三的行业分别为应用软件开发、其他广告服务、工程设计活动，分别达到5053866万元、2199130万元、1698318万元（见图38），分别占广州市规模以上文化服务业营业收入的比重为27.84%、12.12%、9.36%。

3. 各行业营业成本

2017年，广州市规模以上文化服务业企业营业成本达到12015002万元。就营业成本来看，在文化服务业各行业中排名前三的行业分别为应用软件开发、其他广告服务、工程设计活动，分别达到2516342万元、1851526

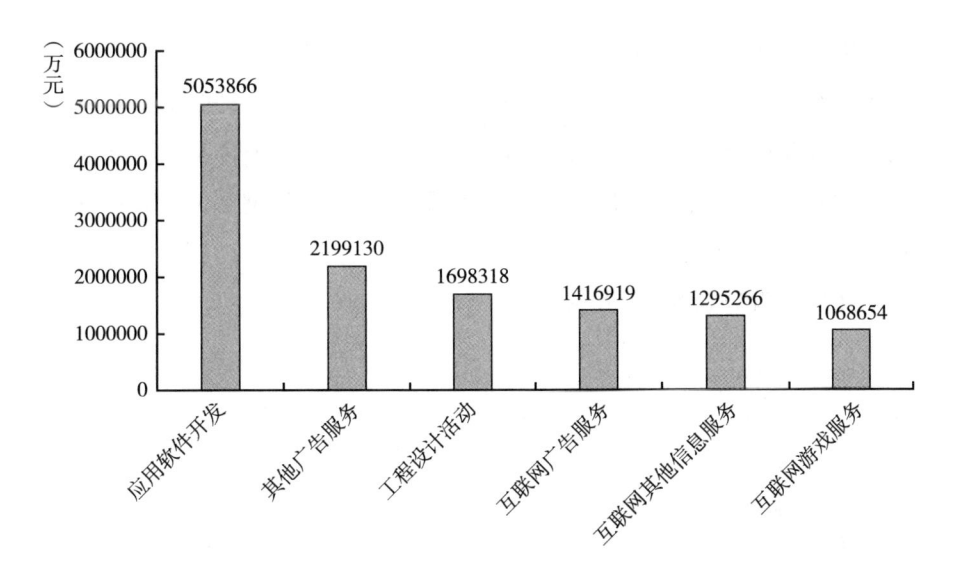

2018年广州市文化创意产业发展现状与2019年形势分析

图38 2017年广州市规模以上文化服务业企业营业收入情况
（排名前六的行业）

应用软件开发 5053866
其他广告服务 2199130
工程设计活动 1698318
互联网广告服务 1416919
互联网其他信息服务 1295266
互联网游戏服务 1068654

万元、1296376万元（见图39），占广州市规模以上文化服务业营业成本的比重分别为20.94%、15.41%、10.79%。

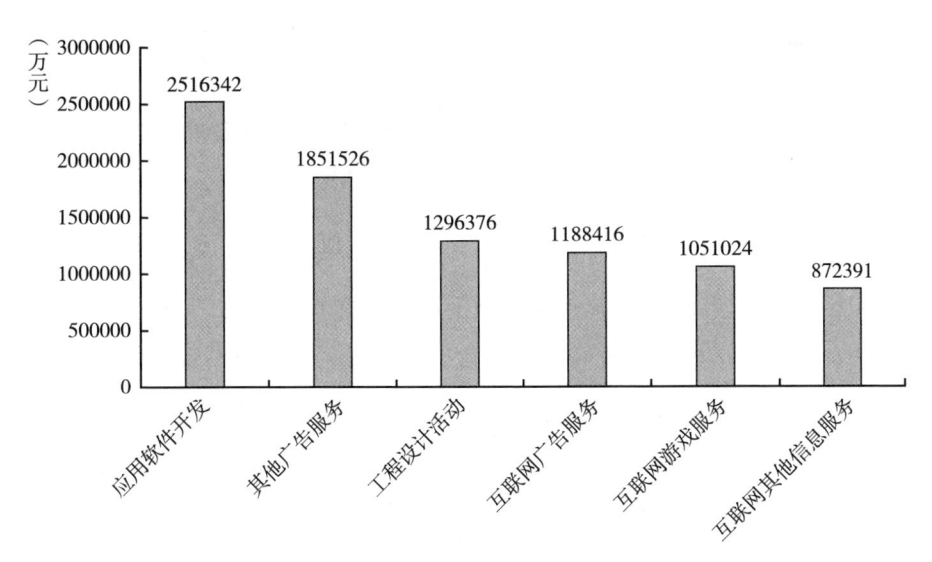

图39 2017年广州市规模以上文化服务业企业营业成本情况
（排名前六的行业）

应用软件开发 2516342
其他广告服务 1851526
工程设计活动 1296376
互联网广告服务 1188416
互联网游戏服务 1051024
互联网其他信息服务 872391

043

4. 各行业营业税金及附加

2017年，广州市规模以上文化服务业企业营业税金及附加达到139851万元。就营业税金及附加来看，在文化服务业各行业中排名前三的行业分别为应用软件开发、其他广告服务、工程设计活动，分别达到56277万元、16854万元、10769万元（见图40），占广州市规模以上文化服务业营业税金及附加的比重分别为40.24%、12.05%、7.70%。

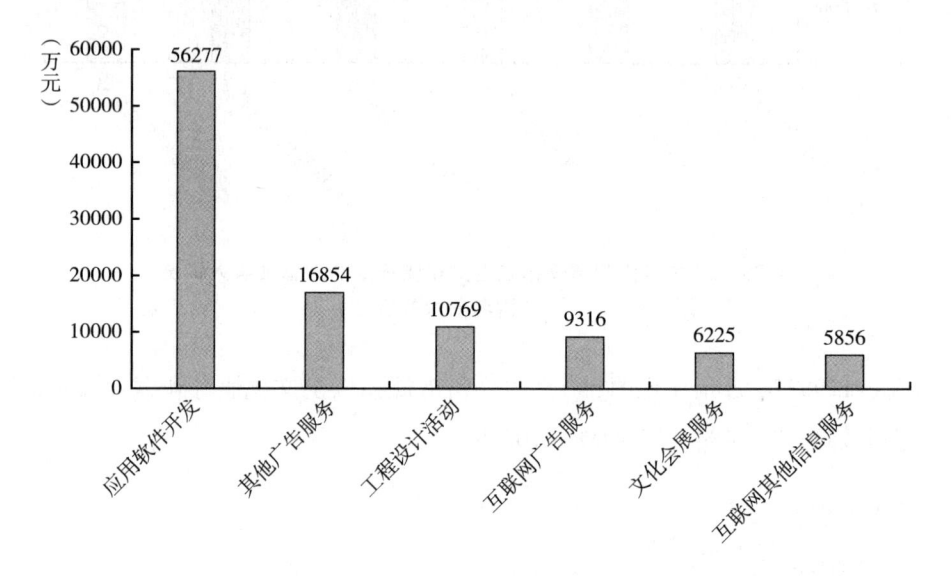

图40　2017年广州市规模以上文化服务业企业营业税金及附加情况
（排名前六的行业）

5. 各行业营业利润

2017年，广州市规模以上文化服务业企业营业利润达到2612683万元。就营业利润来看，应用软件开发、文化会展服务、互联网搜索服务在文化服务业各行业中排名前三，分别达到1628073万元、212239万元、177671万元（见图41），分别占广州市规模以上文化服务业企业营业利润的比重为62.31%、8.12%、6.80%。由此可知，应用软件开发行业贡献的营业利润超过了六成，遥遥领先于文化服务业其他行业。工业设计服务、报纸出版、文艺创作与表演则在文化服务业各行业中排名最后三位，其营业利润分别达到-7116万元、-9586万元、-10315万元。这表明，工业设计服务、报纸出版、文艺创作与表演这些行业的整体经营情况有待改善。

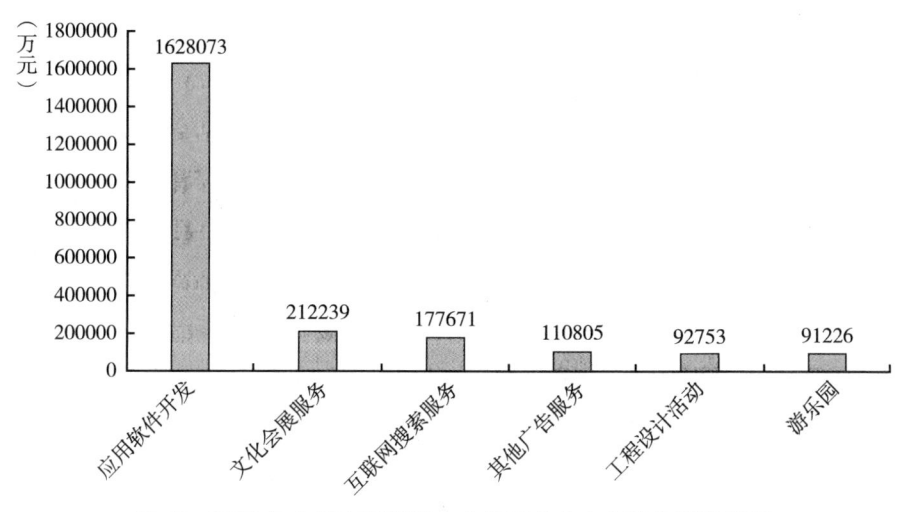

图41　2017年广州市规模以上文化服务业企业营业利润情况
（排名前六的行业）

数据：
- 应用软件开发：1628073（万元）
- 文化会展服务：212239
- 互联网搜索服务：177671
- 其他广告服务：110805
- 工程设计活动：92753
- 游乐园：91226

6. 各行业利润总额

2017年，广州市规模以上文化服务业企业利润总额达到2592405万元。就利润总额来看，应用软件开发、文化会展服务、其他广告服务在文化服务业各行业中排名前三，分别达到1665311万元、212383万元、114652万元（见图42），占广州市规模以上文化服务业企业利润总额的比重分别为64.24%、8.19%、4.42%。其他数字内容服务、旅游会展服务、工业设计服务则在文化服务业各行业中排名最后三位，其利润总额分别达到-2669万元、-6687万元、-7171万元。

7. 2017年广州文化服务业各个行业竞争力评价

先对2017年广州文化服务业的58个行业的"法人单位（个）""从业人员期末人数（人）""资产总计（万元）""营业收入（万元）""营业成本（万元）""营业税金及附加（万元）""营业利润（万元）""利润总额（万元）""应付职工薪酬（万元）""应交增值税（万元）"等10大类指标的数据进行标准化处理后，接着进行主成分分析，可以得到表11所示结果。

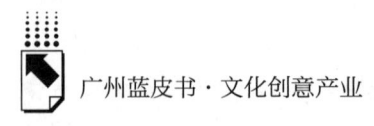

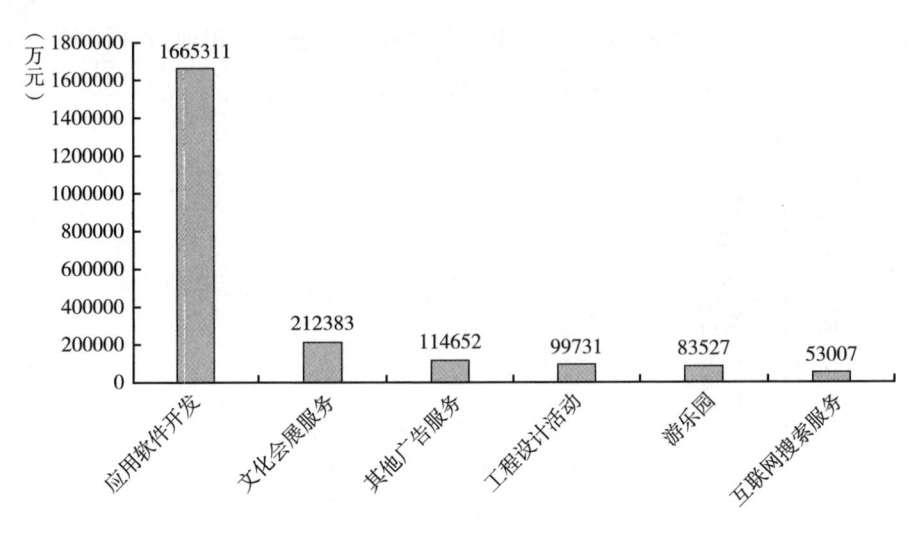

图42 2017年广州市规模以上文化服务业企业利润总额情况
（排名前六的行业）

表11 10大类指标数据标准化处理后主成分分析结果

Principal components/correlation			Number of obs	=	58
			Number of comp.	=	10
			Trace	=	10
Rotation：(unrotated = principal)			Rho	=	1.0000

Component	Eigenvalue	Difference	Proportion	Cumulative
Comp1	8.69648	7.92286	0.8696	0.8696
Comp2	.773622	.544071	0.0774	0.9470
Comp3	.22955	.092997	0.0230	0.9700
Comp4	.136553	.021329	0.0137	0.9836
Comp5	.115224	.0885214	0.0115	0.9951
Comp6	.0267027	.0154006	0.0027	0.9978
Comp7	.0113022	.00298253	0.0011	0.9989
Comp8	.00831964	.00643972	0.0008	0.9998
Comp9	.00187992	.00151434	0.0002	1.0000
Comp10	.000365578	.	0.0000	1.0000

由上表可以看出，前两个特征值累积贡献值达到94.7%，且特征值要大于1（第二个特征值近似于1），说明前两个主成分基本包含了全部指标具有的信息，接下来取前两个特征值，通过对载荷矩阵进行旋转，可得到相应的特征向量（见表12）。

表12 载荷矩阵旋转后的特征向量

Principal components（eigenvectors）

Variable	Comp1	Comp2
x1_s	0.2700	0.6364
x2_s	0.3220	0.1089
x3_s	0.3181	0.0421
x4_s	0.3315	0.1025
x5_s	0.3054	0.3798
x6_s	0.3316	-0.1328
x7_s	0.3091	-0.4495
x8_s	0.3094	-0.4387
x9_s	0.3311	0.1114
x10_s	0.3289	-0.0444

因而前两个主成分为：

第一主成分：

$$F_1 = 0.27x_1 + 0.322x_2 + 0.3181x_3 + 0.3315x_4 + 0.3054x_5 + 0.3316x_6 \\ + 0.3091x_7 + 0.3094x_8 + 0.3311x_9 + 0.3289x_{10}$$

第二主成分：

$$F_2 = 0.6364x_1 + 0.1089x_2 + 0.0421x_3 + 0.1025x_4 + 0.3798x_5 - 0.1328x_6 \\ - 0.4495x_7 - 0.4387x_8 - 0.1114x_9 - 0.0444x_{10}$$

在这次的主成分分析里面，我们可以进行检验以验证我们分析的效果，通过KMO检验和SMC检验，得到了下面的检验值（见表13）。

表13 通过KMO检验和SMC检验得到的检验值

Kaiser-Meyer-Olkin measure of sampling adequacy	
Variable	kmo
x1_s	0.8007
x2_s	0.7253
x3_s	0.8153
x4_s	0.7528
x5_s	0.7213
x6_s	0.8579
x7_s	0.6726
x8_s	0.6786
x9_s	0.7919
x10_s	0.8774
Overall	0.7654

Squared multiple correlations of variables with all other variables	
Variable	smc
x1_s	0.9315
x2_s	0.9934
x3_s	0.9347
x4_s	0.9985
x5_s	0.9966
x6_s	0.9875
x7_s	0.9992
x8_s	0.9988
x9_s	0.9949
x10_s	0.9807

SMC即一个变量与其他所有变量的复相关系数的平方，也就是复回归方程的可决系数。SMC比较高表明变量的线性关系越强，共性越强，主成分分析就越合适。根据KMO越高，表明变量的共性越强，SMC比较高表明变量的线性关系越强，共性越强，主成分分析就越合适，从上表可以看出，在该例中，各变量基本符合要求。

通过碎石图，我们可以很直观地看出各个特征值的大小。在该图中，特征值等于1处的水平线标示了保留主成分分析的分界点，同时再次强调了本例中的成分3~10并不重要（见图43）。

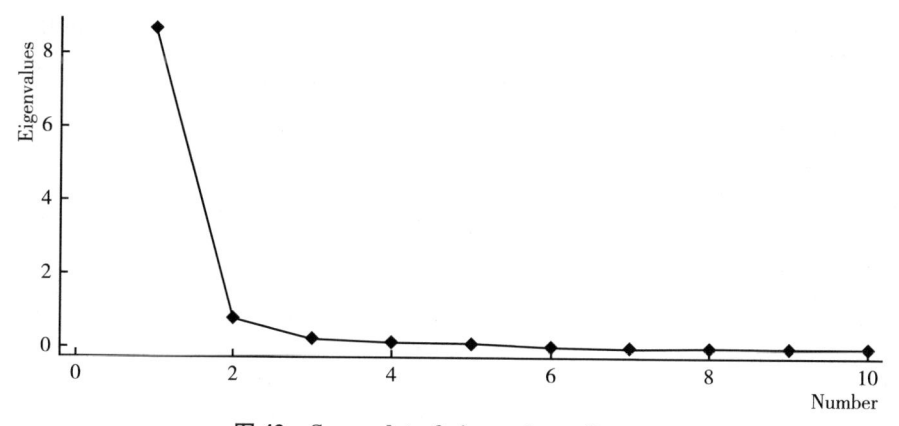

图43　Scree plot of eigenvalues after pca

接下来以各主成分的方差贡献率占3个主成分累积贡献率的比重为权重，可得到文化服务业各行业竞争力的综合得分F。

$$F = 0.9251F_1 + 0.0749F_2$$

根据以上公式可得文化服务业各行业竞争力的综合得分及排序（见表14）。

表14　文化服务业各行业竞争力综合得分及排序

行业	f_1	f_2	综合得分	排序
应用软件开发	19.0382	-3.0376	17.3847	1
工程设计活动	6.4610	3.2986	6.2241	2
其他广告服务	5.1329	3.7225	5.0272	3
互联网广告服务	2.9124	2.4389	2.8769	4
互联网其他信息服务	2.5017	0.9734	2.3872	5
文化会展服务	2.1046	0.0378	1.9498	6
互联网搜索服务	1.3690	-0.4250	1.2347	7
游乐园	1.0182	-0.3086	0.9188	8
无线广播电视传输服务	0.7877	0.0467	0.7322	9
报纸出版	0.5829	0.1985	0.5541	10
专业设计服务	0.2472	0.2768	0.2494	11
互联网游戏服务	0.1040	0.7347	0.1512	12
图书出版	-0.1658	-0.0739	-0.1589	13
投资与资产管理	-0.1836	-0.3507	-0.1961	14
电影放映	-0.2951	0.2804	-0.2520	15
电影和广播电视节目发行	-0.3878	0.0218	-0.3571	16
文艺创作与表演	-0.5438	0.2854	-0.4817	17

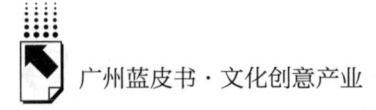

续表

行业	f_1	f_2	综合得分	排序
影视节目制作	-0.5546	0.1895	-0.4989	18
其他电信服务	-0.5404	-0.0194	-0.5014	19
知识产权服务	-0.6589	-0.1641	-0.6218	20
有线广播电视传输服务	-0.6576	-0.1873	-0.6223	21
工业设计服务	-0.7567	0.0312	-0.6977	22
文化活动服务	-0.7681	-0.0511	-0.7144	23
动漫、游戏数字内容服务	-0.8276	-0.2553	-0.7847	24
期刊出版	-0.8442	-0.1260	-0.7905	25
歌舞厅娱乐活动	-0.8957	0.0100	-0.8279	26
其他会议、展览及相关服务	-0.9062	-0.1482	-0.8495	27
广播	-0.9675	-0.1801	-0.9085	28
城市公园管理	-0.9974	-0.2282	-0.9398	29
摄影扩印服务	-1.0079	-0.1699	-0.9451	30
科技会展服务	-1.0047	-0.2097	-0.9452	31
其他文化艺术业	-1.0093	-0.1618	-0.9458	32
旅游会展服务	-1.0256	-0.1652	-0.9612	33
名胜风景区管理	-1.0239	-0.2475	-0.9658	34
休闲娱乐用品设备出租	-1.0378	-0.2169	-0.9763	35
电视	-1.0387	-0.2239	-0.9777	36
园区管理服务	-1.0433	-0.2276	-0.9822	37
文化娱乐经纪人	-1.0543	-0.2361	-0.9931	38
其他数字内容服务	-1.0623	-0.2182	-0.9991	39
艺术表演场馆	-1.0651	-0.2399	-1.0033	40
音像制品出版	-1.0657	-0.2391	-1.0038	41
其他文化艺术经纪代理	-1.0803	-0.1936	-1.0138	42
广播电视集成播控	-1.0831	-0.2463	-1.0204	43
录音制作	-1.0836	-0.2498	-1.0212	44
休闲观光活动	-1.0855	-0.2484	-1.0228	45
文化艺术培训	-1.0937	-0.2612	-1.0313	46
动物园、水族馆管理服务	-1.1004	-0.2816	-1.0390	47
其他未列明教育	-1.1108	-0.2560	-1.0468	48
文物及非物质文化遗产保护	-1.1112	-0.2574	-1.0473	49
森林公园管理	-1.1143	-0.2744	-1.0514	50
票务代理服务	-1.1163	-0.2699	-1.0529	51
其他娱乐业	-1.1195	-0.2665	-1.0557	52
电子游艺厅娱乐活动	-1.1252	-0.2728	-1.0614	53
音像制品出租	-1.1268	-0.2715	-1.0628	54
新闻业	-1.1291	-0.2681	-1.0646	55
文化用品设备出租	-1.1292	-0.2727	-1.0650	56
其他游览景区管理	-1.1300	-0.2718	-1.0657	57
婚姻服务	-1.1308	-0.2727	-1.0665	58

可以看出，在广州文化服务业的58个行业中，工程设计活动、广告服务、互联网广告服务、互联网其他信息服务、文化会展服务、互联网搜索服务、游乐园、无线广播电视传输服务、报纸出版、专业设计服务、互联网游戏服务、图书出版、电影放映等行业综合竞争力排名靠前，具有一定的优势；文物及非物质文化遗产保护、森林公园管理、票务代理服务、其他娱乐业、电子游艺厅娱乐活动、音像制品出租、新闻业、文化用品设备出租、其他游览景区管理等行业排名靠后，说明竞争力相对较弱。

四 广州文化产业新兴行业分析

文化产业新业态是指由新技术的发展和运用带来的在内容、生产方式、运营模式、表现形式等方面具有突破性创新的文化产业形态。主要包括两个方面：一是指直接在以现代信息技术为代表的新技术基础上产生的新兴文化产业，二是传统文化产业与其他产业、新技术融合发展而形成的具有新的内容和表现形式的文化产业。新兴文化产业已成为发达国家和地区引领产业结构调整和创新发展的重要力量。根据广州市实际情况，本报告重点对2018年的数字音乐、网络直播和文化交易（文交会）三个新兴行业进行了分析。

（一）数字音乐成为国内龙头

2018年国内数字音乐版权环境持续改善。国内网络音乐企业版权合作不断加深，数字音乐版权的正版化进程显著加快。自国家版权局于2月推动腾讯音乐与网易云音乐达成版权合作以来，各网络音乐平台不断加深版权合作，版权共享的行业氛围已经初步形成，推动了正版音乐的快速普及。国际唱片业协会发布的《音乐消费者洞察报告》数据显示，已有96%的中国消费者使用了正版音乐，远高于全球平均水平（62%）。中国互联网络信息中心（CNNIC）发布的第43次《中国互联网络发展状况统计报告》数据显示，截至2018年12月，网络音乐用户规模达5.76亿，较2017年底增加2751万，占网民总体的69.5%，数字音乐版权的正版化进程显著加快。

在此背景下，广州数字音乐产业也得到快速发展。酷狗音乐在传统的音乐播放器基础上，通过直播、短视频、K歌等多元玩法进一步丰富了用户的听歌体验，在产品的细节上，推出了入口图标自定义功能，满足了广大用户DIY专属音乐地盘的需求，为用户精准推送喜爱的歌曲、歌单与音乐类资讯内容，例如酷狗音乐App中的"猜你喜欢"与"每日推荐"，依据用户行为习惯精准推荐歌曲，听得越多猜得越准，解决音乐爱好者找歌的烦恼。截至2018年，酷狗的专利申请总数达到1100项，覆盖了音频识别、音频提取、音频控速、信息显示技术、硬件产品等技术领域，正版曲库达到1700万首。2018年全年营业收入达到近百亿元，在线音乐行业月活用户规模数据显示，酷狗音乐稳居第一，领先优势明显（见图44）。

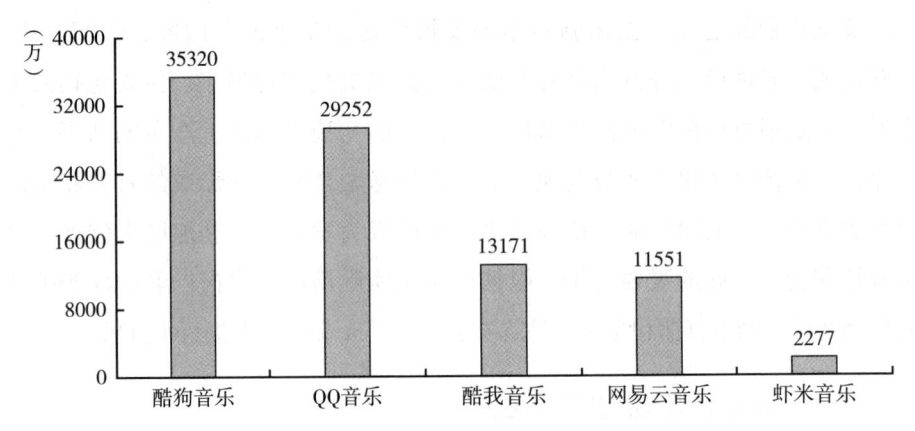

图44 2018年7月在线音乐行业月活跃用户规模TOP5 App

酷狗音乐	QQ音乐	酷我音乐	网易云音乐	虾米音乐
35320	29252	13171	11551	2277

资料来源：QuestMobile TRUTH 中国移动互联网数据库，2018年7月。

（二）网络直播全国第一

中国互联网络信息中心（CNNIC）发布的第43次《中国互联网络发展状况统计报告》数据显示，截至2018年12月，网络直播用户规模达3.97亿。广州网络直播企业主要是欢聚时代（YY）、广州虎牙信息科技有限公司（虎牙直播）、广州酷狗计算机科技有限公司、网易CC直播等（见图45）。

2018年广州市文化创意产业发展现状与2019年形势分析

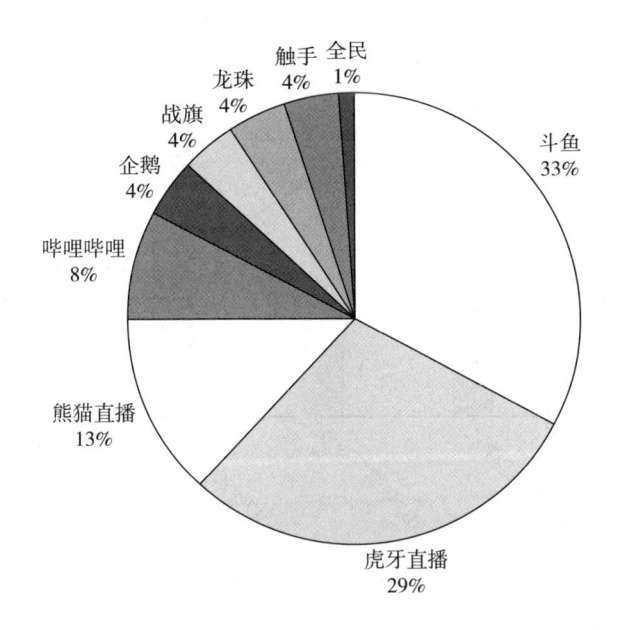

图45 2017年游戏直播平台TOP100主播所在平台分布情况

欢聚时代积极推动技术创新，在AI技术、推荐算法和大数据分析技术等方面不断升级，2019年3月5日YY收购BIGO后，推动AI团队共同助力公司未来智能化转型。同时积极布局全球化战略，开发的以休闲游戏为主的社交网络平台"Hago"目前已经在世界上33个国家和地区上线，并在全球具有2090万的月度活跃用户。2018年第四季度"Hago"在其主要市场（如印度尼西亚和越南）的App Store和Google Play上成为排行榜上最受欢迎的App。2018年欢聚时代（YY）营业收入达到157亿元，成为全国网络直播行业的头部企业。

虎牙直播以游戏直播为主，是中国领先的弹幕式直播互动平台，最先提出构建开放公会生态体系概念，布局了平台、公会和主播的"生态三角"。"生态三角"带来的结果是平台赋能公会、公会驱动主播，最终为用户和粉丝带来丰富的优质内容。2018年3月，虎牙直播获得腾讯4.6亿美元投资，2018年5月11日，虎牙直播正式在纽约证券交易所挂牌交易，成为第一家游戏直播上市企业（见图46）。

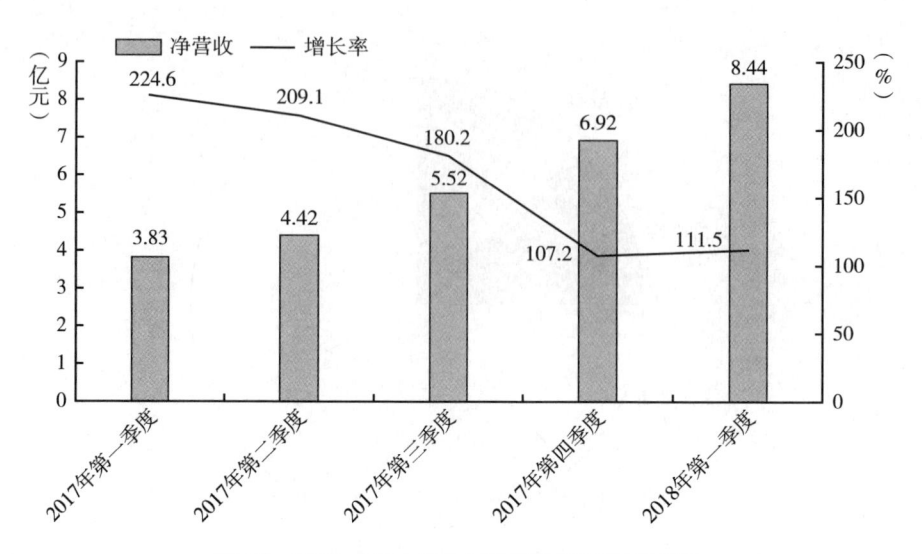

图 46　2017~2018 年虎牙净营收及增长率情况

（三）广州文交会品牌进一步彰显

广州文交会是广州市搭建文化产业发展平台的创新之举，是全市近年来孕育出来的重要文化品牌。2018 年广州文交会以"丝路文化、人文湾区、魅力广州"为主题，通过整合产业资源，搭建开放平台，强化合作交易，着力于海上丝绸之路和粤港澳大湾区文化构建。精心甄选，本届文交会活动范畴扩展到文化金融、文化科技、演艺、装备、影视、非遗、动漫、艺术品、版权、创意设计、文化体育等 11 个板块，先后举办了文创峰会、艺博会、演交会、纪录片节、灯光节、文化金融论坛、VR/AR 展览会、"金牛奖"文化创意大赛、优创合影国际电影展、原创文创 IP 交易展、城市艺向当代艺术展等 18 场主题活动以及 150 余场系列活动。来自 60 多个国家和地区的 25000 件原创艺术品、近 1000 部演艺产品、4500 余部纪录片、1300 余件文创作品等参加展示交易，300 多名国内外知名文化产业人士参加高峰论坛等活动，实现直接成交 22 亿元、意向签约 126 亿元，吸引了 100 多万人次参与各项活动，线上阅读参与量高达 2000 多万，举办规模和影响显著提升，取得了圆满成功。

五 广州市文化产业发展存在的问题

(一)文化产业规模与先进城市差距较大

参照2018年颁布的新修订《文化及相关产业分类(2018)》标准,将广州文化产业规模与其他城市进行比较。2017年,广州市文化产业实现增加值1161.07亿元,低于北京、上海和深圳,位居第四,与第三位的深圳市差距较大(见表15)。从文化产业在国民经济中的地位看,文化产业增加值占GDP的比重,北京、上海和深圳不仅总量规模位居前列,所占比重也分居前三,均在6%以上,已经成为国民经济发展重要的支柱性产业,而广州市仅有5.4%,对经济发展的带动和推动作用还不够。

表15 广州市与国内主要城市文化产业规模比较

城市	文化产业增加值(亿元)	文化产业增加值占GDP比重(%)	规上文化企业数量(个)
北京	2700.42	9.64	3994
天津	619.76	3.34	911
上海	2081.42	6.79	2649
重庆	596.92	3.07	1018
深圳	1529.75	6.82	2337
广州	1161.07	5.4	2148

(二)文化企业竞争力不强

中国"文化企业30强"评选每年举办一届,2008年开始评选,目前已经评选了十届。评选主要根据文化企业的社会效益和经济效益指标、主营业务收入、文化类项目投资额以及年度获得全国性奖项的数量综合排序得出,并根据实际情况逐渐提高标准,如第九届评选时的标准就提高到"强调企业的规模实力以及是否具有核心竞争力,并要求入选企业主营业务收入和净

表16 历届中国"文化企业30强"区域分布情况

所在城市	第一届(2008年)	第二届(2010年)	第三届(2011年)	第四届(2012年)	第五届(2013年)	第六届(2014年)	第七届(2015年)	第八届(2016年)	第九届(2017年)	第十届(2018年)	合计(含重复入选)
北京	9	9	11	8	10	11	10	8	9	7	92
南京	2	4	4	4	3	2	3	2	2	2	28
上海	3	2	1	4	5	4	3	3	4	3	26
杭州	1	2	2	2	2	2	2	3	1	4	21
长沙	2	2	3	2	2	2	3	3	1	2	20
合肥	2	2	1	2	1	2	2	1	1	2	16
深圳		1	2	1	1	1			1	1	10
南昌	1	1	1	1	1	1	1		1		8
广州	3		2	1		1				1	8
西安	1	1		1	1	1	1	1			8
济南		1	1	1	1		1	1	1	1	7
成都	1	1	1	1							4
沈阳	1	1				1		1			4
石家庄								1	2	1	5
武汉		1				1	1				3
厦门								1	1	1	4
郑州		1							1	1	2
大连											1
青岛											1
南宁	1										1
桂林	1										1
昆明	1										1
丽江											1
莆田					1						1
湖州										1	1

资产双过十亿、净利润也需过亿"。从历届名单中发现,广州市共有8家(含重复入选)企业入选,数量上在各城市中排名第九,与西安市和济南市并列。2013~2016年和2018年共五届,广州市文化企业无一入选中国"文化企业30强",反映了广州市文化企业的竞争力不足(见表16)。相比其他城市部分上榜企业,广州市上榜文化企业在规模、营业收入、净利润等方面都显得优势不够明显,且企业成长速度不够,所以竞争力不足,容易"被挤出榜单"。

(三)国有文化企业有待进一步激活

当前,广州国有文化企业的问题表现在几个方面:一是现代企业制度仍需完善。广州市的国有文化企业产权制度、组织形式和经营管理制度与现代化的企业制度要求还存在相当大的差距,部分国有文化企业缺乏长远的战略规划,经营机制不灵活,技术创新能力不足,历史的债务负担也比较沉重,导致经营持续非常困难。部分国有文化企业对主管部门划拨的行政资源依赖比较严重,市场竞争力比较弱。二是适应市场变化的能力有待提升。部分国有文化企业市场定位不够准确、经营策略不够灵活,经营策略的调整和营销方式的转变滞后于市场变化的客观要求,面对新的市场环境和竞争对手,对资本市场和产品市场、新兴媒体和传统媒体、创新和传承商业运营模式的特点、规律和有机结合认识不到位,大量优质的文化资源没有得到有效开发利用。

(四)文化产业公共服务体系不完善

文化产业公共服务平台的作用是为文化企业发展提供公共便利,创造开放、共享的服务网络和体系。广州文化产业公共服务平台建设方面还存在以下问题:一是覆盖全市、全产业,在省内、国内有影响力的文化产业共性服务平台还比较少,在文化企业的影响力比较有限。二是专业公共服务平台总体规模小、功能相对比较弱。三是公共服务平台科学合理的跟踪评估机制和行之有效的激励机制还较为缺乏。四是行业协会的影响力较弱,搭建的服务平台利用率也较低。

（五）文化载体缺乏，发展空间受限

广州市尚未出台新增产业的禁止和限制目录，导致在产业准入环节没有相关法规支撑，难以控制新增低端业态；又比如，全市没有统一的专业市场界定标准和可量化评价指标，也未制定对低端专业市场进行迁移关闭的具体规定和工作指引，导致在实际执行中存在执法难度大、执法成效低等问题。但随着不断加强的公共资源和城市功能过于集中，不少的"低端、低效、低值"专业批发市场带来持续的交通拥堵、"住改仓""住改商"安全隐患等城市管理压力。土地开发利用已到极限，面临城区基础设施老旧、城市功能布局现代化水平不高等问题，文化产业发展空间受到极大限制。对吸引重大文化企业项目落地和引进龙头文化企业造成了很大障碍，甚至导致部分龙头文化企业外流。比如在调研中，金逸影视反映设想建成一个世界级的电影主题文化公园，创造出多元化泛娱乐的主体文化公园，需求是300亩地的发展空间，但一直无法解决。空间载体的缺乏已经成为广州市文化产业加快发展的主要瓶颈。

六 2019年广州文化产业发展的环境分析

（一）全球文化创意经济持续向好

联合国贸易和发展会议最近发表的研究报告——《创意经济展望：创意产业国际贸易趋势》表明尽管全球贸易增长放缓，但创意经济正在崛起。从2002年到2015年，虽然全球经济受到2008年金融危机的沉重打击，但创意产品的市值从2002年的2080亿美元翻了一番，到2015年达到5090亿美元。过去13年里，创意产业的出口年均增长率超过7%，为世界经济的发展做出了巨大贡献。同时，中国在创意产品及服务贸易方面持续占据全球主导地位。报告研究了130个国家和地区的创意经济概况，其中中国创意产品贸易增长显著，表现优异，创意产品贸易顺差高达1540亿美元，成为全

球最大的创意产品及服务出口国和进口国。

国家统计局对全国规模以上文化及相关产业6万家企业调查数据也显示，2018年，上述企业实现营业收入89257亿元，比上年增长8.2%。预计2018年中国文化及相关产业增加值将突破4万亿元，未来五年（2018~2022）年均复合增长率约为12.25%，并预测在2022年中国文化及相关产业增加值将达到6.5万亿元。

（二）粤港澳大湾区建设拓展广州文化产业空间

2019年2月18日，中共中央、国务院正式印发了《粤港澳大湾区发展规划纲要》（以下简称"规划"），这份纲领性文件对粤港澳大湾区的战略定位、发展目标、空间布局等作了全面规划。"规划"对粤港澳大湾区的战略定位是：更好发挥港澳在国家对外开放中的功能和作用，提高珠三角九市开放型经济发展水平，促进国际国内两个市场、两种资源有效对接，在更高层次参与国际经济合作和竞争，建设具有重要影响力的国际交通物流枢纽和国际文化交往中心。加强多元文化交流融合，建设生态安全、环境优美、社会安定、文化繁荣的美丽湾区。对广州的要求是要充分发挥国家中心城市和综合性门户城市引领作用，培育提升科技教育文化中心功能，着力建设国际大都市。"规划"支持广州建设岭南文化中心和对外文化交流门户，扩大岭南文化的影响力和辐射力。近年来，粤港澳三地的文化产业发展势头强劲，文化产业在粤港澳大湾区各城市（以下简称湾区城市）国民经济发展中的地位越来越重要，文化产业区域合作也取得了一定成效，区域合作机制不断完善，区域合作平台建设不断加强，文化交流活动不断增多。粤港澳大湾区规划的实施对推进广州文化产业区域合作发展也提供了千载难逢的机会，有利于广州开展文化产业广泛的区域合作，推动文化产业高质量发展。

（三）系列利好政策逐步出台

李克强总理在2019年政府工作报告中指出，"培育和践行社会主义核心价值观，广泛开展群众性精神文明创建活动，大力弘扬奋斗精神、科学精

神、劳模精神、工匠精神，汇聚起向上向善的强大力量"。2018年4月，文化和旅游部、财政部发布《关于在旅游领域推广政府和社会资本合作模式的指导意见》，要求在旅游领域推广政府和社会资本合作模式。2018年9月，国家发改委、教育部、科技部、工业和信息化部等19部门联合印发《关于发展数字经济稳定并扩大就业的指导意见》，提出以大力发展数字经济促进就业为主线，同步推进产业结构和劳动者技能数字化转型。2018年12月，国家电影局印发《关于加快电影院建设，促进电影市场繁荣发展的意见》，要求各级党委、政府及宣传、文化、广电等部门切实推进电影院建设。

（四）建设文化强市，推动"老城市新活力"

为深入贯彻落实中央、广东省委和广州市委关于繁荣发展社会主义文化的部署要求，增强文化自觉，坚定文化自信，实施文化强市发展战略，全力打响广州英雄文化、岭南文化、"海丝"文化、创新文化品牌，建设社会主义文化强国的城市范例和全球区域文化中心城市，推动广州城市文化综合实力出新出彩，广州相关部门制定《广州市推进文化强市建设行动方案》，推动文化强市建设。提出"推动主城区历史文化街区重点片区'微改造'""推进历史文化街区保护利用，推动越秀、荔湾、海珠等重点历史文化街区及历史风貌区改造，活化推出一批可借鉴可展示的实践案例""打造音乐岛、绘画村、戏剧村、潮流文化街区等各类艺术空间""推出《广州实现老城市新活力研究丛书》""保护活化利用岭南历史文化街区、名镇、村落"等措施。

（五）移动支付有利于扩大文化消费规模

2019年2月28日，中国互联网络信息中心（CNNIC）发布第43次《中国互联网络发展状况统计报告》，数据显示，截至2018年12月，我国网民规模为8.29亿，全年新增网民5653万，互联网普及率达59.6%，较2017年底提升3.8%。网络支付用户规模达6.00亿，较2017年底增加6930

万，使用比例由68.8%提升至72.5%。据国家广播电视总局监管中心调查数据，超过90%的受访者愿意付费享受会员权益，可以抢先看剧、跳过广告、追剧、享受更好的画质等，超过70%的受访者已经开通会员，各平台会员用户含金量更高，付费意愿更强，带动了社会整体在内容产品领域中从"优质内容"向"兴趣内容"的习惯转变。知识付费的业务表现形式别具一格，可以是图文分享，可以是视频直播，可以是视频录播，可以是在线问答，可以是一对一直播，也可以是音频录播。"90后"及"95后"音乐付费意识较强，付费点播音乐的习惯日趋成熟，中国版权市场环境不断改善，庞大的中国音乐市场将会进入越来越多的投资者的视野。

（六）5G将促进文化产业发展方式实现根本性转变

5G网络作为新型基建的底层技术，促进整个信息基础设施的革命性升级。5G的意义与印刷机、互联网、电力、蒸汽机、电报同样重大，重塑经济竞争优势规则，是一项能对人类社会产生深远且广泛影响的"通用技术"。5G通过强大的新无线网络，更多的环境数据、政府及企业的运营管理数据、个人及家庭活动数据将得以发掘和输入，为大数据的发展提供丰富的原料。全球移动通信系统协会预测，到2025年全球5G连接数量将达14亿个，未来15年间，5G将为全球经济增加2.2万亿美元产值。市场调研机构IHS预测，到2035年，5G将在全球创造12.3万亿美元经济产出，并创造2200万个工作岗位。中国5G技术研发走在世界前列，HIS研究指出，2035年5G在全球创造的2200万个工作岗位中，中国将获得的工作岗位达950万个，为全球首位，远超美国的340万个。

5G将建立数字文化资源高速信息渠道，促进数字化生产要素和产品的有效流通，促进文化与技术的深度融合，构建基于数字化连接的新型数字化创意生态系统。文化产品的数量和种类将继续丰富，音乐、动画、电影、电视、游戏、表演艺术等传统形式的数字化将不断深化。具有视觉、互动和沉浸式功能的数字创意产品和服务将继续出现。在未来，人们可以通过移动智能终端以身临其境的方式体验不同类型的文化资源。

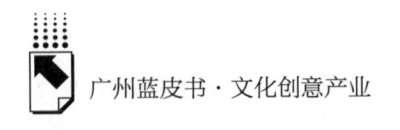

七 广州文化产业发展趋势分析及指标预测

（一）广州文化产业发展趋势分析

1. 文化产业数字化进程加快

随着新一轮"中国制造2025"战略的启动，人工智能、大数据、虚拟现实等数字技术使文化消费朝虚拟式、碎片式、沉浸式等方向发展。数字技术就是神奇的"魔术师"，催生文化创意产业的"大变脸"，使得大多传统的文创门类都处在了变盘的"窗口期"，从而也会催生更多的商机。数字技术让"文化"更有质感，让文化创意从"虚拟"走进"现实"，这就是"文化创意产业"的"模糊性与意识流"，经"互联网及数字技术"的加工，变得"可视可见可触碰"。许多文化产品逐步从物质形态转变为数字形态；从销售某个知识点或知识体系转变为提供庞大的系统的知识库、知识领域；从单向传播转变为供求互动；从产品形态固化转变为灵活服务各取所需。持续推动网络提速降费，中小企业宽带平均资费再降低15%，移动网络流量平均资费再降低20%以上，在全国实行"携号转网"，规范套餐设置，使降费实实在在、消费者明明白白，也为数字文化内容生产提供广阔的空间。

2. 文化产业服务智能化

从文化产品服务方式角度看，智能化成为趋势。人工智能通过大数据分析可以精准地向用户推荐文化产品，适时调整传播内容和策略，提升用户服务体验。借助用户行为大数据实时分析，人工智能将对用户进行精准和实时的画像，并在此基础上理解用户的信息需求，进而准确推送所需知识和信息内容，实现内容精准发行和阅读服务。如今日头条、天天快报、UC等都是算法与新闻相结合，基于用户画像进行内容推荐的实践产品。

3. 电竞将迎来大发展

随着电竞被列入奥运项目，使电竞相关产业链得到很大的发展。2018

年,我国的电子游戏竞技行业也迎来了新节点,IG 战队代表中国队赢得英雄联盟全球总决赛的冠军,一时刷屏各大社交媒体,让更多人认识到电竞产业的发展前景。自此,电竞主场化、赛事商业化、粉丝经济化发展趋势显著,电竞对于电竞周边配套商圈发展起到推动作用,越来越多传统产业的媒体和电信公司对电竞表现出强烈的兴趣,电信、媒体、体育、娱乐开始在电竞领域跨界融合。广州的电竞产业链日趋完善,在北京路黄金地段建设了广州电竞生活馆,联合嗨猫电竞在流花展馆老广交 IP 硅谷打造全省首个电竞小镇;奥飞、漫友、咏声、三盟、粒界等龙头科技企业共同组建广州市第一批电竞产业联盟,将进一步促进文化科技电竞跨界融合,形成电竞产业发展合力;黄埔区建设粤港澳大湾区电竞泛娱乐产业园,大力引进电竞游戏相关企业,串联数娱产业上下游资源,积极打造包括"电竞场馆""电竞内容制造""内容传播商""游戏直播间""电竞动漫教育""游戏赛事服务"在内的完整产业链,可以预见,今后几年广州电竞产业将迎来更快发展。

4. 网综网剧短视频健康快速发展

相比于传统市场,网上的电影、电视剧、综艺节目的准入门槛低、投资规模小、制作周期短、项目频率高、资金回笼快,在版权交易、制作、发行、推广、广告及周边都存在发展变现机会。第 43 次《中国互联网络发展状况统计报告》显示,2018 年,在线视频平台上新推出的在线剧集、网络综艺节目和在线电影等自制节目数量与上年同期相比持平或下降,但播出总数和单人播放节目大幅增加。与以前网络视听作品混合的市场环境相比,高品质和创新的内容风格更受用户青睐,消费市场抛弃了大量劣质低级内容。以网络综艺为例,2018 年网络综艺在题材创新上卓有成效,篮球、机器人、航天、演艺等专业团队竞技真人秀节目凭借高品质带来高口碑,获得较大影响力。

5. 文化产业成为灵活就业的重要渠道

文化产业的行业和门类众多,有 9 个大类、43 个中类、146 个小类,产业链条长,就业容量大,就业形式灵活多样,从传统手工艺者到互联网创业者,从非遗传承人到自由职业者都可以促进就业。尤其是作为知识经济和服务行业,文化产业特别适合大学生、研究生等知识阶层就业和创业。比如喜马拉雅FM是中国第一音频平台，拥有超过2.5亿手机用户，2000万车载、穿戴、音响智能设备用户，同时也吸引了6000多位有声自媒体大咖和400万有声主播投身音频微创业。因此，文化产业作为吸纳就业能力强的产业，不仅可以扩大就业数量，还可以提高就业质量。

（二）指标预测

1. 文化产业增加值

先根据2013~2017年广州文化产业增加值的数据绘制散点图（见图47）。

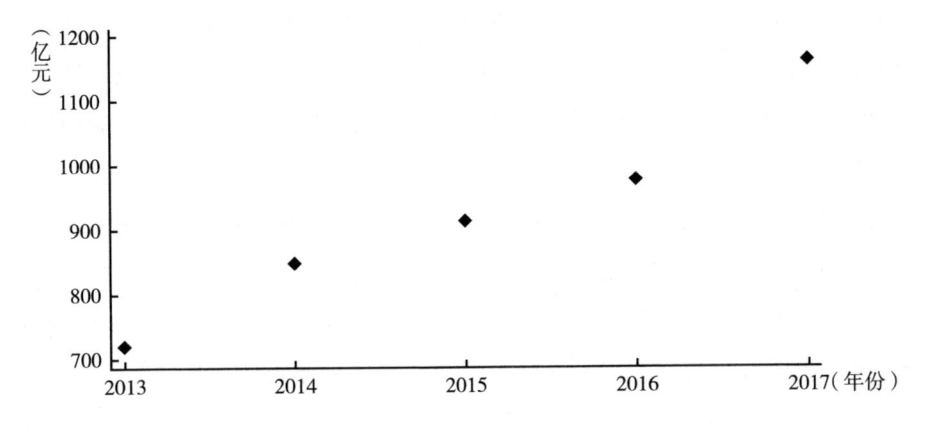

图47 2013~2017年广州文化产业增加值散点图

依据图形可以看出，曲线呈现总体上升趋势，增长速度较快，再通过计算环比发展增长率大致相等（如表17），可以利用指数曲线预测模型进行合理外推：

表17 2013~2017年广州文化产业增加值数据情况

年份	文化产业增加值（亿元）	t	环比发展增长率（%）	lgz
2013	720.01	0	0	6.58
2014	849.34	1	1.18	6.74
2015	913.28	2	1.07	6.82
2016	976.73	3	1.07	6.88
2017	1161.07	4	1.18	7.06

假设适用的指数曲线预测模型为：

$$\hat{y}_t = ae^{bt}$$

进行指数曲线模型拟合。对模型 $\hat{y}_t = ae^{bt}$

两边取对数：$\ln\hat{y}_t = \ln a + bt$

产生序列 $\ln y_t$，之后进行 ols 估计该模型，可得以下结果（见表18）。

表18 ols 估计结果

Source	SS	df	MS			
				Number of obs	=	5
				F(1,3)	=	91.16
Model	.119993427	1	.119993427	Prob > F	=	0.0024
Residual	.00394882	3	.001316273	R-squared	=	0.9681
				Adj R-squared	=	0.9575
Total	.123942247	4	.030985562	Root MSE	=	.03628

lgz	Coef.	Std. Err.	t	P>|t|	[95% Conf. Interval]	
t	.1095415	.0114729	9.55	0.002	.0730296	.1460534
_cons	6.597332	.0281027	234.76	0.000	6.507896	6.686767

估计模型为：

$$\ln\hat{y}_t = 6.59 + 0.11t$$

再求反对数，就可求出参数 a，b 的估计值，可得。

$$\lg\hat{a} = 6.59 \quad \hat{b} = 0.11$$

取反对数，则预测模型可写为：

$$\hat{y}_t = 727.78 \times e^{0.11t}$$

现预测2018年广州文化产业增加值增长情况，当 t=5 时，

$$\hat{y} = 1261.4269(亿元)$$

即根据2013~2017年广州文化产业增加值数据情况，预计2018年广州文化产业增加值将达到约1261.43亿元。

2. 城市居民家庭人均文化娱乐消费支出

先根据 2013~2017 年广州文化消费的数据绘制散点图（见图 48）。

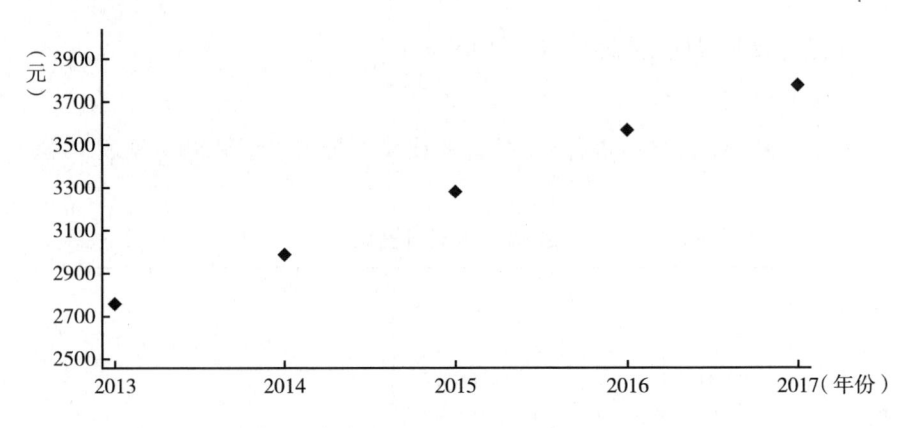

图 48 2013~2017 年广州文化消费散点图

依据图形可以看出，曲线呈现总体上升趋势，增长速度较快，再通过计算环比发展增长率大致相等（如表 19），可以利用指数曲线预测模型进行合理外推（见表 19）。

表 19 2013~2017 年广州城市居民家庭人均文化娱乐消费支出情况

年份	城市居民家庭人均文化娱乐消费支出（元）	t	环比发展增长率（%）	lgz
2013	2757.87	0	0	7.92
2014	2986.77	1	1.08	8.00
2015	3281.41	2	1.09	8.10
2016	3566.89	3	1.08	8.18
2017	3777.34	4	1.06	8.24

假设适用的指数曲线预测模型为：

$$\hat{y}_t = ae^{bt}$$

进行指数曲线模型拟合。对模型 $\hat{y}_t = ae^{bt}$

两边取对数：$\ln\hat{y}_t = \ln a + bt$

产生序列 $\ln\hat{y}_t$，之后进行 ols 估计该模型，可得以下结果（见表 20）。

表 20　ols 估计结果

Source	SS	df	MS			
				Number of obs	=	5
				F(1,3)	=	507.42
Model	.065064294	1	.065064294	Prob > F	=	0.0002
Residual	.000384679	3	.000128226	R-squared	=	0.9941
Total	.065448973	4	.016362243	Adj R-squared	=	0.9922
				Root MSE	=	.01132
lqcsxf	Coef.	Std. Err.	t	P>|t|	[95% Conf. Interval]	
t	.0806624	.0035809	22.53	0.000	.0692665	.0920584
_cons	7.925958	.0087713	903.62	0.000	7.898044	7.953872

估计模型为：

$$\ln \hat{y}_t = 7.93 + 0.08t$$

再求反对数，就可求出参数 a，b 的估计值，可得：

$$\lg \hat{a} = 7.93 \qquad \hat{b} = 0.08$$

取反对数，则预测模型可写为：

$$\hat{y}_t = 2779.4268 \times e^{0.08t}$$

现预测 2018 年广州城市居民家庭人均文化娱乐消费支出增长情况，当 $t=5$ 时，

$$\hat{y}_5 = 4146.4175(亿元)$$

即根据 2013～2017 年广州城市居民家庭人均文化娱乐消费支出数据情况，预计 2018 年广州城市居民家庭人均文化娱乐消费支出将达到约 4146.42 元。

3. 农村居民家庭人均文化娱乐消费支出

先根据 2013～2017 年广州农村居民家庭人均文化娱乐消费支出绘制散点图（见图 49）。

依据图形可以看出，曲线呈现总体上升趋势，增长速度较快，再通过计算环比发展增长率大致相等（如表 21），可以利用指数曲线预测模型进行合理外推：

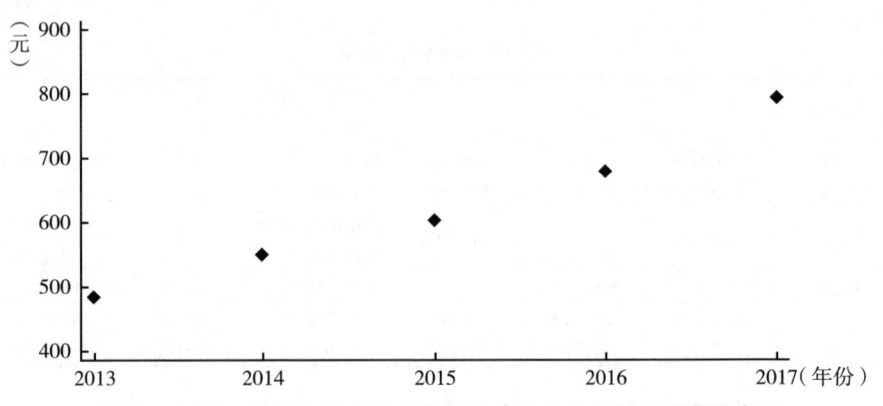

图 49　2013～2017 年广州农村居民家庭人均文化娱乐消费散点图

表 21　2013～2017 年广州农村居民家庭人均文化娱乐消费支出情况

年份	农村居民家庭人均文化娱乐消费支出(元)	t	环比发展增长率(%)	lgz
2013	484.98	0	0	6.18
2014	550.56	1	1.14	6.31
2015	603.42	2	1.1	6.40
2016	678.67	3	1.12	6.52
2017	793.6	4	1.16	6.68

假设适用的指数曲线预测模型为：

$$\hat{y}_t = ae^{bt}$$

进行指数曲线模型拟合。对模型 $\hat{y}_t = ae^{bt}$

两边取对数：$\ln \hat{y}_t = \ln a + bt$

产生序列 $\ln \hat{y}_t$，之后进行 ols 估计该模型，可得以下结果（见表 22）。

表 22　ols 估计结果

Source	SS	df	MS			
				Number of obs	=	5
				F(1,3)	=	389.44
Model	.142597593	1	.142597593	Prob > F	=	0.0003
Residual	.001098489	3	.000366163	R-squared	=	0.9924
				Adj R-squared	=	0.9898
Total	.143696082	4	.03592402	Root MSE	=	.01914

lnncxf	Coef.	Std. Err.	t	P>|t|	[95% Conf. Interval]	
t	.1194142	.0060511	19.73	0.000	.1001568	.1386717
_cons	6.180046	.0148222	416.95	0.000	6.132875	6.227217

估计模型为：

$$\ln\hat{y}_t = 6.18 + 0.12t$$

再求反对数，就可求出参数 a，b 的估计值，可得：

$$\lg\hat{a} = 6.18 \quad \hat{b} = 0.12$$

取反对数，则预测模型可写为：

$$\hat{y}_t = 482.99196 \times e^{0.12t}$$

现预测2018年产值增长情况，当 t=5 时，

$$\hat{y}_5 = 880.06873(元)$$

即根据2013~2017年广州农村居民家庭人均文化娱乐消费支出数据情况，预计2018年广州农村居民家庭人均文化娱乐消费支出将达到约880.07元（见表23）。

表23 2018年广州市文化产业发展情况指标预测

	2017年（现状值）	2018年（预测值）
文化产业增加值（亿元）	1161.07	1261.43
城市居民家庭人均文化娱乐消费支出（元）	3777.34	4146.42
农村居民家庭人均文化娱乐消费支出（元）	793.60	880.07

八 促进广州文化产业创新发展的对策建议

（一）疏解+整合，重塑文化产业承载力

空间载体的缺乏已经成为广州文化产业加快发展的主要瓶颈。必须把非中心城区功能疏解作为一次重大机遇，认真研究、科学布局，从而保障文化产业的长远发展。一是要界定清楚中心城区基本功能和非中心城区功能。中心城区基本功能主要是服务于全市或粤港澳大湾区建设的政治、文化、国际

交往、科技创新、金融商务、信息服务、旅游服务等功能，非中心城区功能则主要是指服务于城市的城市物流、区域交通、部分公用事业、部分职业教育等功能。二是坚持推进分类疏解。产业疏解方面，要制定和出台《新增产业的禁止和限制目录》，对部分行业做出区域限制、规模限制和产业环节、工艺及产品限制，对低端批发业、流通服务业等传统产业进行转型提升或疏解整治；公共服务疏解方面，主要对部分医疗、养老、教育等功能进行适当的疏解；交通疏解方面，主要是对城市道路系统间的公众出行和客货输送等区域结构性、协调性和系统性等方面进行调整，疏解优化省、市长途客运交通，缓解交通压力。三是推动"疏解"与"整合"相衔接。对疏解后腾空的土地、厂房、商厦、批发市场等用地、设施要充分、合力、高效利用，进行集约高端的开发建设和再利用，引入"高精尖"文化产业，形成高端引领、创新驱动、绿色低碳的现代文化产业发展模式。四是坚持政府和市场双手发力，既要发挥政府在顶层设计、规划引导、组织实施等方面的指导性作用，构成疏解的"推力"，也要激发市场在资源配置中的内在动力，真正形成"政府+市场"推动非中心城区功能疏解的合力。五是加快政策创新，集中解决非中心城区功能疏解中的政策难点问题。探索建立疏解地与承接地的利益共享机制，包括重点领域的公共投资政策、产值统计、财税和金融领域的激励政策、区域补偿和转移支付政策等。积极争取在市级层面形成税收共享机制，在中心城区企业疏解到周边后，使原区仍能享有一定的税收收益，提高原区加快功能疏解的主动性和积极性，尽快形成城市功能在全市范围内的合理梯度配置，使老城焕发新活力，提升城市综合竞争力。

参考北京疏解非首都功能的经验与做法，认真贯彻落实广州市委十一届五次全会"着力疏解非中心城区功能，推动广州市批发市场转型升级和有序迁移"的决策部署，采取"协同、共享、优化"的疏解策略，以"限制低端业态、产业转型升级、城市更新改造"为主要突破点，全力疏解非中心城区功能。积极争取省市支持，成立由市领导任组长、省市各有关部门为成员单位的广州市疏解非中心城区功能工作领导小组，系统研究、分类制订产业、市场、物流、教育、医疗单位等领域存量疏解方案，定期召开协调会解决疏解工作中遇到的重点难点问题，落实责任主体，形成高位统筹、省市区联动的工作机制。

（二）提升文化产品和服务质量，打造文化产业高质量品牌

围绕市场需求，着力打造体验式经济，促进文化产品和服务特色化、多样化、优质化发展，培育新的文化消费增长点。一是鼓励文化企业开发个性化、分众化的文化产品和服务，增强文化消费的吸引力，满足消费者的个性化需求，进一步拓展文化消费市场。二是利用网络技术、数字技术等高新技术，大力开发适宜互联网、移动终端等载体的数字文化产品。支持数字影视、数字音乐、网络动漫、网络游戏、网络文学等数字文化内容的创作生产，不断提升数字文化产品的质量。三是推进创意设计服务等新型、高端服务业发展，加快提高文化产品的供给水平和质量。着力推进创意设计服务与旅游餐饮、商业商务、体育产业等多领域的深度融合，催生新型文化产品和服务。鼓励博物馆、文化馆、旅游景区等文化机构与创意设计公司开展合作，深入挖掘广州市非遗文化资源，着力开发具有区域特色的文创产品。四是大力推动文艺发展繁荣，提升公共文化产品的质量和层次，促进文化消费升级。实施文艺精品工程，更好地满足人民日益增长的美好生活需要。支持国有及民营文艺组织开展主题创作，重点扶持体现社会主义核心价值观、弘扬中华优秀传统文化的艺术精品。支持舞台剧创作生产，打造一批具有全国影响力的舞台剧精品力作。培育壮大民间文艺力量，支持其打造文艺精品。

（三）完善人才激励机制，培育文化产业高质量发展新队伍

加强高端人才引进。完善文化产业人才招聘和管理机制，建立和完善适合文化产业人才特点的柔性引进机制和人才流动机制。建立文化产业人才库，积极引进高层次、复合型文化产业人才。发挥"海交会"等重要引智引才平台作用，引进文化产业领军人才和海外人才。

做好人才培养工作。支持高校开设文化产业相关专业。积极探索政府、高校、院所、企业合作培养机制，建立一批文化产业人才培养基地，为文

产业发展储备人才资源。实施文化产业人才培育计划，重点培养一批青年拔尖人才，加强文化产业人才梯队建设。邀请国内外文化领域专家举办讲座、培训等，促进广州文化产业人才队伍整体素质的提升。

建设高水平的文化智库。紧密联系一批国内外文化产业专家、知名企业家以及相关领域有较大影响力的专家，建立文化产业专家库，形成立足广州、放眼全国、具有国际视野的高端文化产业智库。推进广州市文化产业专家智库建设。强化与国际文化机构、国际知名智库和国内外重点院校、研究机构的合作，建立国际化高水平的文化智库，寻找制约广州市文化发展的关键与重大问题，研究广州城市文化发展的战略定位、战略目标、战略任务、战略工程和战略决策，提出切实可行的解决方案，形成具有国际影响力的文化智力支持体系，为广州市文化产业高质量发展贡献智慧与力量。

（四）推进广州与粤港澳大湾区各地文化产业合作发展

为了发挥粤港澳大湾区建设中的文化引领作用，不断扩大粤港澳大湾区的文化辐射力和影响力，促进广州文化产业高质量发展，需要在以下几方面做好推进工作。

一是打造国际性文化产业合作平台。围绕文化产业重点领域，引导湾区的龙头文化企业与国外知名机构合作建设国际性产业园区。支持国内外高校、科研机构在大湾区内建立技术转移转化平台，提高创新成果转化效率，助力文化产业创新发展。以国家"一带一路"倡议为契机，发挥广东自贸区的独特优势，加快发展深圳文博会等重要文化贸易平台，积极建设对接"一带一路"文化贸易的新平台。特别是要以广州文交会为契机和平台，借力粤港澳大湾区及周边地区丰富的文化资源，凝聚粤港澳大湾区文化人才，通过综合的孵化工具、法律服务、合作联盟等服务措施，加强大湾区和国际交流合作，链接全球文化产业市场，不断增强广州文交会的影响力和辐射力。

二是提高文化标准国际化水平。加强与国际有关标准组织的交流与合作，学习和借鉴国外先进的标准化经验，全面提升粤港澳大湾区文化产品和文化服务的国际竞争能力。围绕文化领域，鼓励湾区的社会组织和产业技术联盟、企业积极参与国际标准化活动，争取承担更多国际标准组织技术机构和领导职务，增强话语权，提高湾区在文化标准化方面的影响力和创新能力。

三是推动文化企业国际化发展。提升文化企业品牌国际化形象。围绕文化领域，探索建设大湾区文化品牌联盟，加强整合、聚集文化产业各领域知名品牌，塑造大湾区文化品牌，促进大湾区文化企业品牌形象国际化。引导文化企业提升品牌建设能力，充分利用大湾区媒体资源，积极传播推广文化企业的品牌形象。充分利用香港金融中心的优势，推动有条件的文化企业在香港上市，促进文化企业的全球化发展。深化与"一带一路"沿线国家的合作，加快培育一批外向型的文化产业骨干企业。鼓励有条件的文化企业到境外设立研发机构，通过境外投资并购、联合经营、设立分支机构等方式不断开拓海外市场。支持文化企业组团参与国内外营销、参展和宣传等市场开拓活动，不断提升对外文化贸易水平。

四是推动文化产业投融资合作。由三地共同出资创建粤港澳文化产业发展基金，对三地区域内符合条件的文化企业、项目、人才等实行免税、减税、贷款担保和贴息等多种政策；支持重大创意产业项目，扶持、激励中小文化企业及个人进行创新活动；对文化产品加工贸易企业的自主创新和品牌建设予以资助；支持区内文化企业在海外市场开展文化贸易与维权活动；资助文化产业领域的共性技术研究等，积极鼓励和推动区内文化产业的快速发展。

五是加强文化人才合作培养与交流。与湾区城市合作建立文化人才联合培养机制，将广州打造成大湾区文化人才培养高地。依托广州的高校教育资源，加强与深圳、香港等地高校的人才交流培训。推广跨区域产学研合作人才培养模式，依托领军企业与国际一流高校、科研机构，共同培养高层次文化人才。与湾区城市合作建立创新创业孵化基地、众创空间，强化创新型文化人才培养。

"一带一路"观察篇

"One Belt and One Road" Observation

B.2
"一带一路"背景下广州文化产业发展研究

陈峰 王靖[*]

摘 要: "一带一路"是在政治、经济、文化等多个层面引领新一轮对外开放合作的具有重要意义的倡议,而文化产业是作为推动实施"一带一路"倡议的重要切入点。广州是古代海上丝绸之路的起点之一,也是千年长盛不衰的对外通商口岸。海上丝绸之路的辉煌历史,造就了广州源远流长的对外贸易和人文交流传统,形成了开放多元、兼容并包、积淀深厚的岭南文化。广州应牢牢把握国家"一带一路"建设的重大战略机遇,充分发挥自身资源优势,创新体制机制,优化产业结

---

[*] 陈峰,广州市社会科学院产业经济与企业管理研究所副研究员;王靖,广州文化产业行业协会助理研究员。

构,促进产业竞争力的提升,推动广州文化产业"走出去",跨区域整合文化产业资源要素,拓展文化产业市场空间,丰富文化产品内容,提升文化产品内涵,发挥广州的文化资源优势,把广州打造成为建设"一带一路"文化产业跨国发展的重要枢纽城市。

关键词: "一带一路"　广州文化产业　对外开放

2013年9月和10月,中共中央总书记、国家主席习近平在出访中亚和东南亚国家期间,先后提出建设"丝绸之路经济带"和"21世纪海上丝绸之路"的重大倡议(简称"一带一路"),"一带一路"倡议在当今世界多极化、经济全球化、文化多样化时代,具有重要的政治、经济、文化等多层面意义,现已成为国际社会高度关注的热点。2015年3月,国家发改委、外交部和商务部联合发布了《推动共建丝绸之路经济带和21世纪海上丝绸之路的愿景与行动》,进一步明确了以"互联互通"为核心,推进"一带一路"建设的战略方向与路径。"一带一路"倡议的实施为中国进一步深化与沿线国家的文化交流,加快发展对外文化贸易,提升国家软实力,推动中华文化走向世界创造了有利环境。作为重要的国家中心城市和"一带一路"的枢纽城市,广州应积极主动作为,按照"一带一路"倡议,立足优势互补,加强与沿线国家(城市)文化领域的合作,大力发展文化产业,促进文化贸易,在推动"一带一路"建设中不断增强城市文化综合实力。

一 "一带一路"倡议为广州文化产业发展带来新机遇

(一)打开了文化产业更加广阔的市场空间

"一带一路"倡议是中国主动应对全球局势变化,统筹国际国内两个大局作出的重大决策，它是我国在推进东西方经贸文化往来，构建全方位开放新格局，实现中华民族伟大复兴和推动人类命运共同体建设的重大"顶层设计"。"一带一路"沿线涉及60多个国家，涵盖东亚、中亚、南亚、西亚、东南亚和中东欧等国家和地区，总人口约为44亿，经济总量约为21万亿美元。"一带一路"倡议不仅仅是经济方面，也包括文化和文化产业方面。随着"一带一路"倡议在沿线国家（城市）的实施，广州文化产业的发展将随着"一带一路"延伸到沿带沿路国家的广阔市场。

（二）增强了文化产业跨国合作发展的政策便利性

"一带一路"倡议自提出以来，得到了沿线国家的积极支持与响应，成为经济全球化背景下新型国际构架。沿线国家为加强互通互联的合作伙伴关系，全面融入"一带一路"国际合作新模式，并在政策上做出积极响应。例如，2015年5月中印就《联合声明》中多项内容达成共识；同年11月，中国与中东欧六国签署了"一带一路"政府间谅解备忘录。截至2019年3月6日，中国已经与123个国家和29个国际组织签署了171份共建"一带一路"合作文件。由此可见，基于国内相关政策支持和沿线国家政策响应，广州在推动文化贸易和文化产业"走出去"等方面将更加便利，与区域内国家或城市产业合作将进一步加强。

（三）提供了文化产业发展的多元化文化资源

"一带一路"沿线涉及60多个不同宗教信仰、不同民风民俗的国家。比如哈萨克斯坦就有140个民族，缅甸有42个民族和135个支系。拥有丰富的地域文化，有伊斯兰教、佛教、基督教、印度教等宗教文化；民族音乐、舞蹈、歌剧等艺术文化；风俗、节庆等传统文化，以及由此产生的各具特色的文化产业。"一带一路"倡议的实施，在促进与沿线国家文化贸易以及广州文化产业"走出去"的同时，增进了广州与"一带一路"国家及城市间的文化交流，增加了广州吸取和利用外来文化资源的机会，这将有助于广州文化产业的开放发展和城市文化功能的增强。

(四)拓宽了文化产业发展的投融资渠道

实施"一带一路"倡议,除了利用传统的投融资渠道推动产业发展,新型的投融资模式更趋向多样化,如丝路基金的设立、亚洲基础设施投资银行的发起建立,上合组织开发银行和上合组织发展基金等新型融资渠道也相继出现。此外,致力于文化产权交易服务的文化产权交易平台和各种金融创新工具也将大力发展,为文化产业注入源源不断的资本活力,有效地拓宽广州文化产业发展的投融资渠道,引导社会资本进入文化产业领域。

二 "一带一路"倡议下广州文化产业发展的基础条件

(一)文化产业规模不断扩大,发展迅速

近年来,广州文化产业持续快速增长,产业规模不断扩大,产业地位不断提升。统计数据显示,2014年广州文化产业实现增加值849.34亿元,占全市国内生产总值比例达到5.08%,开始成为国民经济的支柱性产业,并保持良好的发展态势。2014~2017年,广州文化产业增加值以年均10.98%的速度增长,高于整体经济增长速度2.61个百分点。2017年广州文化产业增加值达到1161.07亿元,占全市GDP比重进一步上升为5.4%(见图1),广州文化产业的整体实力和市场竞争力均呈现向上发展的趋势。

从各行业规模以上企业营收情况来看,2017年全市规模以上文化企业总营收为3446.56亿元,其中,内容创作生产、文化消费终端生产及创意设计服务营业收入最高,分别为801.1亿元、705.83亿元和576.85亿元,说明广州在内容创作和提供服务方面有一定的市场优势,文化消费终端生产活动发展较为成熟。从法人单位数量上看,全市规模以上文化产业法人单位有2148家,其中,创意设计服务和内容创作生产行业的法人单位数最多,分别为663个和403个(见图2),而在文化投资运营和文化娱乐休闲服务方面,广州目前还处于起步阶段,市场未来发展潜力巨大。

图1 2010～2017年广州市文化产业增加值情况

资料来源：由广州市统计局提供。

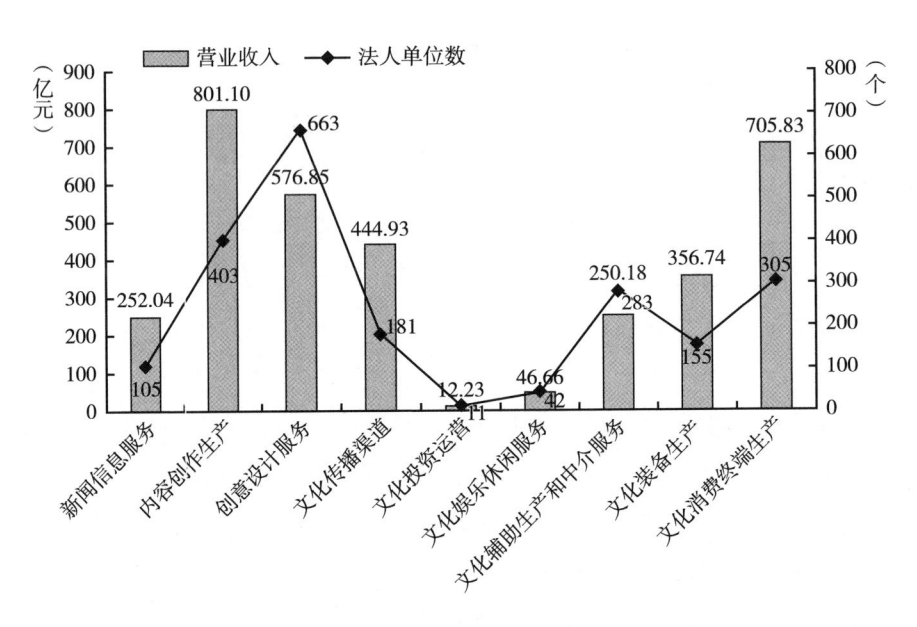

图2 2017年各行业规模以上营业收入及法人单位数情况

资料来源：由广州市统计局提供。

从业人员数量方面，2017年广州市规上文化产业法人单位从业人员总数为32.74万人。据《文化及相关产业分类（2018）》的行业划分来看，从业人员数最多的行业是内容生产创作和文化消费终端生产,从业人员数分别为7.28万人和5.32万人,占文化产业从业人员数的22.24%、16.25%(见图3)。由此可见,当前广州文化产业发展力量较多集中在内容生产创作和文化消费终端生产。

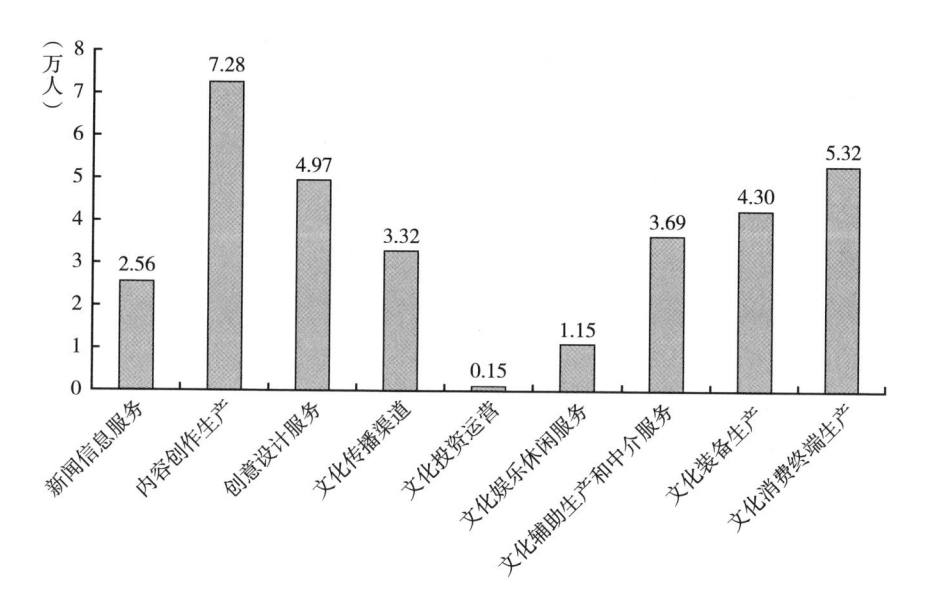

图3 2017年按行业分文化产业从业人员数

资料来源:由广州市统计局提供。

(二)文化产业对外贸易发展平稳

广州地处中国南方,江海交汇,自古是水陆通衢之地,具有靠近港澳、与国际市场接轨的地理位置优势,文化产品贸易较为发达,对全市进出口贸易贡献较为突出。从文化产业数据上看,2010~2017年,广州市文化产业主要商品进出口额占全市进出口总额的比重呈小幅波动上升趋势。2016年,广州市文化产业进出口总额达130.48亿美元,占全市进出口总额的比重达到10.09%。2017年,广州市文化产业进出口总额达211.97亿美元,占全市进出口总额的比重达到14.80%,其中,文化产业进口额为90.89亿美元,占全市进口额的比重更是高达15.69%,文化产业出口额为121.08亿美元,占全市出口额的比重达8.45%(见表1)。从广州与沿线国家进出口交易上看,截至2018年4月,广州在"一带一路"沿线国家累计投资设立了165家企业(机构),中方协议投资额达34.8亿美元;广州与"一带一路"沿线国家的进出口额占全市进出口总额的比重超过25%。

由以上数据可看出,即使近几年受国际经济形势的影响,国际国内贸易亦受到一定冲击,但广州文化产业对外贸易依然保持平稳发展态势。这表明在经济危机下,人们会经历失业、破产,但也同时会产生释放精神压力的文化需求,由此可见,文化产业往往能够引领整个经济形势最先走出衰退阴影。

表1　2010~2017年广州文化产业主要商品进出口情况

年份	出口额(亿美元)	进口额(亿美元)	进出口额合计(亿美元)
2010	48.4	60.99	109.39
2011	52.62	72.89	125.51
2012	59.59	76.56	136.15
2013	62.06	69.1	131.16
2014	65.96	69.53	135.49
2015	69.74	66.4	136.14
2016	68.55	61.93	130.48
2017	121.08	90.89	211.97

资料来源:由广州市统计局提供。

广州文化企业正不断拓展传播推广渠道,整合资源,创新推广方式,以文化"走出去"的铿锵步伐展现广州文化品牌魅力,提升广州文化的引领力。动景科技的UC浏览器服务150多个国家和地区,UC浏览器在移动领域已有超过6亿的全球用户,在"一带一路"上的印度和印尼两个国家市场份额分别达55.4%和47.5%,UC浏览器作为中国互联网产品"走出去"的优秀代表,居印度、印尼、越南等"一带一路"国家的浏览器占有量第一位。

（三）文化消费市场活跃

党的十九大报告提出，我国社会主要矛盾已经转化为人民日益增长的美好生活需要和不平衡不充分的发展之间的矛盾。现如今，随着社会不断进步，消费方式趋于多样化、个性化，文化消费主体以及互联网消费模式随之改变，市场消费升级成为必然趋势。广州人均消费水平处于全国前列，文化消费市场呈现逐年扩大趋势。

《2018年中国广州文化发展报告》显示，2017年广州市按常住人口计算的教育及文化娱乐服务消费总体规模约为711亿元，较上年同期约增长10.7%。2017年，北京、上海、深圳的城镇居民人均文化消费分别为4055元、4534元和3092元，分别占人均消费性支出的10.5%、11.3%和8.4%。广州的同期数据分别为5040元、13.1%（见图4），在文化消费金额与占总消费性支出的比例上均超过北、上、深，在全国一线城市中位居前列。

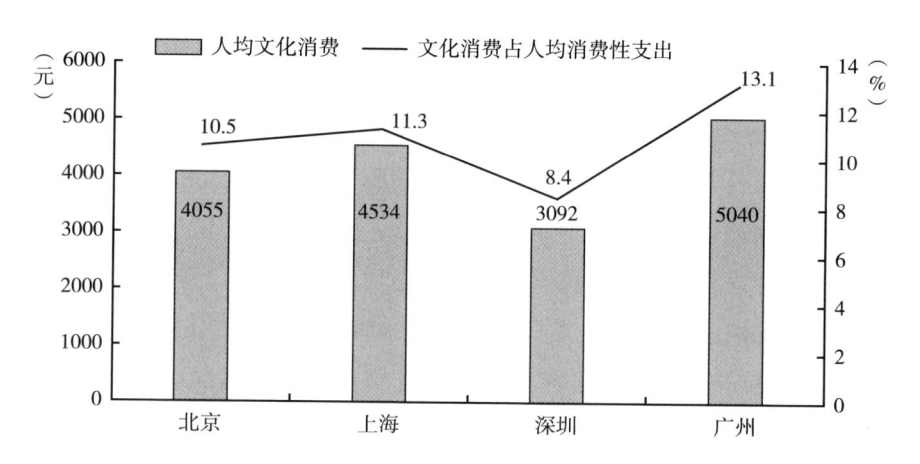

图4 2017年北上广深城镇居民人均消费情况

第三方数据研究机构 Analysys（易观）发布的《中国现场娱乐在线票务平台年度分析报告》显示，在2017年全国现场娱乐在线购票消费城市排行中，广州以7.84%位列全国第一，而上海、深圳、武汉和北京紧随其后。

可见，随着文化消费的升级，现场娱乐市场（文娱演出市场+体育赛事市场）越来越受欢迎，广州文化消费市场活跃度在不断提升，年轻人群逐渐成为引领消费升级的主力军。

（四）文化企业品牌竞争力不断增强

在文化产业加快发展的大趋势下，无论政府还是企事业单位，都逐步建立起文化品牌意识，日益重视文化品牌的建设与发展。在新闻传媒、广播影视、动漫游戏、工艺美术、创意设计和数字文化等各个领域，文化品牌之花绚丽绽放。如在新兴的数字文化领域，结合"互联网+"的技术背景，打造了集视频直播、音乐移动播放、在线电台、实体演艺剧院、偶像专属剧场线上线下于一体的多元数字音乐生态体系，涌现了酷狗、荔枝FM等拔尖的数字音乐企业。在新闻出版业方面，广州充分利用传统媒体的资源优势和基础优势，结合移动互联网新工具和新平台进行研发，主动占领新的媒体传播市场，南方日报、羊城晚报和广州日报三大报业集团稳居全国综合排名前十。2018年，《广州日报》在"中国500最具价值品牌"排行榜上的品牌价值再创新高，继2017年首次突破300亿元大关后，于2018年进一步上升到375.62亿元，品牌价值居全国报刊传媒第四位，并连续11年在"全国都市报20强"中荣获第一名，在引领中国报业发展中占据重要地位。

在动漫游戏方面，国家新闻出版广电总局发展研究中心公布的中国动漫十大品牌榜单中，广州共有"喜羊羊与灰太狼""猪猪侠""巴啦啦小魔仙""快乐酷宝"等四大品牌入选，是全国入选该榜单品牌最多的城市。2017年中国游戏产业年会颁发的"2017年度中国十大品牌游戏企业"榜单中，广州上榜游戏企业有3家，分别是广州网易计算机系统有限公司（网易游戏）、广州爱九游信息技术有限公司（阿里游戏）和广州多益网络股份有限公司；广州漫友文化科技发展有限公司出版的《漫友》是目前国内最具人气的青少年流行文化期刊和全球发行量最大的华语动漫期刊；由广东原创动力文化传播有限公司出品的《喜羊羊与灰太狼之牛气冲天》荣获中宣部"五个一工程"奖和中国电影华表奖。近年来,广州动漫游戏产业稳居全国领先地位,动漫游戏企业发展成绩显著,品牌实力不断增强,动漫与游戏产业已成为广州的一张亮丽的"城市名片"。

(五)文化产业新兴力量发展势头强劲

目前,数字出版、在线传播、文化旅游等文化产业新业态呈现良好的发展势头。在数字出版领域,通过利用数字技术进行内容编辑和加工,相较于传统出版方式,它更加强调的是内容生产数字化和高效化、运营管理数字化和便捷化、传播渠道网络化和多样化。2011年,广东国家数字出版基地在天河区揭牌成立,标志着国家数字出版基地正式落户广东,目前天河园区数字出版产业已初具规模,年营收超过200亿元,预计到2020年,广东国家数字出版基地年营收将达300亿元左右,实现整体规模国内领先,未来广州数字出版行业发展向好。

在线传播领域依托现有的文化资源,利用 VR、AR、3D、大数据、"互联网+"等数字技术实现文化传播,这是数字文化新业态的重要内容和发展趋势。网易、荔枝 FM、酷狗、数娱科技等企业是业内知名的数字文化领导者,充分利用技术领先优势,开设了网络直播、数字娱乐体验馆、在线音频电台及线上线下演艺剧场等数字文化内容产品。除企业外,政府及企事业单位也正加快公共文化服务数字化步伐,这是群众所喜闻乐见的服务成果。2017年,广州市文化馆成功申报并成为国家数字文化馆的第三批试点单位,广州市图书馆建立了一个全市共享的数字服务平台,并搭建了集 App、微信公众号、微博等多个移动平台于一体的立体、全面的网络服务体系。

在文化旅游领域,从接待游客数量、旅游业总收入和旅游外汇收入上看,广州仅次于北京和上海,位居中国大陆城市的第三位。2018年,广州市共接待游客 22304.52 万人次,同比增长 9.23%,全年旅游总收入达 4008.19 亿元,同比增长 10.9%。其中入境旅游过夜人数为900.63 万人,实现旅游外汇收入 64.82 亿美元。作为文化资源丰富、历史悠久的文化名城，广州吸引游客并不困难，但如何留住游客，并将广州城市的文化内涵融入旅游地标与景点路线中，这是值得思考和努力的方向。

三 "一带一路"倡议下广州文化产业发展的优势分析

（一）地理位置优越与商贸发达

自古以来，因广东拥有独特的地理位置优势，一直是对外贸易与文化交流的重要阵地，广东与东南亚地区的越南、菲律宾等国家隔海相望，是我国通往东南亚、大洋洲、中东和非洲等地区的最近出海口。广州濒临南海，邻近香港和澳门，是华南地区的海陆空交通中心。广州港是中国第三大港口，是珠江三角洲以及华南地区的主要物资集散地和最大的国际贸易中枢港，现已与世界上170多个国家和地区的500多个港口有贸易往来。广州不仅是珠三角的交通枢纽，更是连接着内地与东南亚，成为东西方文化交流中心地，为其在"一带一路"建设中文化大发展提供了新机遇、新平台。

目前，广州正着力建设国际航运、航空、科技创新三大战略枢纽。广州港正积极推进友好港战略，国际影响力稳步提升，2018年广州已与全球45个重要港口建立友好合作关系。此外，白云国际机场航线网络已覆盖全球220个航点，拥有航线超过300条，其中国际航线157条，2018年旅客吞吐量达6973.1万人次，成为连接东亚、东南亚重要的国际航空枢纽。多措并举推进重要交通基础设施互联互通，将为广州进一步开放发展和推进经济与文化交流带来更多的发展机遇。

对外贸易方面，2017年，广州对"一带一路"沿线国家合计进出口2579.1亿元，增长19.7%，占全市进出口的26.5%；其中出口1810.5亿元，增长23.2%，占全市出口的31.3%；进口768.5亿元，增长12.1%，占全市进口的19.6%。如今，"一带一路"沿线国家与广州互为重要的贸易伙伴，经贸合作关系日益深厚。近年来，广州快速发展的交通建设与对外贸易越发凸显了广州优越的区位优势。

（二）文化旅游资源丰富多样

文化是一座城市的灵魂，文化自信来自坚实深厚的历史底蕴、来自文化的传承与创新。如今，文化与旅游大融合发展的时代已然来临，充分利用好广州丰富的历史文化底蕴和文化旅游资源，盘活厚重的历史文化资源，打造"文化强市"，对推动"一带一路"建设具有强有力的文化支撑作用。

广州的历史文化旅游景观种类丰富，包含近代革命古迹、海上丝绸之路遗址、历史文化街区、近代优秀建筑等。其中具有代表性的有黄埔军校、中共三大会址纪念馆、广州起义烈士陵园、南海神庙、西汉南越王宫署遗址（南越王古墓）、陈家祠、北京路和上下九步行街等。其中，南越国宫署遗址还两次入选为"全国十大考古新发现"。历史文化旅游景观真实地记录了广州发展变迁的历史，是具有地方特色的人文景观旅游资源。广州市文物考古研究院提供的资料显示，广州市现有各级文物保护单位720处，尚未核定公布为文物保护单位的不可移动文物3090处；国家级历史文化名镇1个、历史文化名村6个、历史文化街区26片、历史风貌区19片、历史建筑721处、传统村落90个。广州市行政区域内共有博物馆61座（含省属博物馆）；第一次全国可移动文物普查上报文物176439件（套）；各级非遗代表性项目340项，非遗项目代表性传承人452人；14家省级、33家市级非遗传承保护示范基地。广州是实至名归的历史文化名城，历史悠久，文物遗迹众多，具有很高的历史文化价值，为文化产业的发展奠定了丰富而各具特色的资源开发利用基础，为广州打造对外文化交流门户和"一带一路"区域文化中心城市助力。

（三）科教人才资源丰富

"一带一路"建设传递的不仅是物质，还有人文。广州是中国高等教育最发达的城市之一，拥有82所高等院校，在校大学生及研究生总数达113.96万人，数量居全国第一。集合了全省97%的国家重点学科、70%的科技人员和95%的博士，是中国南方高校最密集的城市、华南地区的科教中心。在研发机构和开发平台方面，广州拥有44家省级新型研发机构，数量居全省第一。三星通信研究院、思科中国创新中心等一大批跨国研发机构和开放型科技创新平台集聚在广州，由此，广州拥有了华南地区最密集的科研力量。

广州是座热情开放、兼容并包的城市，中西合璧、南北交融，因此吸引了大批多元化人才聚集广州。人才是第一资源，于广州而言，教育科研实力和人才实力是实现文化产业高质量发展的重要保证，发挥科教人才资源优势，实行更加积极主动的开放战略，将有利于创造更强的综合实力。

四 "一带一路"背景下广州文化产业发展面临的问题

（一）文化产品版权问题

随着互联网的高速发展，各类文化产品在网络上迅速传播，国民"尊重创作、尊重版权"的氛围还没有在全社会普遍形成，非法下载、非法传播、非法使用等现象仍普遍存在。因此，将文化落地，创意变现，不仅需要着力打造文化IP，更重要的是必须重视保护文化产品的版权。目前，"一带一路"沿线国家的版权纠纷问题还较为严重，因盗版问题影响文化产业收入的问题依然存在。一方面，盗版问题侵害了知识、技术和产品创造者的利益，限制了相关文化产业的发展；另一方面，现行的知识产权制度和体系确实存在不完善、不公正以及监管不力的情况，加之人民群众的购买力有限，也就使得盗版猖獗。文化版权保护不当，将严重影响原创者的创造性、积极性，从而影响文化产品的开发与生产，最终会对"一带一路"文化产业的整体推进产生消极作用。

（二）文化折扣与文化差异问题

宗教信仰、风俗习惯、生活方式、语言文字、行为规范、价值观念等因素，构成了不同国家之间的文化差异。广州与"一带一路"沿线国家城市也存在着极大的文化差异，甚至文化冲突。广州的文化产品在"一带一路"国家推广中，由于文化背景、历史传统等种种因素，可能会在一定程度上造成理解偏差，文化产品在异地被认可的难度越大，文化折扣可能也就越明显。

65个国家各有各的文化，比如伊斯兰教、佛教、基督教、印度教等宗教文化，民族音乐、舞蹈、歌剧等艺术文化，风俗、节庆等传统文化；各有各的文化产业发展特点，比如阿联酋以奢侈休闲文化旅游为主，泰国以文化旅游和影视产业为主，印度以媒体与娱乐产业为主，斯洛文尼亚以出版产业、影视产业为主，立陶宛以影视和软件信息产业为主。根据需求相似理论，收入水平相似的地区，互相间贸易关系可能就越密切，广州需结合现有的优势产业和优质资源，与"一带一路"国家形成优势互补，协同发展。在坚持广州本身的文化独特性基础上，避免产生文化冲突，求同存异。

（三）文化产业人才与跨文化人才供给问题

与北京、上海相比，广州缺乏一批在全国范围内有影响力的文化艺术创作人才，文化产业中高端人才的缺失将会制约广州文化产业的发展，特别是在如今多个城市争相引发的"人才大战"之下，广州若不采取有力的措施，建立有效的人才引进和培养机制，文化人才的缺乏将会成为制约广州文化产业走向"一带一路"发展的瓶颈。

国家信息中心近期发布的《"一带一路"大数据报告（2017）》显示，超九成的国内媒体和网民支持国家加强"一带一路"的人才建设。国内媒体和网民普遍认为，人才是"一带一路"建设的基础和关键支撑，"一带一路"能够带动国内及沿线国家语言、技术等方面人才就业。人才培养结构单一、国际化水平较低、与沿线国家的人才交流互动不足等是广州当前面临的主要问题。报告显示,"一带一路"语言种类丰富,语言人才需求迫切。从人才需求类型上看,语言类、财务管理类、法律类、教育类人才最受国内媒体和网民关注(见图5)。

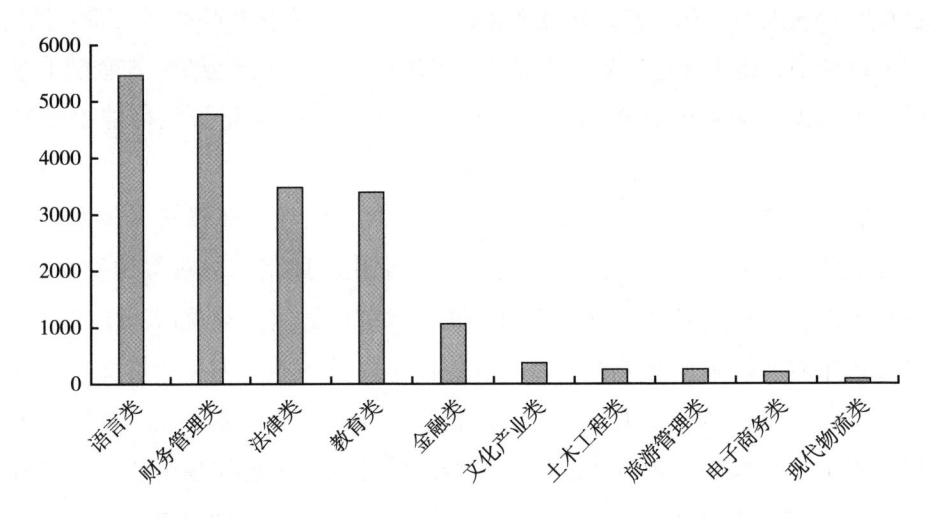

图5 国内媒体和网民最关注的"一带一路"十大人才类型

资料来源:《"一带一路"大数据报告(2017)》。

(四)文化产业结构有待进一步优化升级

广州文化产业结构不够合理,且总体规模偏小,从文化制造、文化服务、文化批发和零售三大行业来看,广州市文化产业以文化服务业为主。广州形成以文化用品的生产、文化专用设备的生产为主的"相关层",以文化信息传输服务、文化休闲娱乐服务等为主的"外围层",以新闻出版发行服务、广播电视电影服务等为主的"核心层"(见图6)。三者实现的增加值相比,核心层和外围层比重增长明显,但所占比重仍然偏小,而以生产工艺美术品、文化用品及设备为主的"相关层"比重仍然偏大,这说明广州文化产业新兴业态发展仍有待加强,文化产业缺乏创新元素,文化产业内部结构有待进一步优化完善,加大发展科技创新力度,提高文化产业衍生产品的开发能力，形成具有广州特色的文化品牌，积极与"一带一路"沿线城市形成产业对接。

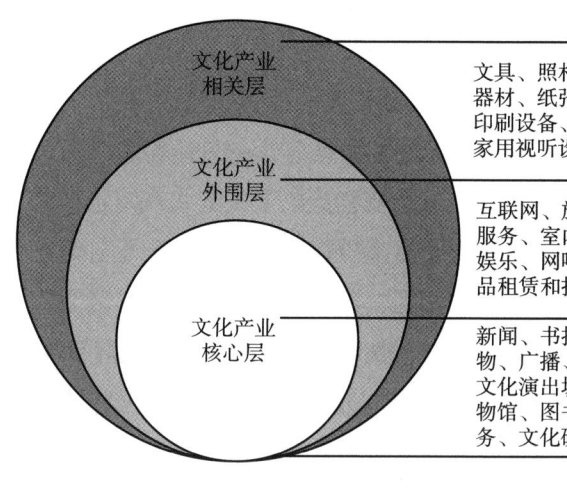

文化产业相关层：文具、照相器材、乐器、玩具、游艺器材、纸张、胶片胶卷、磁带、光盘、印刷设备、广播电视设备、电影设备、家用视听设备、工艺品的生产和销售等

文化产业外围层：互联网、旅行社服务、游览景区文化服务、室内娱乐、游乐园、休闲健身娱乐、网吧、文化中介代理、文化产品租赁和拍卖、广告、会展服务等

文化产业核心层：新闻、书报刊、音像制品、电子出版物、广播、电视、电影、文艺表演、文化演出场馆、文物及文化保护、博物馆、图书馆、档案馆、群众文化服务、文化研究、文化社团、其他文化等

图 6　文化产业结构

五　"一带一路"背景下广州文化产业发展的对策建议

（一）提升城市互联互通效率，建设综合交通体系

广州应利用好现有的优越的交通和地理位置，加大力度建设综合交通体系，将广州打造成为"一带一路"建设的重要枢纽城市。南沙是海上丝绸之路的起点，"一带一路"、粤港澳大湾区、国家战略新区、自贸试验区、国家自主创新示范区等国家倡议或战略在南沙叠加实施，政策优势和地理位置优势均十分明显。目前，广州南沙自贸区已经将航空航运、物流、国际贸易以及金融服务等作为自身发展的重点产业，努力成为广州服务"一带一路"倡议的排头兵。未来，广州还必须朝国际贸易通行标准的制度建设、设立航运基金、完善便捷化的通关环境等方向努力，加快推进广州与多国直达航线的开设，不断深化与沿海港口、内河港及沿线国家重要港口的战略合作。

（二）创新体制机制，搭建产业服务平台

广州要积极融入和服务国家"一带一路"倡议，构建创新开放型经济体制机制，敢于破除现有的体制束缚，充分发挥政府引导调控作用，营造有利的市场和政策环境；加大版权保护力度，充分发挥广州"一带一路"版权产业服务中心职能，提供版权确权、交易、质押、取证、维权等全方位的服务，为广州市乃至整个东南亚地区的文化创意产业发展提供更加便捷、高效的综合性版权服务；建设文化产业交流平台，逐步推进各种国际化、外向型经济文化交流平台的建立和完善。例如，作为综合性、国际性的文化产业交易平台，"广州文化产业交易会"已于2018年圆满举办第二届，2018年广州文交会以"丝路文化、人文湾区、魅力广州"为主题，内容涵盖文化金融、文化科技、影视、非遗、动漫等11个板块，开展了天河峰会、艺博会、非遗展、演交会、文化金融论坛、VR/AR展览会、"金牛奖"文化创意大赛、优创合影国际电影展等18场主题活动，组织约150场精彩活动，展示了来自60多个国家和地区的2.5万件原创艺术品、近千部演艺产品，邀请了300多名世界知名文化产业人士参加高峰论坛，推进了一批重大项目签约，累计意向签约126亿元，文交会各节展直接成交22亿元，吸引100多万人次参与各项活动，线上阅读量达2000多万，市场反响相当热烈。广州应继续加大平台扶持力度，积极做好市场服务，为广州文化企业与沿线国家之间的往来提供一站式集中服务。

（三）发展文化金融，拓宽文化产业投融资渠道

一是要积极发展一批文化金融特色机构，可重点发展电影金融、艺术品金融及知识产权金融等机构，不断拓展各区域之间在文化金融领域的合作空间；二是建设金融业态机构完备、金融服务功能齐全的"一带一路"文化金融集聚区，推动金融市场双向开放和投融资对接；三是积极与文化金融服务平台合作，形成信息共享和资源对接平台，依托专业的管理和团队，协同发挥对沿线国家文化企业投融资的综合服务作用。组织各区的金融功能区共

商共建"一带一路"投融资合作体系，紧紧围绕沿线国家基础设施互联互通和贸易投资合作的融资需求，动员各利益相关方积极参与，协同打造共商、共建、共享的"一带一路"投融资体系，具体包括：绿色金融改革创新试验区（花都）、白鹅潭产业金融服务创新区（荔湾）、创投小镇（海珠）、广州民间金融街（越秀）、广州国际金融城（天河）、南沙现代金融服务区（南沙）、广州金融创新服务区（广州开发区黄埔区）、广州中小微企业金融服务区（增城）、万博基金小镇（番禺）、广州温泉财富小镇（从化）。

（四）深化人文合作交流，建设"一带一路"文学院

广州高校林立，科研院所众多，拥有雄厚的科教人才实力，是广东省科教力量最集中的城市，这是广州参与"一带一路"发展的天然优势。广州要大力实施创新驱动发展战略，把科教人才优势充分发挥出来。积极应对"一带一路"倡议中丰富多样的语言需求，增设"一带一路"国家小语种专业和相关文化课程，培养"多语种+"的国际化人才，为深入"一带一路"倡议合作打下基础；设立"一带一路"文学院，学习研究沿线国家不同群体的文化传统、价值取向，研究沿线各国各种文化背景下的消费习惯和风俗因素，积极开展国际人才交流计划，加强学者互访交流，推荐翻译出版优秀文化作品，组织开展文化采风活动，联合举办图书展和学术研讨会等，同时，吸引更多来自"一带一路"沿线国家的学生走进广州，认识中国文化，培养传播中国文化的使者，通过不同文明、不同文化之间的相互交流、碰撞，能够体验到不同城市文化的无穷魅力，用文化和谐推动文化大发展、大繁荣，提升广州的国际影响深度和广度。

（五）搭建"一带一路"新型智库，为产业发展提供强力支撑

本着"共商、共建、共享、共赢"的原则，凝聚政界、商界和社会各界力量，搭建起"一带一路"智库合作平台，为建设"一带一路"提供智力支撑。一方面，联动高校和研究机构，积极引导高校合理设置专业学科，

支持智库调研沿线国家人才需求，研究人才培养的方向措施，按需培育人才、输送人才。另一方面，利用大数据领先技术，搭建"一带一路"大数据人才库，整合大数据人才资源，建立大数据实时监测和分析系统，提高人才供需匹配度，精准投放，及时掌握人才供求动向。

（六）发挥粤港澳大湾区独特优势，进一步深化各国合作

中共中央、国务院于2019年2月18日印发的《粤港澳大湾区发展规划纲要》中指出，要深化粤港澳合作，进一步优化珠三角九市投资和营商环境，提升大湾区市场一体化水平，全面对接国际高标准市场规则体系，加快构建开放型经济新体制，形成全方位开放格局，共创国际经济贸易合作新优势，为"一带一路"建设提供有力支撑。粤港澳大湾区是对接"一带一路"的重要窗口，广州位于"一带一路"倡议和粤港澳大湾区的"黄金交点"上，既是产业参与者又是推动者，努力推动文化、金融、商贸等在大湾区中更加畅通的合作与发展，带动产业发展与各城市文化交流合作，赋予广州文化企业以更强的产业优势，全面参与到"一带一路"倡议下的国际合作中，实现更高水平的资源共享、合作共赢。

参考文献

李凤亮、宇文曼倩：《"一带一路"对文化产业发展的影响及对策》，《同济大学学报（社会科学版）》2016年10月。

吕政宝、吴晓霞：《"一带一路"建设下中国—东盟文化创意产业融合发展研究》，《广西社会科学》2018年第5期。

蔡尚伟、车南林：《"一带一路"上的文化产业挑战及对中国文化产业发展的建议》，《西南民族大学学报》2016年第4期。

程金亮：《"一带一路"战略视角下湖北省文化产业发展路径探析》，《山东科技大学学报》2016年10月。

李康华：《"一带一路"战略与中国文化产业发展》，《青海社会科学》2016年第5期。

柳邦坤、陈天驰:《"一带一路"背景下区域文化产业发展模式与对策研究——以沿东陇海线为例》,《淮阴师范学院学报(哲学社会科学版)》2019年第1期。

苏娟、张丽:《中国文化"走出去"面临的挑战与应对策略》,《新丝路学刊》2018年第3期。

张力心:《文化产业在"一带一路"发展中的重要作用》,《法制与社会》2018年第32期。

B.3
"一带一路"文化多样性视角下自贸试验区文化贸易制度创新路径[*]

王越 胡泓媛[**]

摘　要： 文化自由贸易是"一带一路"沿线地区开展文化交流、推动形成文化认同的重要手段。但基于对文化霸权主义和文化侵略的担忧，"一带一路"沿线地区一些国家在国内实行严格的文化保护政策，拖累了文化贸易自由化进程。文化贸易由于种类繁多等技术性问题，很难一次性达成多边自由贸易协定，可以探索运用我国自贸试验区的试验功能，为"一带一路"沿线地区文化自由贸易运作提供试验区域，通过对自贸试验区文化贸易制度运作成果的检视，在"一带一路"沿线地区文化交往当中达到相互释疑、增进互信、逐步相互开放文化市场的目的，形成"一带一路"沿线地区文化共同繁荣的局面。

关键词： 文化贸易　文化多样性　"一带一路"　自贸区　制度创新

---

[*] 本文为国家社科基金项目"全球化背景下离岸文化中心与中国文化软实力研究"（16BKS066）及广州市社会科学院青年项目"'文化例外'贸易政策发展及对南沙自贸区文化贸易制度创新的启示"（18QN13）的阶段性成果，并受广州市人文社会科学世界文化名城建设和文化产业重点研究基地资助。

[**] 王越，广州市公用事业技师学院高级讲师、高级技师；胡泓媛，广州市社会科学院国际问题研究所副研究员。

民心相通，是"一带一路"建设的根基。① 文化认同是民心相通的基础，一国的价值观和发展观通过跨文化交往向其他文化地域传播的过程中，需要当地民众对其相逢相知、互信互敬，最终接纳、认可，并融入自己的发展之中。② 文化贸易作为一种市场行为，与政府主导的文化交流相较，具有政治色彩较淡、流通范围更广等优势，是开展"一带一路"文化交际、推动形成文化认同的重要手段。但基于对文化霸权主义和文化侵略的担忧，"一带一路"沿线地区的一些国家在国内实行严格的文化保护政策，文化贸易开放进程远不及其他领域。如何打破文化贸易自由化推进的僵局，建立既尊重各国文化发展、保护"一带一路"沿线地区文化多样性，又适合文化产品跨国流通的自由贸易制度，成为"一带一路"民心相通工程需要解决的一个重大课题。本文拟探讨运用我国自贸试验区的试验功能，为"一带一路"沿线地区文化自由贸易运作提供试验区域，通过对自贸试验区文化贸易制度运作成果的检视，在"一带一路"沿线地区的文化交往当中达到相互释疑、增进互信、逐步相互开放文化市场的目的，形成"一带一路"沿线地区文化共同繁荣的局面。

一 "一带一路"文化多样性背景下的文化贸易自由化

（一）文化保护和贸易自由的论战

投资贸易自由化是经济全球化的主要表现之一，然而文化产品和服务由于具有民族文化传承的功能，被视为一种特殊的商品，文化市场的自发发展有可能使市场空间狭小的小众文化逐渐流失消费和传承者，直至消亡。在维护世界文化多样性的背景下，文化贸易是否能适用一般自由贸易规则，各国

---

① 国家发改委：《推动共建丝绸之路经济带和21世纪海上丝绸之路的愿景与行动》，2015年3月28日，http://news.xinhuanet.com/finance/2015-03/28/c_1114793986.html。
② 车向前、郭继荣：《跨文化外推视阈下的"一带一路"民心相通提升路径》，《西安交通大学学报（社会科学版）》2017年第3期。

始终争执不下。文化强势国家（例如美国）主张贸易自由，文化的影响是其拓展国家实力和影响力的重要工具之一。文化弱势国家更重视本国、本民族文化保护，在国际贸易中始终对捍卫民族文化特性和维护文化主权保持警觉。文化保护和贸易自由的支持者在文化全球化的过程多次交锋，其中以WTO"乌拉圭回合"谈判和TTIP谈判最为著名。

1993年举行的乌拉圭回合谈判上，美国提出法国等国家对电影和音像制品的资助措施违反了《关税和贸易总协定》的贸易公平原则，要求这些国家取消电影电视的配额制并对外国影视公司给予国民待遇和最惠国条款。美国认同文化产品和服务应当予以保护，但是认为电影和电视不属于文化产品和服务的范畴，而是娱乐消费品，欧洲各国对本地区生产的这些娱乐消费品采取的贸易扶持政策有违贸易公平，这阻碍了其他地区电影、电视向欧洲的输出。[1] 欧盟方面以法国为代表则明确提出"文化例外"的概念，认为电影和音像制品属于文化产品的范畴，应与一般商品区别对待。乌拉圭回合谈判最终在双方的妥协下达成一个折中方案：认为电影和音像产品将来肯定会被列入世贸组织的最终协议，但不会迫使各成员方在这两个有争议的领域遵守世贸组织的各项规定；各成员方仍可按自己的意愿继续支持本国的电影、音像生产，除非他们另有安排。[2] 紧随其后开展的OECD《多边投资协定》谈判，六个成员（比利时、加拿大、西班牙、法国、希腊和意大利）要求电影和音像产品不被列入该协定，也获得成功。

2013年，美欧之间启动了新一轮自由贸易谈判，试图达成"跨大西洋贸易与投资伙伴协议"（TTIP）。谈判伊始再次遭遇"文化例外"的争论。贸易自由的支持者认为保护文化的多元性是必要的，但是欧盟对本地区文化实施了过度保护。法国延续了坚持"文化例外"的强硬立场。法国文化部部长奥雷利·菲利佩蒂女士坚称，"文化例外"是法国深深怀有的政治信念和思想原则信念。一个国家具备在世界上展现自身特色的能力是十分重要

---

[1] 〔法〕贝尔纳·古奈：《反思文化例外论》，李颖译，社会科学文献出版社，2010。
[2] 〔法〕贝尔纳·古奈：《反思文化例外论》，李颖译，社会科学文献出版社，2010。

的，不能在盲目的市场法则中抛弃文化、迷失自己。2013年6月欧盟做出最终决定，坚持视听部门属于文化产品和服务，须排除在TTIP谈判之外，文化产品和服务的贸易应另行谈判，并必须获得欧盟理事会的完全同意。"文化例外"的支持者再次获得论战胜利。

在两次论战后，"文化例外"成为世界各国文化贸易政策的主流主张，认为由于文化产品具有商品和公共产品的双重属性，不能一概适用一般商品的贸易自由化原则，文化产品的国际贸易政策制定应当另行展开专门性的贸易磋商，建立既尊重各国文化发展、保护世界文化多样性，又适合文化产品跨国流通的自由贸易制度。

（二）文化贸易自由化与文化多样性发展目标的关系

上述"文化例外"政策主张的背后，反映出一国对于本国文化发展的慎重决策，或可称为"缓兵之计"。面对全球化的冲击，既不能一刀切地开放文化市场，也不能故步自封。"文化例外"表达出希望贸易伙伴尊重本国文化，就文化贸易另行展开谈判，推动文化市场渐进式开放的意愿。各个国家对全球化对本国文化的担忧并不是空穴来风。多项研究表明，文化贸易容易使文化发展受到国家市场规模和经济实力的制约。贸易自由化并不是对所有人的必需，对文化产品贸易中产生的均质化效应研究证实了这一点[1]。如果一国实力远远大于另一国，那么大国的文化偏好会取代小国的文化偏好，小国的文化偏好甚至可能被进口文化所吞噬[2]。现实中，确实存在一些掌握话语优势的国际主流媒体为了迎合大多人的文化偏好，有意地"忽视"边缘群体、少数族群的文化，通过片面报道在受众心中塑造出相关群体的刻板印象[3]。因此，一个国家，尤其是"一带一路"沿线自身文化市场较小的国

---

[1] Jesse Chu-Shore, "*Homogenization and Specialization Effects of International Trade: Are CulturalGoods Exceptional?*" World Development (2010) Vol. 38, No. 1, 37, 38, 45.

[2] Venkatesh Bala & Ngo Van Long, "*International Trade and Cultural Diversity with Preference Selection,*" European Journal of Political Economy (2005) Vol. 21, 143.

[3] 赵如涵、吴心悦：《全球贸易中的"文化例外"原则与中国文化产品"走出去"》，《国际传播》2017年第6期。

家，十分有必要采取措施保护和促进民族文化的传播。不但要向公众介绍本国文化遗产，还要向国外介绍本国的文化艺术作品，支持当代作品的生产和发展，保护和丰富民族特性。

但是，文化贸易自由化仍是文化全球化发展的趋势。各国的文化贸易保护政策实质是一把双刃剑，一旦过度使用可能导致多方面的问题。例如，对外国电影、电视节目的过度限制会使民众的文化消费多元化需求得不到正常满足，反而助长无序竞争，使违法的盗版市场更加猖獗；企业如果长期处于过度保护下，就会因缺乏外来竞争而产生惰性，个别企业甚至会以套取政府补贴为目的生产文化产品，久而久之就会丧失活力和竞争力，等等。① 这种分析并非危言耸听。法国国内一项调查显示，2000~2014年，法国对各项文化事业的补贴增长幅度为50%~100%不等，与此同时法国文化的吸引力却没有相应的增长，其中电影产业基本停滞，而电视产品甚至下降。过度依赖资助反而使法国文化竞争力弱化。"文化例外"的呼吁延缓了强势文化进军各国的速度，为各国文化市场的补充发展赢得宝贵的时间。又经过20多年的发展，越来越多国家文化产业做好了走出国门的准备，区域文化贸易规则由"消极的例外"逐步发展为"积极的融合"条款。各国文化贸易的意愿愈加浓厚，一些国家开始借鉴欧盟的做法，签订双边文化合作议定书逐步探索扩大文化贸易合作、增强文化国际影响力的空间。

文化多样性应当成为世界文化贸易深入发展的理想状态和各国文化共同繁荣的归宿。不同文化的发展繁荣互不冲突，各民族国家文化的平等交流、相互借鉴和竞争发展，最终构成全世界文化的多样性发展态势，不仅肯定不同文化的个性，同时也展现不同文化相互交流融合、繁荣共生、协同创新的美好愿景。作为"文化例外"主张的主要发起者，法国和加拿大联合发动更多国家参与其中。经多方努力，联合国教科文组织牵头发布《世界文化多样性宣言》和通过了《保护和促进文化表现形式多样性公约》。公约的目

---

① 叶飞、樊炜：《欧洲抗衡美国文化的一盘棋——解读"文化例外"政策》，《中国文化报》2014年1月30日。

标明确指出,鼓励不同文化间的对话,以保证世界上的文化交流更广泛和均衡,促进不同文化间的相互尊重与和平文化建设。

(三)"一带一路"沿线国家推进文化贸易自由化的意义

文化软实力是一国参与国际竞争的重要内容之一。冷战后,国际政治的"文明冲突论"提出,人们之间的最重要区别是文化的区别,对国家最重要的分类不再是冷战中的三个集团,而是世界上的七八个主要文明。[1] 各国越来越把文化的影响作为拓展国家实力和影响力的有力工具,文化间的较量越来越具有战略意义。[2] 相比于欧美发达国家,"一带一路"沿线国家制造业相对落后,传统制造业及高新技术等战略性新兴产业的优势不可能短时间内积累质变,而文化创意产业具有轻资产、重创意(知识)、生产周期短、高附加值等特点,发展难度相对较小,因此扶植文化产业并大力发展国际文化贸易将是坐拥丰富文化底蕴和文化人才资源的"一带一路"沿线国家政策首选[3]。在"文化例外"论战的 20 年期间,多数国家的文化产业得以发展壮大,逐步参与到国际贸易市场当中。

二 "一带一路"文化贸易自由化的困境

由于文化产品和服务分类复杂、标准不一,文化贸易的多边领域谈判没有太多实质性的进展。"一带一路"沿线国家大多在国内实施各种形式的民族文化保护政策,如遇由此产生的国际贸易争端,则在 WTO 框架下寻求解决。一些国家的文化贸易在双边贸易协议中有所体现。

(一)"一带一路"沿线地区大多实施大量的民族文化保护政策

"一带一路"沿线国家文化贸易国内法律政策主要表现为两种形式:

---

[1] 〔美〕塞缪尔·亨廷顿:《文明的冲突与世界秩序的重建》,周琦译,新华出版社,2002。
[2] 谢晓娟:《文化多样性与当代中国软实力建设》,人民出版社,2015。
[3] 李怀亮、闫玉刚:《当代国际文化贸易综论(下)》,《河北学刊》2006 年第 26 期。

099

一是国家主动对本国的艺术、传播等文化领域创作和发行进行资助。"欧洲影像计划"就是欧洲国家对民族文化主题的演艺作品予以补贴，以对抗美国好莱坞影片的放映量。二是国家对文化作品的进出口数量实施统筹，主要包括审查制度和配额制度。印度对外国电影的放映实施审查制度，外国电影在印度放映前必须通过印度政府的审查。欧盟对重点领域文化产品进口实行配额制度。欧洲国家大多针对音乐碟片、电影作品的进口进行配额管制或区别征收相应关税。法国在1986年通过的一项法律规定，所有电台不论国有还是私营，所播放歌曲的40%必须是法语歌[①]；电视节目的放映实施两种配额：电视节目中的60%必须是欧洲生产的，其中法国作品必须占40%。[②] 以沙特为代表的阿拉伯国家提出了"伊斯兰文化例外"的主张，禁止进口与其宗教信仰不符的产品。上述政策常常与国际贸易的"国民待遇""最惠国待遇"等原则产生冲突，被美国等文化出口大国诉诸WTO争端解决机制，但并不能打击有关国家保护本民族文化的决心。

（二）WTO规则与文化贸易自由化

世界贸易组织（WTO）是旨在促进贸易自由化的组织，为建立公平、开放和自由的贸易秩序而设定一般的国际贸易法律框架和应该遵循的规则，几乎没有对文化贸易制定特定规则。《关税贸易总协定（1994年版）》（GATT 1994）仅有一条直接针对文化产品待遇的条款，即第4条"电影配额"，允许进口电影实行配额，为国产电影保留一定比例的放映时间，从而保护国内电影产业。

文化贸易要在WTO框架下主张例外，通常援引"一般例外"条款，即GATT 1994第20条和《服务贸易总协定》（GATS）第14条。GATT 1994第20条（a）项和GATS第14条（a）项都提出，为保护公共道德，其采用的

---

① 〔法〕贝尔纳·古奈：《反思文化例外论》，李颖译，社会科学文献出版社，2010。
② 〔法〕贝尔纳·古奈：《反思文化例外论》，李颖译，社会科学文献出版社，2010。

措施可以偏离 GATT 和 GATS 规定的义务。学界认为，文化产品的文化性和社会性的要求正好可以适用"公共道德例外"条款。但在 WTO 争端解决机制中，利用"公共道德例外"抗辩成功的案例仅为少数。虽然有"一般例外"等条款的支撑，成员似乎未能说服上诉机构文化产品和服务应不仅考虑经济价值且需考虑非经济价值。在贸易目标和非经济的目标之间，上诉机构总是偏向于贸易目标。

WTO 对于文化例外的严苛，在一定程度上促使更多成员更愿意成立关税同盟或自由贸易区，因为 GATT 1994 第 24 条显示，其他缔约方对于某一关税同盟或自由贸易区内生效的贸易优惠措施，不适用"最惠国待遇"的条款。因此，欧盟在文化贸易政策的制定上比其他经济体更具主动权，其进口管制等电影资助政策在 WTO 框架下具备合法性。

（三）联合国《文化多样性公约》与文化贸易自由化

联合国教科文组织《保护和促进文化表现形式多样性公约》（以下简称《文化多样性公约》）于 2005 年通过，2007 年 3 月，不到两年时间内公约缔约方就达到生效条件要求的 35 个国家。中国也是缔约方之一。《文化多样性公约》对文化多样性的实践做出诸多贡献，被视为对 WTO 规则在文化贸易领域的法律补充。一是承认了文化产品和服务的双重属性。公约序言第 18 项提出"（公约）确信传递着文化特征、价值观和意义的文化活动、产品与服务具有经济和文化双重性质，故不应视为仅具商业价值"。二是明确了国家对文化贸易的管制型措施、财政资助措施的合法性。包括第 1 条第 8 款、第 6 条第 1 款等，第 2 款以非穷尽的列举方式对上述文化政策措施加以概括，例如提供公共财政资助的措施。三是对缔约国提出了保护脆弱文化表现形式的义务。公约强调了市场的力量，也指出了市场的缺失，认为在一些文化表现形式处于弱势的情况下，国家干预对于文化表现形式多样性是必要的。《文化多样性公约》能够成为 WTO 条款解释的补充手段。公约第 20 条指出公约与其他条约的关系是相互支持、互为补充和互不隶属。WTO 方面，对于其他条约的引用也是开放的。早在 20 世纪 90 年代的多个案例中，WTO

上诉机构都曾明确表示 WTO 法不应与国际公法割裂开来解读。[①] 1998 年"美国海虾海龟案"是国际公约成为 WTO 术语解释依据的经典案例，裁决中引用《联合国海洋公约》《生物多样性公约》等多个国际条约分析"可用竭自然资源"概念。目前尚未有案例援引《文化多样性公约》，但可以尝试作为今后文化贸易争端的抗辩理由。

《文化多样性公约》虽已生效，但仍停留在原则性层面，对文化贸易自由化的操作指导性不强，且世界最大的文化输出国美国、日本并非该公约的缔约国，使之约束力十分有限。文化贸易多边机制的难产主要掣肘因素是文化产品和服务的门类太广，各类文化产品和服务的衡量标准不同，在识别技术上尚未形成统一规则。为各国多边文化交流搭建平台，加强跨国文化发展合作，准确把握各国文化特质和发展需求，或将成为文化贸易多边机制建设的突破口。

三　自贸试验区在"一带一路"文化贸易自由化中的地位和作用

国际贸易自由化的实践发展产生两种类型的自由贸易区：自由贸易区（Free Trade Area，FTA）和自由贸易园区（Free Trade Zone，FTZ），在中文翻译中均简称为自贸区，但适用的自由贸易制度和存在形式均不相同。我国自 2013 年以来在上海、广东、天津、福建、辽宁、浙江、河南、湖北、重庆、四川、陕西等地设立的自贸试验区，均属于自由贸易园区的范畴，我国设立自贸试验区更强调其"试验"功能，本着"边试点、边总结、边推广"的工作思路，通过其实践为全国全域的高度开放提供依据。

[①] See Appellate Body Report, *United States-Standards for Reformulated and Conventional Gasoline*, para. 17, WTO Doc. WT/DS2/AB/R（adopted Apr. 29, 1996）; see also Appellate Body Report, *Japan-Taxes on Alcoholic Beverages*, para. 10 - 12, WTO Doc. WT/DS8/AB/R（Oct. 4, 1996）.

（一）中国与"一带一路"沿线地区文化交流合作基础

2018年是"一带一路"建设五周年，作为促进民心相通的重要举措，中国高度重视与"一带一路"沿线国家的文化交流合作。截至2016年底，中国已与"一带一路"沿线60多个国家签订了政府间双边文化交流合作协定，并建立了各种文化议题的区域性对话机制，如上海合作组织成员国文化部长会晤、中国—中东欧国家文化部长合作论坛、中阿文化部长论坛、中国与东盟10+1文化部长会议等，这些机制从政府层面保证了"一带一路"国家文化合作的根本框架。中国在"一带一路"沿线地区设立中国文化中心，使各国人民零距离接触和了解中国文化。预计到2020年，"一带一路"沿线的中国文化中心数量将达到24个。[①] 中国对"一带一路"愿景与行动的积极推动已经向有关区域展示了中国对扩大开放、共享全球化成果、构建人类命运共同体的决心，"一带一路"沿线地区对中国的文化理念和施政方略产生了更深的认识和接纳。中国文化产品在文化保护色彩最为浓厚的阿拉伯地区也打开了市场。中国图书翻译成阿文后，大多数在埃及等国销量都能超过1万册，甚至达到2万册，进入畅销书行列。[②] 中国和"一带一路"沿线国家的文化产业、文化贸易合作日益密切，逐步树立在有关地区文化交流合作中的大国威信，为中国在"一带一路"文化贸易自由化规则制定中发挥主导作用打下良好基础。

（二）自贸试验区的管理体制及其开展文化贸易试验的优势特征

1973年海关合作理事会在日本京都通过的《关于简化和协调海关业务制度的国际公约》（《京都公约》）指出："自由区是指缔约方境内的一部

[①] 中国新闻网：《中国已和"一带一路"沿线60多个国家签订文化交流合作协定》，2017年5月11日，http://www.chinanews.com/gn/2017/05-11/8221591.shtml，2018年10月12日访问。

[②] 朱磊、李亚楠、张丹华：《中国同60多个"一带一路"沿线国家签订文化交流合作协定》，《人民日报》2017年5月17日。

分，进入这部分的任何货物，就进口关税而言，通常视为关境之外，并免于实施通常的海关监管措施。"由此发展而来的自由贸易园区（简称"自贸区"），即为一国或地区在己方境内划出的特定区域，对进入区内的货物和经营行为在货物监管、企业设立、税收政策、外汇管理等领域实施优惠的经济政策、便利化的管理体制和提供高水平的商业基础设施及服务。

自由贸易园区实行"一线放开，二线管住，区内自由"的管理模式，俗称"境内关外"。其中，"一线放开"是指对境外进入自由贸易园区的货物，海关实行备案管理不查验货，检验检疫部门只检疫不检验；"二线管住"是指货物从自由贸易园区进入国内非自由贸易园区或者国内货物从非自由贸易园区进入自由贸易园区时，海关依法征收相应的税收，同时对出区的货物实行严格监管，防止走私。"区内自由"是指区内企业自主管理，海关对企业处置区内货物不加监管，投资、经营、贸易、融资和人员进出等高度自由。

自由贸易区和自由贸易园区都是一国或地区为了降低国际贸易成本而实施的促进贸易举措，但相较而言，自贸区（FTZ）在法律依据、管理体制、区域范围等方面更为灵活，成为各国通行的促进国际贸易及投资的重要手段之一。自贸区的特点包括以下几方面。

一是自贸区由单个主权国家（或地区）通过国内立法而设立。一国或地区对自贸区的设立具有完全的决定权，无须经过多边贸易谈判，设立程序较为简便。

二是自贸区内自由贸易。自贸区的范围是单个关税区域内划定的小范围区域，从境外进入该区域的货物视同仍在境外，免于海关监管。区内资金流动、人员进出、企业经营都享有高度自由、宽松和市场化的关境。

三是自贸区的核心政策以面向全球的海关保税、免税政策为主，辅以所得税税费优惠等投资政策，并不对原产地或投资来源国（或地区）做出特别要求，能够最大限度地强调经济自由。

（三）自贸试验区对促进"一带一路"文化贸易自由化的作用分析

文化贸易相关的多边贸易规则制定处于停滞状态。从文化贸易自由化的理想到文化贸易的现实运作缺乏一座过渡桥梁，以化解各国对于文化侵略的担忧，消除实操层面的贸易技术难题，自贸试验区则能够成为这座桥梁。

首先，运用自贸区管理体制有利于文化贸易自由化谈判的破局。后金融危机时代，主要经济体占领全球贸易格局高点的博弈加剧。国际文化贸易自由化的谈判胶着，谈判各方均有自身的诉求和顾虑，意见非常难统一。在贸易自由化进程中，主权国家的利益博弈往往是进程阻滞的最大障碍。以单一主权国家为设立主体是自贸区的重要特征之一，利用自贸区发展文化自由贸易，不仅在设立流程上绕开多边协议难以达成的障碍，各项管理制度也仅需以国内立法程序颁布，对各国文化产品和服务一视同仁，为文化贸易提供自由、平等、高效的发展环境，为文化贸易自由化提供优质的实验场。

其次，自贸区为集中接受世界各国文化溢出和技术转移搭建平台。供给国际贸易的文化产品和服务绝大多数都是体现一国文化精髓的文艺精品。自贸区开门迎客，使国家在家门口网罗世界文化的多样性。从表层的文化表现形式、艺术表现技术的交流，到深层的文化内容的阐释、文化理解的实现，都集成在自贸区的文化贸易市场中。一方面，文化交流可在自贸区平台上深入发展。东道国与文化产品来源地之间，各文化产品来源地之间有充分的交流空间和机会。另一方面，文化产品和技术在自贸区平台上获得最高效的扩散。不仅能够一次性面对全球买家进行展示，还能够就地找到当地适宜的供应商扩大生产。无论是贸易者、供应商、技术员工还是管理者都能在此大量的贸易业务中迅速成长。

再次，自贸区为国家参与世界文化多样性建设、提高文化软实力提供战略基础。实践经验证明，文化贸易国际规则的制定不能一蹴而就，贸易谈判的各项内容都应基于大量可靠的实操层面检验。"边试点、边总结、边推广"应该成为文化贸易规则制定的工作思路。自贸区不断产生可复制可推广的文化贸易运作经验，其东道国即掌握最鲜活的文化贸易案例数据，对相关规则的制定具有巨大的说服力，一些成熟的贸易惯例甚至可以直接转化为正式的贸易规则。同时，东道国开放包容的发展姿态也能为世界各国所认可，在文化贸易领域享有更大的信誉和号召力，从而掌握全球文化贸易规则制定的话语权。

四 "一带一路"文化多样性视角下自贸试验区文化贸易制度创新路径探讨

（一）自贸试验区文化贸易制度创新的路径布局

综合运用自贸试验区的文化转口贸易优势和中国承接文化外包服务生产技术优势，以"一带一路"文化消费市场为支撑，持续探索文化贸易自由化制度创新，不断增强国际文化贸易和投资活跃度，提升自贸试验区作为国际文化贸易和交流中心的枢纽力、辐射力和影响力，打造国际文化多样性和贸易自由化协调发展示范区，为加强我国与世界各国的文化理解、文化共存和文化互鉴，增加国家文化软实力，从而为深入参与全球治理体系建设营造良好的国际环境。

具体来看，我国自贸试验区文化贸易制度创新路径可分为三步走。

第一阶段，以四大自贸试验区为龙头，按区域文化贸易特色优势确定自贸试验区的文化贸易试验分工。用3~5年，上海自贸区着重打造艺术品贸易试验，天津自贸区着重打造休闲旅游和文化演艺试验，广东自贸区着重建设粤港澳大湾区文化贸易和消费自由化核心区，福建自贸区则面向台湾地区推进文化娱乐业的自由贸易探索，形成可复制的制度创新经验向全国自由贸易试验区推广。

第二阶段，支持自贸试验区联动发展打造离岸文化中心和国际文化枢纽。再用3~5年，实现国内自由贸易试验区文化要素联动发展，面向全球外资最大限度开放文化贸易和投资，建设开发利用国外的文化资源生产文化产品，再投向国际市场的离岸文化中心；以"一带一路"地区为重点，吸引各国文化精品在自贸试验区展示、交流、贸易、传播，打造"一带一路"国际文化枢纽。

第三阶段，建设国际文化多样性和贸易自由化协调发展示范区。从主要文化贸易伙伴国家或地区入手，不断向国际社会推广我国自贸试验区文化贸易自由化探索成绩，以及在自贸试验区开展贸易交流的各国文化产品及文化精神，在国际上形成一定的号召力，打造国际文化多样性和贸易自由化协调发展示范区，以"中国案例"为典范，推动各类（尤其是中国与世界各国的）文化贸易自由化协定议定及管理实施取得突破性进展。

（二）自贸试验区文化贸易制度创新的对策建议

现阶段我国与"一带一路"沿线地区的文化贸易尚处于起步阶段，贸易自由化制度创新应从最基本的行政审批制度创新、文化产品及服务流通监管、文化从业者和消费者出入境便利化、文化信息共享平台、文化产业"走出去"扶持等方面展开。

创新文化贸易行政审批制度，为"一带一路"文化作品提供更多展演和贸易机会。内容审查目前仍是自贸区文化产业投资及经营活动的必经环节，配额制度保证内地作品占自贸区流通文化内容产品的半数以上。内容审查制度进一步创新可探索分类配额制。分类标准一是按照展演的目的为交易或大众消费目的不同设置不同的配额，对不进入国内市场的文化中转贸易、文化产品加工贸易等，适当放宽限制；二是按照文化同源性将文化内容产品分为几大地域而设置不同的配额分配，对外国小众文化作品配额倾斜，鼓励其在自贸试验区的展演。对于经营性演出等需要逐级报批的经营活动，争取省级管理权限下放，纳入电子化申报渠道，减少审批环节及流程耗时，鼓励高水平的著名商业演出在自贸试验区开展，带动区内文化从业者的技能提高。

创新文化产品和服务流通监管措施，改善文化贸易投资的营商环境。完善通关便利化措施并推进外汇管理便利化。对从事文化出口业务的相关人员，可简化手续，快速审批。完善文化产品出口的通关管理措施，提高通关效率。探索实施为文化出口重点企业信用背书机制，为其提供海关便捷通关措施。为文化产品出口提供24小时预约通关服务等便利措施，并对其中一些文化产品实行集中申报管理。对文化企业需暂时出入境参与出境演出、展览、进行影视节目摄制和后期加工等货物，按照规定加速验放。在政策保障方面，应加强文化贸易知识产权保护，积极开展知识产权法律法规宣传，加大力度查处侵权盗版案件，及时提供海外知识产权法律咨询，支持文化企业开展涉外知识产权维权工作。

创新文化从业者和消费者出入境便利化措施，提升"人"的满意度。文化产业是面向人的产业，尤其是文艺展演、休闲娱乐等文化服务，生产与消费过程合为一体，表演者和消费者在自贸试验区的活动对过境需求非常高。对于非内地居民的文化从业者，可以探索在自贸区备案的所属企业或组织为其办理工作签证或签注，采用组织担保的形式快速办理出入境手续。对于非内地居民的文化消费者或专业观众，可在活动向自贸区管理部门备案后，凭活动门票等入场凭证办理活动期间的落地签证停留。由此便利世界各国人士来华欣赏高水平的文艺精品。

建设文化贸易投资信息共享平台，营造有利于文化多样性和文化贸易投资自由化的舆论氛围。充分发挥文化贸易"试验田"的功能，建立文化贸易投资信息共享平台，定期公布文化贸易和投资自由化重点制度创新措施，以及自贸试验区文化贸易和投资市场发展状况主要数据，向全球及时客观反映文化贸易和投资自由化探索的进展情况；实时更新世界各国在自贸试验区的文化交流、贸易及投资活动推广、执行情况，为世界文化多样性的传播提供一条新通道；邀请联合国教科文组织等世界各国文化发展研究机构来华与本地研究机构开展合作研究，总结文化贸易投资自由化发展的主要领域，提出分步式发展方案，为相关领域的国际实践打开思路。

加大对本土文化"走出去"能力的培育，提升中国文化核心竞争力。积极推动核心文化产品与服务出口。一是重点培育一批外向型文化内容出口企业和产业基地，发挥自贸试验区国际商品中转集散功能，支持自贸试验区创建国家级对外文化贸易基地；二是推动新闻出版、广播影视、文化艺术、动漫游戏、创意设计等文化内容产业走品牌化、国际化道路，着力打造一批具有较强国际影响力、较高国际市场占有率的文化企业和品牌，积极开发国外受众乐于接受的文化产品和服务；三是定期发布《文化出口重点企业目录》和《文化出口重点项目目录》，建立和完善文化产品数据库，加大对入选企业和项目的政策扶持力度；四是鼓励和引导具有一定国际影响力、行业带动力强的外向型文化企业和机构进驻，提高本土企业承接国际文化生产的能力，接受高水平企业的知识外溢，加速自身成长。

参考文献

贝尔纳·古奈:《反思文化例外论》,李颖译,社会科学文献出版社,2010。

蒙英华:《自贸试验区背景下中国文化贸易发展战略研究》,格致出版社,2016。

孙南翔:《文化与FTAs:文化贸易规则的制度实践》,《国际商务——对外经济贸易大学学报》2015年第4期。

吴承忠、牟阳:《从WTO与"文化例外"看国际文化贸易规则》,《国际贸易问题》2013年第3期。

谢晓娟:《文化多样性与当代中国软实力建设》,人民出版社,2015。

赵如涵、吴心悦:《全球贸易中的"文化例外"原则与中国文化产品"走出去"》,《国际传播》2017年第6期。

Appellate Body Report, Canada-Certain Measures Concerning Periodicals, WORLD TRADE WT/DS31/AB/R (30 June, 1997) 25.

Appellate Body Report, China-Measures Affecting Trade Rights and Distribution Services for Certain Publications and Audiovisual Entertainment Products, p. 195, WTO Doc. WT/DS363/AB/R (Dec. 21, 2009).

Appellate Body Report, United States-Standards for Reformulated and Conventional Gasoline, para. 17, WTO Doc. WT/DS2/AB/R (adopted Apr. 29, 1996).

Appellate Body Report, Japan-Taxes on Alcoholic Beverages, para. 10 – 12, WTO Doc. WT/DS8/AB/R (Oct. 4, 1996).

Gilbert Gagne. Free Trade and Cultural Policies: Evidence From Three US Agreements [J]. Journal of World Trade, 2011, 45 (6): 1268 – 1283.

Jesse Chu-Shore, Homogenization and Specialization Effects of International Trade: Are Cultural Goods Exceptional? World Development Vol. 38, 2010, No. 1, 37, 38, 45.

Lilian Richieri Hanania. Cultural Diversity and Regional Trade Agreements: The European Union Experience With Cultural Cooperation Frameworks [J]. Asian Journal of WTO & International Health Law and Policy, 2012 (7): 431 – 442.

Liz Schéré. The Cuture War: A Look at the Cultural Exception Principle in International Trade Law [J]. Fordham International Law Journal, Volume 40, Issue 2.

Panel Report, United-States-Measures Affecting the Cross Border Supply of Gambling and Betting Services, WT/DS285/R (Nov. 10, 2004).

Venkatesh Bala & Ngo Van Long, International Trade and Cultural Diversity with Preference Selection [J]. European Journal of Political Economy Vol. 21, 2005.

B.4 "一带一路"背景下的广州—南太平洋岛国文化交流研究

贾云平*

摘　要： 南太平洋岛国是21世纪海上丝绸之路建设重要组成部分。作为中国大陆最靠近南太平洋地区的城市之一，广州加强与南太平洋国家合作具有特别重要的意义，有利于广州发挥战略区位、产业经济、人文亲缘、人才储备优势，增强其当代海上丝绸之路枢纽城市功能；有利于文化创意产业"走出去"、创新开放型经济体制机制，大幅提升其在全球城市群中综合影响力。报告建议以斐济的苏瓦为广州进出南太平洋地区的门户，设置常设机构，选派文化专员，与当地政府及民间机构建立稳定联系，精心构筑友谊桥梁。在条件相对成熟的城市，探索实施差异化合作机制，开展遗产保护、艺术创作、文化旅游等领域的合作。编制广州—南太平洋岛国文化交流一揽子行动计划，增强对外文化交流合作计划的全局性和前瞻性。

关键词： "一带一路"　南太平洋岛国　文化合作

21世纪海上丝绸之路建设，是新时期我国创建对外开放全新格局的重大国家愿景。2018年3月7日上午，国家主席习近平来到十三届全国人大

---

* 贾云平，广州市社会科学院哲学文化研究所副研究员。

一次会议广东代表团作重要讲话,明确要求广东以更宽广的视野、更高的目标要求、更有力的举措推动全面开放,积极参与"一带一路"建设,发展更高层次的开放型经济。结合《推动共建丝绸之路经济带和 21 世纪海上丝绸之路的愿景与行动》将"从中国沿海港口过南海到南太平洋"作为海上丝绸之路合作的重点方向之一,我们认为在扩大对外经贸合作的同时,加强与南太平洋岛国之间的文化交流同样具有重要意义。在全球化语境下,在当代海上丝绸之路建设过程中,如何处理广州与南太平洋地区不同文明间的关系,建立文化交流机制,创新文化共享模式,为经贸合作减少社会风险,值得各界关注和研究。

一 南太平洋岛国的区位优势与文化多样性

南太平洋地区地域辽阔,由 1 万多个岛屿组成,陆地总面积 55 万平方公里,人口 750 多万,由巴布亚新几内亚、斐济、萨摩亚、汤加、瓦努阿图等 27 个岛屿国家和地区组成。由于地处烟波浩渺的大洋中心,国小民寡,交通阻隔,历来少人问津,很少引起中国学界关注,对这些国家的研究极其薄弱。事实上南太平洋岛国在地理、经济、政治、文化等领域具有独特的重要性,将其纳入"一带一路"建设领域,既体现了国家不分大小、人口无论多寡的平等、包容、共享的发展理念,又有利于各方在市场、资金、技术和资源要素合作方面实现高度的互补发展。

(一)南太平洋岛国在经济、政治领域具有独特重要性

南太平洋地区拥有丰富的自然资源,可供开发利用价值潜力大,对广州企业具有重大吸引力。如巴布亚新几内亚石油、天然气蕴藏丰富,黄金储量 3110 吨,原油储量 6 亿桶,还有富金矿、铬、镍、铝矾土、海底天然气等资源。斐济则拥有丰富的林业、渔业和矿产资源。南太平洋岛国大部分陆地狭小,但拥有大量的海洋专属经济区(如图瓦卢,陆地面积仅 26 平方公里,专属经济区 75 万平方公里),洋面辽阔,盛产金枪鱼、海参、

巨蚌等海产品，海产资源极其丰富，其中仅帕劳的金枪鱼年捕鱼量就达到7万吨。南太平洋岛国旅游文化资源丰富，拥有太平洋地区最好的海洋生态系统，旅游业是该地区的支柱产业之一，部分国家旅游业占GDP的比重超过50%。其中斐济约有4万人在旅游部门工作，占就业人数的15%。2017年斐济接待境外游客84.3万人次，旅游业收入18亿斐元，是斐济最大的外汇收入来源。越来越多的广州新人把帕劳、斐济、汤加等南太平洋岛国当作蜜月旅行的目的地。

南太平洋岛国在国际事务与全球治理上是一支重要力量。常驻联合国的斐济代表彼得·汤姆森荣任第71届联大主席；"第三届小岛屿发展中国家国际会议"在萨摩亚顺利召开；2018年APEC峰会则由巴布亚新几内亚成功举办。尤其在全球环境治理方面，小小岛国拥有足够的发言权，设立了有全球广泛参与的太平洋岛国论坛机制，包括中国、日本、韩国、印度、德国、法国等大国都与太平洋岛国论坛建立了重要对话机制。

（二）南太平洋岛国拥有丰富的文化多样性

文化多样性是人类文明进步的重要动力。南太平洋岛国由于地理阻隔，在漫长的生存发展过程中，逐步形成了缤纷的本土文化，包括独特的风土人情、宗教、民族习惯等，如瓦努阿图拥有历史悠久的以酋长制度为代表的美拉尼西亚文化，土著斐济人终年与森林、大海相伴，形成了独特的神话故事、渔猎生活以及"走火"舞蹈，巴布亚新几内亚东部中央高地的土著部落至今保留着原始的婚丧、饮食、社交习俗及禁忌。南太平洋岛国还拥有一批闻名全球的文化遗产，如库克群岛的早期农业遗址、莱武卡历史港口镇、密克罗尼西亚庆典中心等。这些文化景观无不散发着纯真质朴的芳香，在全人类面临深刻的文化危机形势下，加强交流合作，保护这里的文化多样性从长远来看将惠及整个人类。南太平洋岛国还培育了浓厚的生态文化氛围，丰富多彩的生物物种，原始稳定的生态系统，是维持整个地球生态系统安全稳定的重要组成部分（如世界自然遗产所罗门群岛的东伦内尔岛、基里巴斯的菲尼克斯群岛保护区、帕劳的岩石岛南潟湖等）。

（三）南太平洋岛国是建设"21世纪海上丝绸之路"不可或缺的组成部分

自1990年以来，中国高度重视发展与南太平洋岛国的合作关系，连续出席了第2届到第15届太平洋岛国论坛首脑会议，加强了与该地区成员国的合作关系。2006年4月，国务院总理温家宝率领200多人的代表团出席了在斐济召开的"中国—太平洋岛国经济发展合作论坛"，同8个建交南太平洋岛国共同签署了《中国—太平洋岛国经济发展合作行动纲领》。2013年11月广州举行了第二届"中太论坛"，中国政府宣布了支持太平洋岛国经济社会发展的一系列措施，包括向建交岛国提供10亿美元优惠性质的贷款，为岛国援建医疗设施，派遣医疗队，援建一批小水电、太阳能、沼气等绿色能源项目，协助开展环境保护和防灾减灾。2014年11月21～23日，国家主席习近平对斐济进行国事访问。尤其需要关注的是，2017年6月国家发改委和国家海洋局发布了《"一带一路"建设海上合作设想》，文件倡导与21世纪海上丝绸之路沿线各国开展全方位、多领域的海上合作，推动建立互利共赢的蓝色伙伴关系。文件首次提出建设三条蓝色经济通道，其中重要的一条就是经南海向南进入太平洋，即中国—大洋洲—南太平洋蓝色经济通道，通过保护海洋生态环境、发展蓝色经济、实现海上互利互通，为南太平洋岛国提供一个联动的实践平台，促进中国和南太平洋岛国间经济、社会和文化领域的紧密合作。至此，"一带一路"南太平洋路线基本形成。

综上所述，在过去十多年里，中国政府一直致力于维护提升与南太平洋岛国的关系，提供了各种援助，包括赠款贷款、基础设施建设、医疗服务、开展政府合作、为岛国学生提供赴华留学奖学金等。从政府到民间不断增加的交流已经为文化传播合作提供了合适的土壤。

二 广州在南太平洋岛国文化合作中的使命和机遇

（一）广州被赋予21世纪海上丝绸之路建设主力军的历史使命

2017年6月，国家发改委、国家海洋局印发《全国海洋经济发展"十三五"规划》，广州被赋予全国新一轮改革开放先行地、国家海洋经济国际竞争力核心区、"21世纪海上丝绸之路"重要枢纽的历史使命。作为海上丝绸之路重要的始发地之一，广州自古以来为中华文明与世界文明的交流发挥着重要的窗口作用。改革开放以来，广州凭借地缘优势与国际接轨，敢为人先，开拓进取，肩负起中国改革开放探路先驱的职能，在经贸投资、文化合作方面形成了突出优势，积累了大量成功经验。通过整合跨境资源、广泛开展国际合作、汲取海外优势资源，广州的出口创汇从1978年的2.5亿美元发展到2016年的7789亿美元，成功跃升为辐射东南亚地区、中国最具影响力最有活力的海洋枢纽城市。目前广州企业正从"走出去"向"融进去"转变，配置要素、全产业链输出、软硬实力"走出去"相结合，逐步发展成为国内与东盟、南亚、南太平洋国家经贸合作最重要的城市。

（二）广州具备辐射南太平洋地区的区位优势

与南太平洋岛国加强文化交流，便于广州发挥战略区位、产业经济、人文亲缘、人才储备优势，成为当代海上丝绸之路辐射强劲的枢纽城市。作为中国大陆最靠近南太平洋地区的城市之一，广州长期以来是南太平洋岛国经贸投资最重要的合作城市，以广州为代表的湾区企业已成为开发南太平洋地区贸易、基建、物流、旅游领域的重要力量。广州拥有一大批专事海外拓展的人才和扎根国外的企业，在对外经贸合作与文化交流方面具有非常丰富的经验，他们积极投资基建、渔业、教育、旅游、文化等领域，为当地经济发展和社会进步注入活力。由于历史原因，粤侨成为南太平洋地区最早生根落户的华人，其在经济活动、文化传承、人脉血缘方面与广州具有天然亲缘。实践国家"一带一路"

海上合作设想，显然广州无论在战略区位、人脉亲缘、涉外经验还是人才储备方面地位突出，具有担当 21 世纪海上丝绸之路建设排头兵的显著优势。

（三）与南太平洋岛国开展文化交流，是引导文化创意产业"走出去"、提升广州城市软实力的重大机遇

相对于南太平洋岛国，广州经济社会发展水平具有相对优势，正可以"一带一路"建设为契机，将优势产业、产品、资本、服务等进行输出，稳步形成产业集聚和示范效应，进而推动与周边更多国家的合作，从基础设施建设、经贸物流、海洋经济延伸到旅游开发、文化创意、传媒影视等领域，使广州成为本土文化企业走向南太平洋的前进基地，担当起国家全方位对外开放的前沿角色。作为新时期中国与南太平洋地区合作的重要节点城市，通过深化改革、扩大开放，培育新型经济体制机制，提升科技创新力度，广州也必将大幅提升其在全球城市群中的综合影响力。

（四）文化先行，有利于广州—南太平洋岛国形成民心相通的基础

对外经贸合作需要避免不必要的社会风险。南太平洋岛国虽然国小，然而海域辽阔，社会复杂，民族和宗教差异大，岛国的利益诉求、行为模式及政治立场都存在差别，城际交流客观上会面临着诸多地缘风险、社会风险、法律风险。通过积极持久的文化交流、文化合作，发挥文化的融合功能，在不同民族间增进亲和力、汇聚共识、集聚力量，并使之成为文化、经贸、政治、社会等各领域交流合作的"催化剂"。文化先行将为广州—南太平洋岛国合作打下广泛社会基础，使"一带一路"真正成为政策沟通、设施联通、贸易畅通、资金融通、民心相通之路，实现各领域的合作共赢、互利共荣。

三 需要正视的问题和瓶颈

由于不同的文化传统、辽阔的地域间隔及基础欠缺，广州与南太平洋岛国发展文化交流仍然面临着一系列亟待解决的瓶颈问题。

（一）文化传统不同，价值观差异大

南太地区文化受英、美影响，在文化上与英美文化更多相似性，与中国文化存在一定的差异性。文化传统的差异性导致我们与南太平洋岛国各民族在文化价值、审美及传统思维方式上存在一定的差异，这就要求我们与南太岛国的文化交流合作必须以更宽广的胸怀、更灵活的方法，因地制宜，走多样化、特色化道路；通过对南太平洋岛国当地文化的深入研究，充分认识岛国的文化背景和价值特色，以提升文化合作交流的效率。

（二）文化交流的基础相当薄弱

广州现有友好城市37个，友好合作交流城市33个，遍布亚洲、美洲、欧洲及大洋洲，但是在南太平洋岛国则近乎空白，仅有苏瓦（斐济）一城为友好合作交流城市。南太平洋岛国汉语传播的基础环境薄弱，仅有一所位于斐济的孔子学院，仅有个别国家可以接收中国中央电视台的卫星频道（汤加、瓦努阿图）。南太平洋地区岛屿众多，华人总数不多并且分散，文化传播的中文环境并不理想，这直接制约了文化交流融合的成效。

（三）文化交流范围比较狭窄，交流层次缺乏多样性

在中国文化推广方面，目前仍然面临着推广内容单一、推广渠道狭窄、活动方式缺乏灵活性的问题。当地居民对广州文化的理解简单地停留在粤菜、饮茶等方面，而对中华文化中的核心价值理念如仁爱、民本、诚信、正义、大同等却很难理解。缺乏新意的交流活动很难吸引更多的当地人对中华文化学习交流的热情。在这样的现实背景下，与当地发展文化合作，显然需要正视问题的存在、找到解决问题的抓手，才能有效地引导今后的文化交流事业。

四 加强广州—南太平洋岛国文化合作的几点建议

(一) 以斐济的苏瓦市 (Suva) 为中心，布点南太平洋地区友好城市

友好城市兴起于二战结束后的欧洲，经各国数十年来的实践推广，目前已经成为各国城际交流合作、增加友谊的重要平台。2016年广州市与斐济苏瓦市签署了《中华人民共和国广州市与斐济共和国苏瓦市加强合作交流备忘录》，广州—苏瓦正式缔结为国际友好合作交流城市。苏瓦是南太平洋岛国最大的都市中心和交通中心，其海港码头可停泊5万吨级巨轮，楠迪机场可起降波音747飞机，苏瓦因此号称"南太平洋上的纽约"。苏瓦还是斐济的政治中心和南太平洋地区的文化中心，许多外国使馆及一些国际组织的代表机构常设于此，著名的南太平洋地区论坛等地区性会议经常在此召开，华人与这座城市也素有渊源。苏瓦拥有著名的斐济博物馆和苏瓦古代文化中心，保存有丰富的土著遗风和民俗文化活动。建议以苏瓦为广州进出南太平洋地区的门户，设置常设机构，选派文化专员，与当地政府及民间机构建立稳定联系，精心构筑友谊桥梁。通过苏瓦常设机构，每年筹划一批文化交流活动，如主办国际文化研讨会、海洋旅游洽谈会，出席城市重大纪念庆典等交流活动，举办民族风情演出和文化考古展览等。

同时可以试点在汤加、帕劳、基里巴斯等旅游条件相对成熟或华侨华人相对集中的国家积极寻找2~3个合适的城市大学，签署交流协议，设置若干个"广州文化中心"，除展示中华文化成就外，同时参与当地的各项文化交流活动。稳步拓宽交流渠道，引导企业、大学、民间组织在经济、科技、教育、文化、卫生、体育、环境保护和青少年交流等各个领域开展合作，以此增进广州—南太平洋岛国人民之间的相互了解，建立友谊。

(二) 实施差异化合作机制

南太平洋国家之间存在较大的差异，既有相对发达的国家，也有发展水

平较低的国家；既有邦交成员国，也有非邦交国家。这些差异决定了广州在与不同国家合作时面临的问题和挑战不同，需要正视合作模式、合作领域的差异，分类施策，提升合作的整体效果。目前在文化交流领域，可以先在条件相对成熟的城市，探索建立艺术节、电影节、美术馆、博物馆、音乐创演等五大合作机制，具体内容包括组织协调、资源汇聚、版权保护、服务运营等机制构建。通过稳步建立城际文化合作机制，灵活运用现代交流技术和交流媒介，推动广州与南太平洋国家城市在文化交流、遗产保护、艺术创作、文化旅游等领域的合作。在"一带一路"合作共享组织框架中，签订具有约束力的文化交流合作协议，推动城市间文化交流。

（三）编制广州—南太平洋岛国文化交流一揽子行动计划

拓展与南太平洋岛国的文化合作，应充分评估城市文化交流与文化产业合作发展基础，总结海上丝绸之路文化交流经验，增强对外文化交流合作的全局性、战略性和前瞻性。在制定中长期广州—南太平洋岛国文化交流规划的同时，合理编制文化交流、传媒合作、人才培训、法律咨询服务一揽子文化交流行动计划。优先试点在每年的5月21日"世界文化多样性促进对话和发展日"启动青年文化合作论坛，通过举办各类文化跨境论坛、本土文化社团负责人圆桌会议、友城青年文创论坛等活动，增强海内外青年交流，培育国际性文化交流合作的重要平台。深化在文化产业、文化项目、文化人才、文化信息等多方面的合作，有针对性地培育一批精品项目，打造多层次交流网络。我们认为，面向21世纪的广州—南太平洋海上丝绸之路其实就是一条开放、交流、融合的文化通道，它体现了政治上的共存、经济上的共荣以及文化上的互动特征，实施广泛的交流合作，将为广州参与全球化进程打开全新的多元文化视界。

（四）开展广州—南太平洋岛国文化合作专项调查研究

整体来看，有关与南太平洋岛国海上丝绸之路合作的各项调查研究多数还停留在宏观和概念层面，缺乏深入细致的分析，远未形成具有较强国际影响力的研究成果。今后需要组织专业力量开展更加深入的调查，充分发掘国内外智库的智力资源，为广州—南太平洋岛国合作提供更强的智力支持。近期可以由文化、外事部门牵头，组织科研院所、外贸、海关等相关部门形成课题小组，编撰南太平洋岛国文化贸易咨询报告、南太平洋岛国知识产权概况与管理体系等专项报告，主要研究内容应包括当地政治、经济、文化习俗、贸易政策、市场准入、技术标准、知识产权等，为参与南太平洋文化合作的机构提供智力支持。

（五）募集丝路文化专项基金（子基金）

2016年1月17日广东省政府常务会议审议并通过《广东丝路基金设立方案》。方案明确了广东丝路基金由广东省政府发起设立，按照市场运作、风险可控的原则运作。丝路基金的主要投资目标包括产业园区、重大基础设施、制造业等领域项目，但是对"一带一路"民心相通工程缺乏必要的关注。鉴于文化交流在推进海外合作方面将发挥不可或缺的作用，建议将文化合作纳入基金支持范围，或在基金总盘子内（母基金）专项募集文化交流资金（子基金）。秉持"文化先行"理念，明确该项基金的组织形式、管理模式、募集机构、基金收益模式及分配原则，通过积极运作专项基金，发挥其引导和杠杆作用，支持本地区相关组织（科研单位、高校、院团、民间组织）、企业赴南太平洋地区开展文化交流，推动多边国家间文化遗产的保护和文化多样性交流，为提升广州文化领域对外开放和合作水平奠定资金基础。

（六）筹建广州—南太平洋岛国文化合作专家顾问小组

在广州参与"一带一路"工作建设领导小组的基础上，以文化、外事、贸易部门为基础，筹建相对独立的专家顾问小组，其成员主要由国内外研究"一带一路"倡议的权威专家、知名企业家和熟悉广州对外合作情况的知名人士、媒体代表参与。建立并完善其工作制度，包括沟通协调制度、调研督查制度和联络员制度，做好咨询小组的工作计划及资金与人力资源保障。通

过建立与沿海城市在海上丝绸之路建设方面的信息沟通渠道，深入开展调查研究，统筹安排各项政策咨询、意见征集的综合协调工作，切实发挥咨政建言、增进理解、促进合作等重要功能。

参考文献

赵昌、许善品：《澳大利亚学者对"21世纪海上丝绸之路"南线的认知述评》，《国外社会科学》2017年第3期。

陈之林：《"一带一路"战略中的中华文化传播》，《文化发展论丛（中国卷）》2016年第1期。

刘建峰、陈德正：《中国与南太平洋岛国旅游合作形势与对策研究》，《中国市场》2014年第45期。

梁凤莲：《海上丝绸之路与广州对外文化交流——基于广州学的研究视角》，《当代广州学评论》2017年第2辑。

附件

表1　南太平洋岛国世界遗产名录

国家	遗产名	批准时间	遗产种类	主要内容
所罗门群岛	东伦内尔（岛）	1998年	自然遗产	东伦内尔岛位于西太平洋所罗门群岛的最南端，是世界上最大的由珊瑚堆积起来的环状珊瑚岛。这里自然环境异常恶劣，时常发生飓风，是一处真正的科学研究的天然实验室
瓦努阿图	马塔王酋长领地	2008年	文化遗产	马塔王酋长是17世纪初瓦中部地区最后一位至高无上酋长。酋长领地由居住地、死亡地和墓葬区组成，其中墓葬区为太平洋地区最大活人陪葬区，内有马塔酋长及50余名陪葬者遗骨
巴布亚新几内亚	库克早期农业遗址	2008年	文化遗产	库克早期农业遗址涵盖了新几内亚南部高地116处沼泽湿地，反映出沼泽湿地开垦农耕近万年的历史。库克是世界上为数不多的在如此长时间段内独立的农业实践的考古证据
马绍尔群岛	比基尼环礁核试验基地	2010年	文化遗产	1946~1958年，美国在此进行了67次核武器爆炸试验，爆炸总当量达到广岛原子弹爆炸的7000倍，对比基尼环礁的地质、自然环境和遭辐射人群的健康造成严重的影响。比基尼环礁成为原子时代到来的象征
基里巴斯	菲尼克斯群岛保护区	2010年	自然遗产	菲尼克斯群岛保护区是南太平洋上海洋和陆地生物的栖息地，是世界上最大的海洋保护区，内拥有保存完好的海洋珊瑚群岛生态系统
帕劳	岩石岛南潟湖	2012年	自然与文化遗产	—
斐济	莱武卡历史港口镇	2013年	文化遗产	19世纪早期欧洲和美洲移民在斐济群岛中建立的第一个定居点，斐济历史最悠久的城市
密克罗尼西亚	密克罗尼西亚庆典中心	2016年	文化遗产	建成时间在公元1200~1500年，是绍德雷尔王朝的庆典中心，展示了那个时代社会民间风俗和宗教仪式

资料来源：根据联合国教科文组织世界遗产中心网上资料整理。

表2 南太平洋岛国人口经济情况概览

国名	建交时间	首都	陆地面积（万平方公里）	海洋专属经济区（万平方公里）	人口（万）	国内生产总值（亿美元）	人均国内生产总值（美元）
斐济	1975年11月5日	苏瓦	1.8333	129	88.5	50	5761
萨摩亚	1975年11月6日	阿皮亚	0.2934	12	19.5	8.53	4350
巴布亚新几内亚	1976年10月12日	莫尔斯比港	46.28	310	740	202	2500
瓦努阿图	1982年3月26日	维拉港	1.22	68	28.2	7.7	2860
密克罗尼西亚	1989年9月11日	帕利基尔	0.0702	298	10.55	3.47	3400
库克群岛	1997年7月25日	阿瓦鲁阿	0.024		1.31	2.972	19500
汤加	1998年11月2日	努库阿洛法	0.0747	70	10.8	4.9	4700
纽埃	2007年12月12日	阿洛菲	0.026	260	0.1618（另1.2万人居住在新西兰）	0.2393	14800
基里巴斯		塔拉瓦	0.0811	350	10.8	1.8	1587
所罗门群岛		霍尼亚拉	2.84	160	59.9	12.38	2064
马绍尔群岛		马朱罗	0.01813	213.1	5.43	1.94	3665
瑙鲁		无	0.00211	32	1.1	1.02	7823
帕劳		梅莱凯奥克	0.0459	62.9	2.18	3.01	16700
图瓦卢		富纳富提	0.0026	75	1.1	0.3422	3083

资料来源：根据外交部网站资料整理。

融合发展篇

Integrated Development

B.5
推动广州文化产业与金融协同发展的机制和政策研究

顾乃华 程嘉嘉[*]

摘　要： 本文首先从产业协同发展的视角，分析了文化产业与金融协同发展的理论机制。然后，探讨了现阶段文化产业与金融协同发展的新趋势，并就粤港澳大湾区背景下广州如何实现两者之间的良性协同发展提供了新思路。本文认为，广州应主动把握粤港澳大湾区发展的历史机遇，深化区域合作，形成覆盖文化产业全生命周期的金融创新体系。在积极对接湾区资源的同时，广州文化企业应把握高新技术快速发展的契机，充分利用"文化+"的多元融合能力，提高核心竞争力，主

---

[*] 顾乃华，暨南大学产业经济研究院院长、研究员、博士生导师，研究方向为服务经济；程嘉嘉，暨南大学产业经济研究院硕士生，研究方向为产业经济。

动吸引资本。

关键词： 广州　文化产业　协同发展　粤港澳湾区　区域合作

文化产业作为战略性新兴产业，具有高知识性、高增值性、低能耗、低污染等特点，已成为不少发达国家和地区的支柱性产业。中国的"十三五"规划明确提出要大力发展创意文化产业，促进文化与科技、信息、旅游、体育、金融等产业融合发展，2020年，文化产业将成为国民经济的支柱性产业。同时，文化产业也具有轻资产、高风险的特点，资金问题一直是制约文化产业发展的主要问题。因此，文化产业自身的发展以及融合发展离不开金融支持，而文化产业的繁荣也能进一步增强金融市场的活力。近年来，我国各级政府纷纷出台了多项政策引导金融与文化产业协同发展。2010年3月，中国人民银行等九部委发布了《关于金融支持文化产业振兴和发展繁荣的指导意见》，首次从国家政策层面增加对文化产业的金融扶持。广东省市两级政府也在多个方面深入推进文化和金融的合作。2014年广东省发布《关于贯彻落实深入推进文化金融工作的实施意见》，2017年8月广州市金融工作局、中共广州市委宣传部等六部门联合印发《广州市推进文化金融融合发展的实施意见》。这些政策的颁布有力地推动了文化产业与金融的协同发展，"文化+金融"成为广州文化产业发展的亮点和重要成果，表1展示了部分文化金融成果。

表1　广州文化产业与金融协同发展部分成果

类别	时间	事项	备注
文化产业投资基金	2016年3月	成立广东南方媒体融合发展投资基金	广东首只百亿元媒体融合投资基金
	2016年7月	成立广东省新媒体产业基金	广东第二只百亿元媒体融合投资基金
	2017年9月	广州文化产业投资基金投入运转	广州市城发投资基金管理有限公司联合市属全资国有企业共同出资设立

续表

类别	时间	事项	备注
文化金融新业态	2011年6月	南方文化产权交易所揭牌	依托"互联网+文化+金融",首创权威鉴定、仓储交收、登记交易、资金清算的"四分离"制度
	2012年10月	广东第一只艺术品基金	广州市艺术品行业商会与工商银行联合推出
	2015年1月	书画"质押融资服务"	广东衡益拍卖行首度推出
	2018年	编制广州文化18指数	样本股为综合实力前18位的广州上市企业
文化金融机构/组织	2010年11月	南方文化产权交易所成立	代理版权的交易、采购、登记、认证服务等
	2017年5月	广州文化上市公司产业联盟成立	广州23家文化上市公司形成的产业合作和文化金融服务平台
	2017年11月	广州市文化金融服务中心成立	广东第一家综合性文化金融服务中心,由《广州日报》及广东省绿色金融投资控股集团有限公司共同出资成立
	2017年12月	广州文化产业交易会召开	广州第一届综合性展会,整合了广州9大交易会,如中国(广州)国际纪录片节、中国音乐金钟奖等
	2018年6月	举行"2018中国文创经济50人论坛——花都峰会"并成立中国文创经济研究院	广州文化产业专家库和广州市文化金融服务中心发起创立的非官方、非营利性的文创经济学术研究组织和学术平台
	2018年10月	"一带一路"文化金融合作联盟成立	成立于2018年广东21世纪海上丝绸之路国际博览会"一带一路"绿色产融合作论坛
	2018年11月	全国文化金融中心联盟正式启动	由多地文化金融服务中心、投资企业等发起,广州市文化金融服务中心担任理事长单位

资料来源:根据互联网资料收集整理。

随着粤港澳大湾区上升为国家战略,湾区城市的文化产业迎来了重大机遇,融资需求的跨区域与多样化特征明显,如何实现各城市间的有效合作以及实现产业间的协同发展成为各界重点探讨的问题。就广州而言,利用粤港澳大湾区建设的历史机遇,实现文化产业与金融的协同发展,不仅能充分发挥其作为文化枢纽的作用,助推湾区文化产业的跨越式发展,也有益于其自身金融的良性发展。

一 文化产业与金融协同发展机制

20世纪70年代,物理学家哈肯提出著名的"协同理论","协同"指协调两个或多个不同个体或资源,共同形成合力去完成某一目标。协同作用具体体现在系统中的每个个体通过协调合作,形成合力,进而促进系统整体的发展,系统中的个体也因此受益,从而带来全赢的结果。文化产业与金融产业作为协同体系中的两个子系统,厘清两者的协同发展机制对子系统之间协同良性发展至关重要。

20世纪80年代,学者们就意识到相对于其他产业,文化产业的融资具有特殊性。从文化产业的发展规律来看,文化产业具有典型的"三高一轻"特征,即高成长性、高创新性、高风险性、轻资产。[1] 这些特征使文化产业面临更大的不确定性,也直接导致了其融资难的问题。另外,金融产业的本质是实体经济增长的资本媒介,通过将社会储蓄转化为实体经济投资,促进生产要素的优化配置,提高经济运行效率,因此金融产业的发展水平与实体经济息息相关。基于文化产业与金融产业的特征,本文认为文化产业与金融协同发展的机制如图1所示。

(一)文化产业的良性发展及壮大离不开金融的长期支持

1. 文化产业相比于其他产业具有更大的风险

"文化产业"最早是由阿多诺和霍克海默在《启蒙的辩证法》中提出的,但不同的国家对"文化产业"赋予的内涵及外延不尽相同,如英国把文化产业等同为"创意产业",美国则等同为"版权产业"。从产业性质的角度来看,产业是"以投入一定的经济资源为代价,生产某类具有共同特性的产品的集合体",因此文化产业是国民经济中生产具有文化特性的服务

---

[1] 吴庆跃、纪盛:《文化金融发展的国际经验与中国实践》,《银行家》2018年第1期。

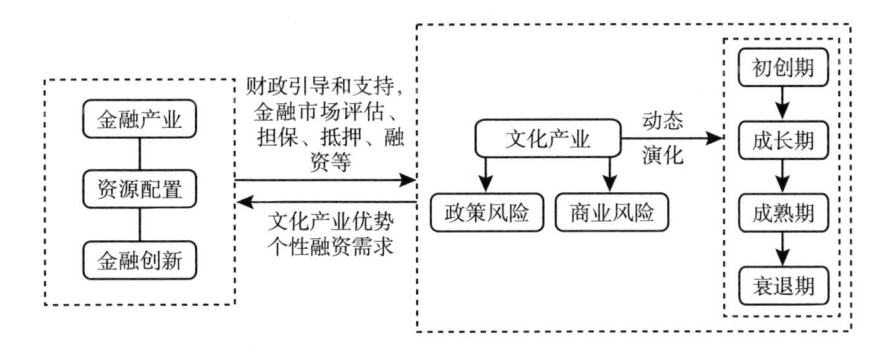

图 1 文化产业与金融协同发展机制

产品和实物产品的单位的集合体。① 在此概念下，文化产业包含了所有生产文化产品的部门，包括文化事业机构和文化企业。也有学者根据产品性质把文化产业组织分为公益性和经营性。无论是根据产业性质还是产品性质分类，文化产业兼具了社会性和经营性的特点，同时由于文化的重要性与特殊地位，相较于其他行业，文化产业面临更大的政策风险，因此也需要更大的财政资金引导和支持。

另外，文化产业"同心圆模型"认为：文化产业是一个以创造性为核心的同心圆，并且从中心向外移动时，创意的含量会逐渐减少。由于创意具有投入产出与市场反应的不确定性，以创意为核心的文化产业也因此面临更大的商业风险。而金融市场通过严密的评估、筛选等方法识别风险，再通过担保、融资等途径进一步分散风险，使资金流入相对有效率的文化服务产品中，壮大文化产业的发展规模和助推产业结构的优化，巩固其支柱性产业的地位。

2. 对文化产业的金融支持是一个长期的积累过程

根据产业生命周期理论，文化产业的发展可分为初创期、成长期、成熟期和衰退期。各个时期，文化产业的风险及资金需求程度都不相同，寻求的金融支持也各不相同（见图 2）。文化企业初创期，市场认同度普遍不高，

---

① 李江帆：《文化产业：范围、前景与互动效应》，《经济理论与经济管理》2003 年第 4 期。

风险较大，政府的政策引领和专项资金支持在此阶段起到至关重要的作用，此时政府的角色不仅仅是管理者，更是直接参与者。当文化产业进入成长期，其盈利水平得到了一定的提升，但为了进一步扩大产业规模，需要投入更多资金。当自身内部的资金和政府专项资金无法满足扩张需求时，需要拓展更多资金渠道，由于传统的融资渠道门槛较高，此阶段往往出现较多的金融创新。成熟期的文化产业一般规模较大且具有较为成熟的运作体系，善于借助外部优势资源维持竞争力。而此时文化金融的深度融合则摸索出更为完善的风险评估、信用评级、风险补偿等制度，多种类型的金融机构可以有效地识别文化产业的融资需求并提供更加多样化和特色化的金融产品。因此成熟期的文化产业具有更丰富的融资渠道和更高的资本参与度。

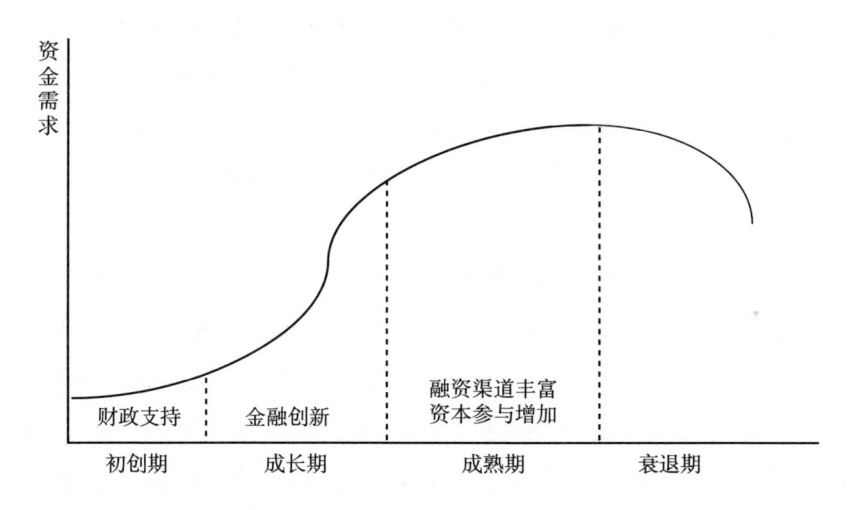

图2 文化产业生命周期资金需求及主要特点模式

（二）文化产业的发展有利于增强金融市场的活力

1. 文化产业的发展提升资金的有效配置

金融是经济运行的血液，金融体系的功能随着经济的发展不断演变与扩充，如随着货币出现的媒介与价值尺度等基础功能，随着生产力发展出现的中介与资源配置功能，围绕资源配置效率出现的风险管理等衍生功能。在金融体系的众多功能中，资源配置处于核心地位，通过建立资金供需之间的联系，调节资金的流向从而提高资金的使用效率，进而提升社会总体福利。因此，资金的有效配置不仅对金融的有效运行和高质量发展至关重要，对新常态下经济的高质量增长、经济结构的转型升级以及社会总体福利的提升也具有重要意义。在传统粗放式经济发展模式中，资金的利用率与资源的可重复使用率较低，受到较大的资金与资源约束。在新常态下，实现经济高质量发展需要转变经济发展方式，提高资源的有效配置，发挥资金对行业的引领和扶持作用。文化产业是以创造力为核心的低能耗高产出的21世纪朝阳产业，是发掘经济新动能、激发经济新活力的重要方式，它的发展会通过产业波及间接影响到具有互补性的金融产业。因此，文化产业与金融的协同发展，除了给金融行业带来直接的投资回报，能进一步提升资金的有效配置、提高资产质量，为金融业的可持续发展和转型提供新的契机，使金融能更好地发挥资金引领和扶持作用，增强金融服务实体经济的能力。

2. 文化产业资金需求的多样性促进金融创新

首先，文化产业主要以知识产权和品牌价值等无形资产作为资产存在的表现形式，由于缺少传统融资对抵押品和风险控制的要求，往往面临更高的传统融资门槛。其次，文化企业的规模普遍较小、门类较多，文化产品市场需求多样、回报周期较长。文化产业的快速发展以及融资需求的多样性决定了金融产业除了为文化产业的发展提供必要的资金支持，更多的是要进行金融创新，形成和完善一套成熟的文化产业金融支持体系，以此更好地发挥金融服务、引领和扶持文化产业发展的功能。因此，文化产业与金融行业的深入对接，将会使金融服务在规模、效率、服务理念和方式等方面都会受到积极影响。

二 文化产业与金融协同发展趋势

（一）文化金融工具种类丰富，文化产业投融资体系日趋完善

文化金融工具总体而言可分为债权类、股权类和风险管理类3种。债权

类主要包括信贷和债券;股权类主要是股票市场和股权投资市场;风险管理类主要由保险公司和担保机构承担。①由于我国文化产业起步较晚,大多数企业规模和盈利能力尚未达到资本市场的融资门槛,长期以来还是依赖间接融资,文化产业发展初期存在融资难、融资慢、融资贵等融资难题。近年来,随着文化产业的不断发展与壮大,越来越多的金融工具出现,解决其融资难题,直接融资数量有所提升,风险管理的地位逐步上升。

第一,债权类。随着政策规范以及金融工具种类的丰富,债券发行普遍减少但依然是主流融资方式,信贷相对增加,各地开始出现针对文化产业的特色信贷机构和金融产品,如杭州、北京、广州等地纷纷设立了针对文化产业的银行,推出符合文化企业的金融创新产品。信托资金也有大幅增长,《中国文化金融发展报告(2018)》数据显示,截至 2017 年 9 月,信托资金投向文化、体育、娱乐业的金额为 1164.47 亿元,是近三年增幅最大的一年,但占信托行业资金金额比重仍然偏低。而在发达国家中仅次于银行的融资租赁业,在我国仍处于起步阶段,虽然已有地方开始进行尝试,但仍具有较大的发展潜能。

第二,股权类。目前,我国股权类文化金融已成为规模最大、社会资本参与度最高的文化金融工具。受新三板市场退市机制的正式建立及新股发行提速等政策影响,越来越多的优质文化企业尤其是具有"科技+"特色的文化企业选择上市融资,私募股权资金则多流向成熟期"泛娱乐"文化类企业。而受到互联网金融整治影响的股权众筹平台目前正处于过渡期,随着政策的明朗与完善,将会成为推动小微文化企业的一大助力。

第三,风险管理类。国外运用文化风险管理金融工具较多,如政府成立文化产业融资担保基金,分散银行的商业风险;政府与企业共同成立中小企业信用担保公司和中小企业信用保险金库;针对各类文化产业细分领域设立商业保险,如知识产权保险、艺术品产业保险等。我国文化产业风险管理起步较晚,2010 年首次出台了第一批文化产业保险险种。此后在政策鼓励及

---

① 子枫:《文化金融:用好金融工具 找好股权投资》,《中国文化报》2018 年 12 月 29 日。

科技进步的背景下，我国的文化风险管理服务蓬勃发展，目前已出现针对动漫、艺术品等多个细分行业的特定保险，也出现了专门为文化企业提供风险分析和保险转移方案咨询服务的线上平台。在文化担保上，部分地区和机构开始各种担保尝试，如出现"银行+园区+担保"的风险共担模式、"准版权"质押等。

在融资渠道上，越来越多的政策鼓励民间资本与社会资本和文化资源相结合。2012年，文化部印发了《关于鼓励和引导民间资本进入文化领域的实施意见》，推动民间资本进入文化领域，包括文化产业和文化事业及非物质文化遗产所有文化领域全面向民间资本开放。中共十八届三中全会通过的《中共中央关于全面深化改革若干重大问题的决定》提出，"建立多层次文化产品和要素市场，鼓励金融资本、社会资本、文化资源相结合"。2014年，财政部政府和社会资本合作（PPP）中心正式获批，2015年首次将文化领域纳入PPP范围。根据财政部PPP中心发布的《第四批示范项目分析报告》，2018年第四批PPP示范项目中，文化产业类项目已达56个，占比达14%。从第三、第四批文化产业类项目的对比中（见表2）可以发现，第四批文化产业类项目数量及规模上均有显著的提升。

表2 第三、第四批示范项目数量及投资额对比（文化类产业）

行业	第三批项目数(个)	总投资额(亿元)	第四批项目数(个)	总投资额(亿元)
旅游	14	226.41	27	349.17
文化	11	98.83	18	105.43
体育	6	76.98	11	152.24

资料来源：财政部PPP中心发布的《第四批示范项目分析报告》。

（二）文化金融机构专业化，更重视知识产权

国内文化金融的共识认为文化金融是一种产业金融，是以无形资产尤其是版权为核心的一种金融形态。越来越多的金融机构意识到文化产业融资方

式与传统的有形抵押品融资方式不同,开始围绕版权和无形资产设计金融产品。更进一步,文化产品从设计生产到投放检验需要较长时间,尤其是具有高成长性的中小型企业,专门的文化产业金融机构更有利于其发挥潜力。专业的文化金融机构通过差异化的方案更有针对性地长期支持不同类型的文化企业发展,分散传统银行的风险,提高文化产业的建设效率。如广州市政府设立了广州市文化金融服务中心有限公司,通过文化银行、文化保险等多元化金融工具来推动文化产业发展。

但另一方面,文化产品复制、流通的成本较低,而创作成本较高,使得创作与资金供给动力不足。因此,伴随着文化金融专业化程度的加深,知识产权的保护力度也将会加强。发达国家和地区在知识产权保护上具有较为成熟的经验,如美国拥有详细的知识产权保护法案并设立一系列行政和司法机构确保条款的执行。近年来,我国知识产权保护取得了较为显著的进步,开展一系列打击网络盗版侵权的"剑网行动",各地均加强了知识产权的保护意识。中共十八届三中全会通过的《中共中央关于全面深化改革若干重大问题的决定》明确提出要加强版权保护,健全文化产品评价体系,改革评奖制度,推出更多文化精品。知识产权受到应有的保护,文化产业才能焕发出更大的生机,才有可能彻底解决融资难的问题。

(三)文化金融创新增加,金融风险防范趋严

在"互联网+"的背景下,出现供应链融资、P2P模式、众筹模式等新兴融资方式。以大数据、云计算、人工智能、移动互联、区块链等技术为主要工具的互联网金融,通过把企业动态数据数字化,减少信息不对称的程度,克服传统有形抵押品的约束;通过减少中间投融资环节,降低交易成本,加速了资金周转,受到越来越多文化项目的青睐,为小微文化企业提供了融资渠道。但互联网融资平台质量参差不齐,互联网金融乱象丛生,给投融资双方都带来了损失。从2016年开始,国家大力整顿互联网金融,出台《互联网金融风险专项整治工作实施方案》《关

于规范整顿"现金贷"业务的通知》等一系列文件，通过系统的法规和严格的执行规范互联网金融的发展环境，让互联网金融回归健康可持续发展。

除此之外，我国传统商业银行也进行了金融创新。2017年，李克强总理主持召开国务院会议，部署推动大中型商业银行设立普惠金融事业部。当前，我国主要商业银行都成立了普惠金融事业部，各层级单位都在不断探索和建立相应的激励考核措施，通过银行内部设立专门的部门、专门的信贷计划、税收、贷款的风险权重等手段，解决小微企业、"三农"等融资难问题。随着科技水平的提升、监管体系的完善及监管力度的增强，金融创新将会大大推动文化产业与金融的协同发展。

三 粤港澳大湾区背景下广州文化产业与金融协同发展新思路

（一）发展方向：把握粤港澳大湾区机遇，深化区域合作

粤港澳大湾区是中国改革程度最深、对外开放程度最高、经济发展水平最高的区域之一。2018年公布的全球城市分级排名，全世界共有55个一线城市，我国有6个城市入围，其中位于粤港澳大湾区的香港、广州和深圳均属于一线城市。全球城市的排名是由全球化与世界城市（GaWC）研究网络根据城市间金融、专业和创新知识流等情况确定的。从表3可以看出，香港多年来均是排名靠前的全球一线城市；广州从2016年开始成为全球一线城市，且排名不断上升，2018年已晋级全球30强；深圳的排名也快速提升，于2018年晋升为全球一线城市。香港、广州、深圳作为粤港澳大湾区的核心城市，具有较强的综合实力、丰富的金融资源以及可持续创新发展的能力。因此，在粤港澳大湾区上升为国家战略的机遇下，应当深化区域合作，实现地区以及产业间的协同发展。

表3 粤港澳大湾区部分城市全球城市分级排名情况

年份 城市	2000	2008	2010	2012	2016	2018
香港	3	3	3	3	4	3
广州	109	73	67	50	40	27
深圳	200	97	106	120	85	55

资料来源：根据全球化与世界城市（GaWC）官方名册整理而成。

具体到文化金融的协同发展，在"一国两制、三种货币、三种金融体制"的特殊条件下，要使区域内文化产业和金融发挥最大的协同作用，最重要的是克服湾区有关制度差异的障碍，加强顶层设计，增强跨区域文化金融合作意识，构建更紧密的文化金融合作长效机制。2019年2月18日，中共中央、国务院印发了《粤港澳大湾区发展规划纲要》，提出要"以文化创意等为重点，构建错位发展、优势互补、协作配套的现代服务业体系，深化粤港澳文化创意产业合作，有序推进市场开放"。对广州则提出了"充分发挥国家中心城市和综合性门户城市引领作用，全面增强国际商贸中心、综合交通枢纽功能，培育提升科技教育文化中心功能，着力建设国际大都市"的要求。广州市是我国的"千年商都"和历史文化名城，拥有丰富的文化资源和良好的商贸传统，同时是省级行政中心，地理位置优越、交通条件便利，无论是在粤港澳大湾区战略中还是"一带一路"建设中均具有重要作用。近年来，多项国家战略对广州利用自身的文化资源以及外部优秀的资源发展文化产业提供了难得的契机。在粤港澳湾区的背景下，深化广州文化产业与金融的协同发展，不仅有利于文化产业的升级和"走出去"，而且能更进一步推动区域金融协同发展，助推湾区建设。

（二）发展路径：形成覆盖文化产业全生命周期的金融创新体系

1. 完善政策协同机制，发挥政策引领作用

要建成覆盖文化产业全生命周期的金融创新体系，首先要完善文化产业政策包括与其他产业融合的政策体系，加强政府部门工作对接，加快对区域

文化产业发展情况的调查和研究，规划具体发展的政策，完善政策协同机制，形成系统性的指导，与区域文化产业形成错位发展。其次，在原有的文化产业专项资金的基础上，加大对资金的投入，发挥文化产业发展专项资金的引导作用，并采取贴息、补助、奖励等方式加大对龙头企业、重点项目的关注与支持，培养发展潜力大的中小企业。在小微文化企业的支持上，除了可以采取政府采购等直接支持的方式，还可以规范互联网金融等新型融资模式，借助金融科技的发展营造良好的互联网融资平台，保护好企业和投资者的合法权益。

除此之外，近年来广州营造良好的营商环境取得了瞩目的成效。粤港澳大湾区研究院发布的《2018年中国城市营商环境评价报告》显示，2017年广州营商环境排名第一，2018年排名第三，虽然由于商务成本指数得分降低引起排名的下降，但广州的营商环境无疑走在全国前列，资本市场对广州企业的信心持续增强。为更好地推动广州多层次资本市场的发展，政府可以健全与文化产业相关的公共服务体系，完善文化产业与金融协同发展的配套设施。例如，指导行业设立科学的知识产权评估体系、成立专业文化产业担保基金、发展文化产业交易会等，引导和吸引各类资本依法参与文化企业的生产运营，形成全周期的文化金融服务体系，切实发挥政府对文化产业发展的助推器作用。鼓励企业建立如广州文化上市公司产业联盟等的产业合作联合体和文化金融服务平台，结合大数据等科技手段降低双方的信息不对称程度，提升市场透明度和运行效率，提高文化产业与金融的对接程度。一方面，信息服务平台有助于共享政策信息，把握政策红利；另一方面，文化企业可以通过金融服务平台咨询了解相关的融资渠道，降低搜寻成本，金融企业可以及时了解融资企业情况、把握项目进度，实行更好的监督与风险控制。

2. 积极对接金融资源，依规实现金融创新

与世界其他三大湾区相比，粤港澳大湾区拥有三个金融中心，为湾区的建设提供了重要的金融支持。香港是世界公认的国际金融中心，也是湾区中的金融核心，具备完善的金融体系和丰富的金融发展经验。深圳是我国三大全国性金融中心之一，具有多层次的资本市场体系。与之相比，广州虽然不具有证券交易所，但却是重要的区域性金融中心，在2018年全球金融中心

排名中居第 19 位，相比上一年跃升 9 位，具有良好的金融发展前景和动力（见表 4）。

表 4　2018 年全球金融中心指数排名和得分（前 20 名的中国城市）

中心	GFCI 24 排名	GFCI 24 得分	GFCI 23 排名	GFCI 23 得分	较上期变化 排名	较上期变化 得分
香港	3	783	3	781	0	+2
上海	5	766	6	741	+1	+25
北京	8	733	11	721	+3	+12
深圳	12	726	18	723	+6	+3
广州	19	708	28	699	+9	+9

资料来源：2018 年英国 Z/Yen 集团与中国（深圳）综合开发研究院共同编制的第 24 期全球金融中心指数（GFCI 24）。

另外，湾区大部分区域文化同源、语言相似，具备良好的文化交流基础。因此，以文化金融合作为契机，不仅能巩固文化产业的支柱地位，更能以此探索湾区金融合作模式，推动湾区形成错位发展，巩固湾区金融实力。

从"引进来"的角度讲，广州应依托现有的金融资源，积极对接湾区金融资源和先进模式。

第一，债权类文化金融。加快与港澳银行机构互设，大力推进广州银行业与文化产业结合，从广州文化产业、文化产品的特点和需求出发，实现金融创新，形成一套适合湾区文化产业发展的信用评级、贷款审批、利率定价和风险控制机制。围绕文化产业细分行业，发展一批如广东华兴银行影视支行的文化特色金融机构，开发艺术品金融、知识产权金融等，为文化企业提供差别化和特色化融资服务。

第二，股权类文化金融。完善区域性私募股权交易市场建设，积极引入香港的风险投资资金，激发"文创板"的活力，加快建设国际风投创投中心。在 CEPA 的框架下鼓励港澳有关金融机构在广州设立证券公司、股权投资服务商、风险投资机构等，为文化企业提供改制、重组、确权登记、股权融资等服务，提高孵化效率。

第三，风险管理类文化金融。香港有着最开放的保险市场，因此广州应该大力推进与香港的文化保险深度合作，探索设立文化保险协会，学习风险控制流程，完善风险控制机制等。利用互联网等科技手段，建立项目信息共享机制和项目分级制度，重点探讨影视保险、动漫保险、知识产权担保等，为广州媒体、动漫等行业快速发展提供有力的支撑。

3. 鼓励文化企业"走出去"

从"走出去"的角度看，根据广州市金融工作局统计资料，截至2019年1月9日，广州累计培育境内外上市公司161家，总市值2.25万亿元，其中境内A股上市公司100家，总市值1.24万亿元。大部分在港交所、深交所等上市，与美国纳斯达克、伦敦证券交易所等海外交易所交流也较为频繁，部分企业在境内外均有上市（见图3）。其中广州文化企业在国内主板上市的有20家，在海外交易所上市的有网易、唯品会、欢聚时代、云游控股等。因此，广州可利用粤港澳深化合作的契机，加强区域性股权市场与港交所、深交所以及海外资本市场的合作，鼓励有条件的企业积极"走出去"，推动文化企业参与资本市场运营。广州文化企业的上市尤其是在海外市场上市，一方面可以得到资本市场的助力，谋求发展新机遇；另一方面有利于传播自身丰富的文化资源，提升自身的形象，扩大岭南文化的影响力和辐射力。在推动"一带一路"建设的同时，充分利用好广州市文化金融服务中心设立的文化金融产业合作联盟、全国文化金融中心联盟等国际及全国性文化金融合作组织，依托"广州文化周"等对外文化交流品牌，引领粤港澳大湾区深度参与国际合作，对湾区形成有力支撑。

更进一步看，粤港澳湾区国际化水平领先，香港作为人民币离岸中心，能为国内外企业和资本的对接搭建桥梁。此外，香港还是亚洲最大的创业投资资金中心，熟悉国际推广和营销模式，能为内地企业"走出去"提供专业化的投融资和咨询等。因此，广州文化企业与香港的金融资源的积极对接，不仅有助于文化企业自身的发展与壮大，也有助于香港巩固和提升国际金融中心地位，强化国际资产管理中心及风险管理中心功能，推动金融向高端高增值方向发展。但在金融跨境协调中，要统筹兼顾金融创新与风险防控

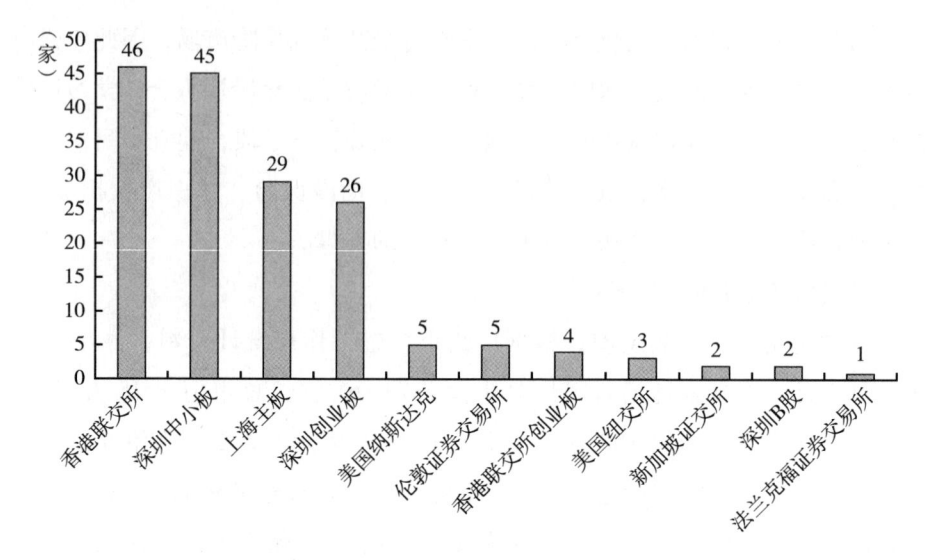

图3 2018年广州地区境内外上市公司上市板块分布

资料来源：根据广州市金融工作局发布的《2018年广州地区境内外上市公司清单》整理而成。

的关系，因此需加强湾区金融监管信息交流，建立和完善系统性风险控制体系，共同维护金融体系的安全。

4. 加强区域人才交流，注重复合人才培养

实现文化产业与金融的协同发展，人才尤其是复合型人才发挥着核心作用。粤港澳三地拥有众多高校、科研院所等，人才资源储备丰富。文化产业人才方面，《广州文化创意产业发展报告（2018）》数据显示，2016年广州市文化产业从业人员达到75.94万人。金融人才方面，根据2019年2月清华大学经管学院和领英中国经济图谱团队的《粤港澳大湾区数字经济与人才发展研究报告》，粤港澳湾区人才的教育背景丰富，超过25%的人才具有国际教育背景，30%以上具有研究生及以上学历；专业以工商管理、经济、金融等经管类专业为主，香港金融行业和教育行业人才优势明显。从相关数据可以看出，粤港澳湾区文化、金融人才资源丰富，但就目前来看，既了解文化产业又擅长金融的复合型人才还是稀缺资源。

因此，广州应充分把握自身以及湾区丰富的教育资源，充分利用市内

80余所高校的优势，推动教育合作发展，探索联合培养模式，健全人才双向流动、资格互认机制，并注重复合技能的培训。进一步加强人才交流，尤其是青少年文化交流，搭建如"穗港澳青少年文化交流季"等文化交流平台。同时广州自身也要创造良好的环境吸引人才、留住人才，实行更积极、更开放、更有效的人才引进政策，为人才居住、工作和生活创造更好的条件，从而进一步优化人才结构，形成人才队伍规模效应和虹吸效应，积极引进有影响力的文化领军人才，打造人才高地。

5. 强化知识产权的运用和保护

知识产权是推动和保护创新的有效机制，随着数字经济时代的来临，文化产业作为新科技成果转化的重要载体，知识产权是否得到有效保障对推动中国经济高质量发展至关重要。《粤港澳大湾区发展规划纲要》提出，"要实行严格的知识产权保护，强化知识产权行政保护，更好发挥知识产权法庭作用"。广州近年来在知识产权的保护上也取得了较大的进展。2017年广州市政府颁布的《广州市推进文化创意和设计服务与相关产业融合发展行动方案（2016~2020年）》在保障措施中详细列举了加强知识产权运用、管理和保护的措施，对市知识产权局等有关部门和企业等都提出了具体的要求。同时也提出了要大力建设广州知识产权交易中心、国家版权贸易基地（越秀）等。2019年2月28日，中国版权保护中心华南版权登记大厅在广州开发区科学城正式启用，采用国内首创的"版权登记大厅+促进版权产业发展资金+版权创意孵化器"的服务平台体系模式，旨在把确权、授权、维权、咨询、宣传五大服务平台功能直接辐射到广州乃至整个华南以及粤港澳大湾区。版权登记大厅的成立完善了我国知识产权交易体系，增添了广州市文化产业的发展动力，形成了对保护知识产权的有力支撑。在普及知识产权保护上，国外具有较为成熟的经验，广州可以学习港澳地区的先进经验，强化知识产权行政执法和司法保护，加大对知识产权法律常识的宣传，提升企业自身知识产权的保护意识，推动全社会形成尊重知识产权的良好氛围。进一步，双方可以基于知识产权合作项目开展互动交流，促进高端知识产权服务与区域产业融合发展。

（三）发展抓手：加强文化企业自身建设，提升文化产业核心竞争力

除了通过保证金融供给解决文化企业融资难问题，文化企业自身的竞争力与吸引力也需要加强。文化产业竞争力指文化产品的生产经营者在政府（尤其是地方政府）创造的商业环境下，掌握文化资源、开发文化产品和服务，在文化市场上体现出来的比竞争对手更大的市场吸引力。[①] 因此，在提升文化产业竞争力的过程中，政府营造的环境与企业自身能力的提升均十分重要。据中国传媒大学文化发展研究院发布的《中国城市文化竞争力研究报告（2016）》，广州城市文化竞争力综合指数得分居全国第三位。在文化创意方面，根据新华网、北京九州一方文化创意院和北京大学文化产业研究院联合发布的"2018年中国城市文化创意指数综合排行榜"（见表5），广州文化创意指数排在综合排行榜第六位。从表5中文化创意指数四个细分指标可以看出，广州在"文化创意+赋能能力"和"文化创意+创意生态"方面排名相对靠前，其独特优势表现在城市的开放性、国际化与良好的营商环境。但在"文化创意+创新驱动力"上排在靠后的位置，因此广州要做好文化产业的顶层设计与长远规划，制定科学、合理和适时的文化产业政策，积极落实《广州市人民政府办公厅关于促进广州文化与科技融合的实施意见》。

表5 2018年中国城市文化创意指数综合排行榜（1～10名）

排名	城市	中国城市文化创意综合指数	文化创意+创意生态指数	文化创意+赋能能力指数	文化创意+审美驱动力指数	文化创意+创新驱动力指数
1	北京	71.704	18.691	23.902	12.837	16.274
2	深圳	66.696	6.083	21.053	25.217	14.342
3	上海	53.507	8.827	22.551	8.362	13.767
4	东莞	41.653	2.875	12.824	20.557	5.396

[①] 顾乃华、夏杰长：《我国主要城市文化产业竞争力比较研究》，《商业经济与管理》2007年第12期。

续表

排名	城市	中国城市文化创意综合指数	文化创意+创意生态指数	文化创意+赋能能力指数	文化创意+审美驱动力指数	文化创意+创新驱动力指数
5	杭州	39.244	5.703	20.148	7.900	5.494
6	广州	39.116	6.829	18.796	8.167	5.324
7	重庆	35.566	8.826	9.712	11.454	5.574
8	天津	35.065	6.770	14.405	6.550	7.340
9	苏州	33.182	4.447	13.132	6.939	8.664
10	成都	30.916	5.437	10.156	8.867	6.455

资料来源：新华网、北京九州一方文化创意院和北京大学文化产业研究院联合发布的"2018年中国城市文化创意指数综合排行榜"。

实现广州市文化与科技深度融合、创新发展能力大幅提升的目标。具体的做法有：适度扶持和引领具有高科技、高增长潜力的创新创意产业等，支持科技成果向文化企业转移；加快布局新型文化产业如动漫产业、互联网文化产业、网络游戏等，重点培育适合广州文化土壤的文化产业如文化创意和设计服务等；在财政、税收、土地等方面提供支持，落实创意园区的特色建设；通过优化产业结构与投资环境，提升文化产业的整体竞争力。

随着5G时代的到来，文化产品的种类和数量将会得到极大的丰富，文化企业将会迎来新一轮的发展，数字文化消费及高质量文化产品将成为扩大文化消费的主力。因此，广州文化企业应该把握5G、VR、AR、8K视频等技术快速发展的契机，提高自身的创新能力和可持续发展能力。文化企业自身特别是小微企业要根据市场需求以及自身特点及时进行调整，充分挖掘细分市场，打造自己的品牌，积极争取享受政府的优惠政策、直接补贴和申请发展专项资金。具有一定规模与知名度的中大型文化企业，需要完善自身的制度建设，建立现代企业制度，规范企业运作流程，提高信息披露的透明度，并充分利用"文化+科技"、"文化+旅游"等"文化+"的多元化融合，借助5G等新技术，扩大产业发展机遇，维持自身的竞争力，从而主动吸引资本。

参考文献

白钦先、谭庆华：《论金融功能演进与金融发展》，《金融研究》2006年第7期。

陈孝明：《粤港澳大湾区金融支持文化产业联动发展》，《中国社会科学报》2019年2月12日。

陈孝明、田丰：《运行机理、金融支持与文化产业发展》，《中国文化产业评论》2015年第1期。

范周、杨斋：《改革开放四十年中国文化产业发展历程与成就》，《山东大学学报（哲学社会科学版）》2018年第4期。

付保宗、周劲：《协同发展的产业体系内涵与特征——基于实体经济、科技创新、现代金融、人力资源的协同机制》，《经济纵横》2018年第12期。

金巍：《文化金融的立足和破题》，《中国文化报》2018年12月22日。

李华成：《欧美文化产业投融资制度及其对我国的启示》，《科技进步与对策》2012年第7期。

李露：《科技创新视角下文化产业与金融供给侧协同发展机制研究》，《科学管理研究》2018年第6期。

李佩森：《文化金融的瓶颈和突破》，《中国文化报》2018年12月15日。

李勇：《文化产业金融服务模式创新研究》，《合作经济与科技》2018年第20期。

潘姬熙：《促进温州社会资本进入文化产业的对策研究》，《管理观察》2018年第35期。

沈晨昊：《互联网金融背景下小微文化企业融资支持体系研究》，《金融经济》2018年第18期。

孙雪娇、朱漪帆：《科技创新与金融服务协同发展机制研究——基于中国科技金融平台演化视角的多案例分析》，《金融发展研究》2019年第1期。

魏伟、蔡凌楠：《粤港澳湾区三大金融中心的错位发展》，《开放导报》2018年第4期。

张凤华、傅才武：《我国文化产业投融资及财政政策的成效与优化策略》，《学习与实践》2013年第8期。

B.6
推进IAB与广州文化产业融合发展对策研究

李明充 杨代友*

摘　要： 坚持文化与科技融合，坚持传统与现代融合，是探索文化产业发展的新机制。近年来，广州积极布局和推动文化产业与其他产业融合发展，文化产业与IAB（新一代信息技术、人工智能和生物医药）等战略性新兴产业的融合发展成为新技术新产业蓬勃发展的一大亮点，人工智能、大数据、云计算、生物医药等先进技术在文化产业中的应用，为文化产业注入了新的活力，赋予了新的品牌。推进IAB与文化产业融合发展，既要吸取优秀传统文化，结合科技创新、消费需求升级等特点，又要充分发挥好市场机制的优势和活力，着力培育发展新型文化业态，真正做到创造性转化、创新性发展，推动传统文化产业转型升级，使得文化产业的融合与创新发展成为广州深度参与粤港澳大湾区建设的重要抓手和践行文化自信的重要手段。

关键词： IAB　文化产业　融合

大力发展文化产业是实现"文化自信"的重要支撑。发展文化产业，既要推动传统文化产业转型升级，又要培育文化产业新兴业态。2018年4

---

* 李明充，广州市社会科学院产业经济与企业管理研究所助理研究员；杨代友，广州市社会科学院产业经济与企业管理研究所所长、研究员。

月，习近平总书记在全国网络安全和信息化工作会议上强调，要推动互联网、大数据、人工智能和实体经济深度融合，加快制造业、农业、服务业数字化、网络化、智能化；《国家"十三五"时期文化发展改革规划纲要》明确指出，要"运用云计算、人工智能、物联网等科技成果，催生新型文化业态"；《文化部"十三五"时期文化产业发展规划》指出，要以文化创意、科技创新为引领，运用数字、互联网、移动互联网、新材料、人工智能、虚拟现实、增强现实等技术，提升文化科技自主创新能力和技术研发水平，促进文化产业产品、技术、业态、模式、管理创新。推动文化与科技融合，已经成为文化产业发展的主攻方向之一。

近年来，广州积极布局和推动文化产业与其他产业融合发展，尤其是文化产业与IAB等战略性新兴产业的融合发展成为新技术新产业蓬勃发展的一大亮点。面对"AI+""互联网+""文化+"的时代新趋势、新要求、新机遇，广州要从深度和广度两个方面同时发力，大力推动IAB与文化产业融合发展。

一 趋势与格局：跨界整合时代，IAB与文化产业融合势不可挡

（一）加速智媒体时代的到来

在现代传媒领域，知识的数据化程度越来越高，人工智能与新一代信息技术在网络新闻、文学等图文内容的创作与编辑领域得到极为广泛的应用。人工智能可根据关键词主动从互联网采集内容数据，对内容数据进行自动化的鉴定、审核与筛选，智能分类聚合。未来的智媒时代，人工智能将打破传统媒体的桎梏，实现完全智能化内容创作、跨媒体语义理解和多媒体内容精细编辑。

（二）促进文化产业服务用户精准化

人工智能通过大数据分析可以精准地向用户推荐文化产品，适时调整传

播内容和策略，提升用户服务体验。借助用户行为大数据实时分析，人工智能将对用户进行精准和实时的画像，并在此基础上理解用户的信息需求，进而准确推送所需知识和信息内容，实现内容精准发行和阅读服务。如今日头条、天天快报、UC 等都是算法与新闻相结合，基于用户画像进行内容推荐的实践产品。

（三）推进文化产业供给侧结构性改革

IAB 将进一步释放历次科技革命和产业变革积蓄的巨大能量，并创造新的强大引擎，深刻改变人类生产生活方式和思维模式，实现社会生产力的整体跃升。在影视领域，人工智能在剪辑、灯光、后期等很多流程上可以大大提高人类效率；在音乐领域，人工智能已经能够参与到题材选择、初步生成、编曲、声音合成等各个环节。

（四）提升文化产业从业者素质

随着人工智能的日渐成熟化，其产品的应用更加方便、更加广泛、更加低成本，文化产业某些特定岗位的就业吸纳能力可能加速下降，尤其是那些程式化、高强度、重复性的岗位。如博物馆和文化景点的解说和互动、传媒行业的新闻稿编写和播出等，都会迎来人工智能的替代性竞争，诸如美术设计、编导、内容创作等从事创意活动的岗位则不会减少，从而推动人才向更高端方向发展。

（五）扩大文化产业发展内涵

中医药是我国最具原始创新、拥有自主知识产权的优势领域。习近平总书记指出，中医药学凝聚着深邃的哲学智慧和中华民族几千年的健康养生理念及其实践经验，是中国古代科学的瑰宝，也是打开中华文明宝库的钥匙。岭南中医药文化是中华传统医学文化中极富特色的一个重要流派。一方面，推进岭南中医药文化产业发展，不断将岭南中医药传统文化与当代中国人民健康需求相结合，推陈出新、古为今用，有利于在创造性转化中自觉礼敬、尊崇、继承、发扬岭南中医药传统文化所蕴含的理论精髓；另一方面，文化的生命力在于创新，依靠岭南中医药传统文化自身的内在动力新陈代谢，不断借鉴融合新的科学理论与技术方法，推动岭南中医药与文化产业融合发展，可极大拓展文化产业的内涵，形成新的更能体现岭南中医药特色的治疗方法、保健手段、养生方式和文化产业体系。

二 成绩与不足：初步融合阶段，IAB与文化产业融合成就与问题并存

（一）IAB与文化产业融合发展形成若干优势行业

近年来，广州市大力支持文化产业发展，总体规模不断壮大，成为国民经济的支柱性产业，新闻出版发行服务、文化创意和设计服务、文化用品生产、文化旅游、电影放映、动漫网游、广告服务等领域在华南地区甚至全国取得了一定优势。文化装备、游戏产业、互联网、生物医药是广州文化产业与IAB融合的重点领域和优势行业。

在文化装备方面，广州是我国新型显示产业集群的核心发展区域之一。据统计，2017年广州电视机制造、光电子及其他电子元器件制造产值完成1072.35亿元，占全市电子信息制造业产值（2234.8亿元）的47.98%。[1] 广州市灯光、音响等演艺设备产值全国领先，产值约占全国的50%，励丰文化、浩洋电子、锐丰音响等均为国内演艺设备行业龙头企业。

在游戏产业方面，2017年，广州市有游戏企业1584家，游戏产业营业收入达482.2亿元，占全省的28.9%，在全国主要城市中，仅次于深圳，位居第二。[2]

在互联网领域，目前广州互联网企业超过3000家，从业人员超过30万

---

[1] 资料来源：广州市工业和信息化委员会。
[2] 资料来源：《2017年中国二次元报告》。

人，其中研发人员超过25万人。① 2018年4月，腾讯研究院发布了《中国"互联网+"指数报告（2018）》，对国内数字经济发展情况进行了系统梳理和全面展现，从一定程度上反映了以数字文化、网络资讯、网络文学、网络影视等行业为代表的互联网文化生产与消费的综合水平。该报告数据显示，在2018年中国"互联网+"总指数城市排行榜中，广州仅次于深圳，居全国第二位（见表1）。

表1 2018年中国"互联网+"总指数城市20强

排名	城市	指数	排名	城市	指数
1	深圳	28.4297	11	佛山	5.0606
2	广州	19.3143	12	郑州	4.9192
3	北京	15.4414	13	苏州	4.9126
4	上海	11.4235	14	西安	4.2335
5	成都	8.2939	15	福州	4.1455
6	武汉	7.6144	16	厦门	3.8059
7	重庆	6.4946	17	南京	3.3612
8	东莞	6.4452	18	天津	3.2111
9	杭州	5.5673	19	宁波	3.1242
10	长沙	5.2398	20	青岛	3.0731

资料来源：腾讯研究院。

在生物医药领域，广州迈普再生医学科技有限公司研发了世界上第一个用生物3D打印的硬脑（脊）膜——睿膜，被评价为"世界上最接近自体、修复效果最理想的硬脑膜"，并成功实现了产业化和商品化。岭南中医药文化得到承袭、弘扬和创新。广式凉茶对传统文化进行汲取、融合、创新，将商业元素与文化元素进行有机融合，从而实现文化传承下的产业复兴。2006年凉茶被成功列入第一批"国家级非物质文化遗产名录"。2017年，"神农草堂中医药博物馆"成为国家AAAA级旅游景区，实现了广州市乃至广东省中医药领域国家AAAA级旅游景区零的突破。同时，王老吉在广州和北

---

① 资料来源：《广州日报》、南方网。

京建成全国首批凉茶博物馆，王老吉纽约凉茶博物馆正在建设中，王老吉还将在全球建设56个凉茶博物馆，凉茶文化正在走向世界。

（二）形成一批IAB与文化产业融合发展的龙头企业

广州市积极培育和引进一批世界级的IAB和文化产业融合发展的龙头企业。在AI视觉领域，涌现云从科技、佳都科技等国内知名企业。在新媒体领域，广州拥有微信①、分众传媒、欢聚时代（YY）等多个细分行业的龙头企业。其中，微信是全国最大的社交平台，目前微信和WeChat的合并月活跃账户数已经超过10亿，用户覆盖200多个国家。在游戏产业领域，涌现网易、博冠、多益、爱九游、菲音、百田、虎牙直播等多个不同网络游戏产业链的龙头企业。根据第三方市场情报研究机构Newzoo发布的2017年全球游戏公司利润排行TOP25，网易游戏达55亿美元，比上年增长33%，营收收入排名全国第二、全球第六，虎牙直播居于游戏直播领域第二名。在数字音乐领域，酷狗音乐已经成为全国最大的数字音乐平台。在岭南中医药文化领域，涌现了王老吉药业、白云山中药、陈李济、和黄中药、山中一药业、本草药业、至信药业、采芝林药业等一批中医药龙头企业（见表2）。2016年，王老吉凉茶的营收超160亿元，2018年王老吉黑凉茶获得德国iF设计奖，品牌价值高达1080.15亿元。②

表2　广州代表性IAB与文化产业融合发展龙头企业情况

企业	主要业务	行业地位
网易	网易手游、新闻客户端4.0、网易云阅读、网易云音乐、网易公开课等	国内网络游戏、网络新闻领导者
云从科技	计算机视觉服务	在金融、安防、机场三大行业人脸识别取得了遥遥领先的市场占有率

① 微信（WeChat）是腾讯公司于2011年1月21日推出的一个为智能终端提供即时通信服务的免费应用程序，由张小龙所带领的腾讯广州研发中心产品团队打造。
② 资料来源：http://news.163.com/10/1111/00/6L5TDEOE00014AED.html。

续表

企业	主要业务	行业地位
佳都新太科技	提供人脸识别、视频结构化、大数据和移动支付技术与服务	全国领先
讯飞启明	智能语音及语言技术、人工智能技术研究	中国智能语音与人工智能产业领导者
迈普再生医学科技	生物增材制造技术的人工硬脑膜的产业化	研发了世界上第一个用生物3D打印的硬脑(脊)膜
王老吉药业	王老吉系列凉茶	"中华老字号品牌价值百强榜"中排行第五,品牌价值高达1080.15亿元
UC优视	UC浏览器、神马搜索、UC九游、PP助手	全球使用量最大的第三方浏览器生产厂商
久邦数码	3G门户网、GO桌面、3G书城	中国最大的手机互联网门户网站
奥飞动漫	动漫及娱乐产业运营	国家重点动漫企业
原创动力	移动互联网动漫业务	国家重点动漫企业
漫友文化	提供动漫内容与服务	国家重点动漫企业、中国最大的动漫内容与服务提供商之一
多益网络	网络游戏开发	国内八大网游研发商和运营商之一
欢聚时代(YY)	YY语音、多玩游戏网、YY游戏运营、YY教育,YY娱乐等	全球首个富集通信业务运营商
酷狗科技	数字音乐服务	中国领先的数字音乐交互服务提供商
毅昌科技	工业设计服务	全国领先
锐丰音响	专业音响产品的研发、设计、生产、销售及相关服务	全国领先
浩洋电子	舞台灯光照明产品的研发、生产、销售以及国际贸易服务	全国行业排名前三位

资料来源:根据调研及各种资料整理得来。

(三)形成若干IAB与文化产业融合发展的集聚区

近年来,广州IAB与文化产业园区(基地)蓬勃发展。据不完全统计,全市目前有文化产业园区(基地)约222个,其中包括羊城创意产业园、广州国家级文化和科技融合示范基地、广东国家数字出版基地等16个国家级文化创意产业园区(基地);广州TIT纺织服装创意园、黄花岗信息园等10个省级文化创意产业园区;五行科技创意园、广佛数字创意园、广州星力动漫游戏产业园等20个市级文化创意产业园区。《广州市价值创新园区建设三年行动方案（2018~2020年）》提出要围绕智能装备、新型显示、人工智能、生物医药、互联网等产业，建设海珠琶洲互联网价值创新园、增城新型显示价值创新园、天河软件价值创新园等10个价值创新园区。

（四）传统文化企业运用IAB实现产业转型升级

在文化设备制造、传统文化、工艺美术等领域，广州市加大研发力度，增加科技含量，运用IAB等新兴技术大力提高玩具、钢琴、数码乐器、印刷设备、广播电视设备及电影机械等制造水平。广州酷漫居通过"互联网＋"模式对传统家居行业进行重新定义，将动漫与儿童家居结合；广州欧科致力于文化遗产数字保护与传承，通过数字化、网络化技术手段，解决文化遗产保护与文化传播、传承乃至产业化之间的矛盾，为传统文化插上了科技化、信息化的翅膀，为更广泛、更快捷地传播和传承中华文化奠定了坚实的基础。

（五）IAB与文化产业融合发展重大项目相继落地

近年来，广州市加大战略性新兴产业招商引资力度，引入富士康10.5代显示屏、LG的8.5代液晶面板、亚信全球数据总部、GE生物科技园、微软云等来自国际巨头的大项目。投资额达610亿元的富士康10.5代显示屏全生态产业园项目，将吸引70多家上下游产业链和关联方在穗投资落地，达产后年产值将达到1000亿元左右。文化产业方面，近年来中国动漫集团华南基地、知识产权服务业集聚中心、中国电信创新孵化（南方）基地、中国联通互联网应用创新基地等重大项目纷纷落地。

（六）IAB与文化产业融合存在若干问题亟须解决

近年来，广州大力推动IAB与文化产业融合发展，取得了一定的成就，但仍然存在不少问题，主要表现在以下几方面。

一是IAB产业与文化产业本身的总体规模都相对比较小。在有影响力的人工智能企业方面，无论是数量还是质量，广州都落后于北京、上海、深圳、杭州。在人工智能投资方面，据亿欧智库统计，在AI初创企业融资总频次、融资金额方面，广州与北京、上海、深圳、杭州之间存在较大差距（见图1）。文化产业方面，缺乏像腾讯这样的龙头企业。文化产业整体的科技创新能力有待提升，缺乏核心及关键技术的原创性成果。

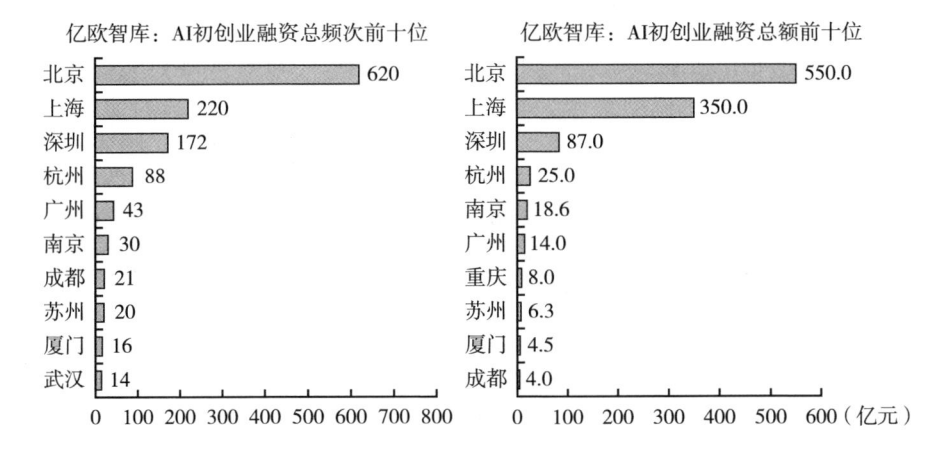

亿欧智库：AI初创业融资总频次前十位

城市	频次
北京	620
上海	220
深圳	172
杭州	88
广州	43
南京	30
成都	21
苏州	20
厦门	16
武汉	14

亿欧智库：AI初创业融资总额前十位

城市	金额（亿元）
北京	550.0
上海	350.0
深圳	87.0
杭州	25.0
南京	18.6
广州	14.0
重庆	8.0
苏州	6.3
厦门	4.5
成都	4.0

图1 广州人工智能产业融资与其他国内城市比较

资料来源：亿欧智库。

二是融合的广度和深度不够。目前对IAB产业的文化内涵发掘不够，文化资源的开发总体上还停留在重资源轻技术层面，无法提供文化含量和科技含量更高的产品，难以满足消费者的深层需求。

三是融合发展的公共服务体系亟待完善。在"IAB+文化产业"方面，广州在技术服务、信息服务等公共平台以及展示交易体系建设方面仍存在诸多不足。

四是融合的协调机制不健全、政策缺乏。"IAB+文化产业"牵涉多个部门，统筹协调机制有待进一步完善。同时，用于推动"IAB+文化产业"的支持政策与资金较为缺乏。

五是融合发展所需的复合型人才紧缺。在"IAB+文化产业"方面，广州缺乏领军人才，尤其缺乏既熟悉IAB产业又懂文化产业的复合型人才。

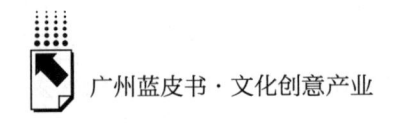

三 经验与启示：政府多措并举，推动IAB 与文化产业融合发展

（一）政府战略规划引领与政策扶持并举

美国一直处在人工智能基础研究的前沿，保持全球领先地位。近年来，美国陆续出台了《联邦大数据研究和发展战略计划》《推进创新神经技术脑研究计划》《国家机器人方案》等政策。《2016年美国国家人工智能研究和发展战略计划》确定了AI短期和长期支持的战略优先事项，以此来解决重要的技术和社会挑战。欧盟自2002年开始对150多个脑科学研究项目进行资助，并于2013年正式提出"人脑计划"（HBP）。为发展游戏产业，韩国出台了"游戏产业振兴相关法"，进一步规范和引导韩国游戏产业的发展。

（二）加强融合发展所需关键共性技术的研发

美国政府积极致力于推进美国文化企业的海外扩张，加强技术的应用，发展强大的文化产业，实现硬件和软件的分离，将硬件视为传统的产业范畴，专注于内容创新的文化产业。依靠成熟的市场机制、完善的技术创新体系和人力资源做支撑，凭借发达的科学技术，美国的音像业、电影业、软件业以及出版业均处于世界领先水平。日本在动漫产品的创作中融入科技元素，将手绘的图画摄制、计算机二维动画制作、计算机三维动画及网络技术融为一体，从而开发出科技含量高、竞争力强、文化底蕴深厚的优秀文化产品。

（三）大力推动IAB与文化产业集聚发展

韩国国会从政策、法律、财政及基础建设各方面进行支持，并在全国设立10多个文化产业园区、10个传统文化产业园区以及2个综合文化产业园区，形成韩国文化产业链。其目的在于集中资源形成产业聚落效应，建构文化集约生产及运营机制，为文化产业链条的坚实和不断伸展创造条件。上海大力推动张江国家级文化和科技融合示范基地，形成了一区二十二园发展态势，网络动漫、网络视听、数字出版等文化科技领域集聚特征明显。

（四）加大IAB与文化产业复合型人才的培养

在人才培养方面，韩国设有专门培养游戏开发者的学校，如韩国电子游戏科学高级中学设置了游戏策划、游戏编程、游戏绘图、游戏音乐、游戏设备和体育竞技游戏六大专业，涵盖了文理和艺术等学科。我国台湾地区建立了文化科技人才数据库，能有效掌握文化科技人才动向和发展现状，定期更新文化科技人才的最新业绩，帮助文化科技人才实现就业。

（五）强化知识产权保护，营造良好环境

数字文化企业对版权、商标、专利和商业秘密保护有较强依靠，知识产权保护对其成长和发展至关重要。为应对盗版对数字文化产业的损害，各国及地区也都出台了相应的措施。美国版权产业在形成和发展的过程中，一方面依靠政府立法，颁布版权相应的法律法规，营造良好的版权市场环境；另一方面则是培养全民的版权意识。北京不断健全知识产权保护工作机制，积极构建行政执法、司法审判、多元调解、商事仲裁、法律服务、社会监督、行业自律"七位一体"的知识产权大保护格局。

四 对策与建议：明确重点方向，构建融合创新发展的生态体系

（一）加强IAB与文化产业融合的规划与政策扶持

成立市级层面的推进IAB与文化产业融合发展的工作领导与协调组织，联合市发改、工信、科创、财政、文广新等部门和各区，全面统筹协调IAB

与文化产业融合工作。编制IAB与文化产业融合发展长期战略规划，战略层面上要强化IAB与文化产业融合的顶层设计，形成融合发展的稳定机制；战术层面上，从实施联合研发、技术转移、供应链整合、产业协作、投资并购、园区建设等方面进行战略分解，强化融合发展长期战略规划的各项工作的推进、实施与评估。在政策方面，要深化落实中央和省关于扶持文化产业、人工智能产业、新一代信息技术、生物医药等各项扶持政策措施，并出台相应的配套措施，争取有关专项资金支持。加大宣传和落实国家税收优惠政策，利用创新服务平台，优化税收征收和优惠政策咨询服务，使IAB与文化产业融合领域的企业实实在在享受到税收优惠。

（二）建设"IAB+文化产业"技术创新生态体系

借鉴发达国家经验，实施IAB与文化产业技术创新与内容创新并举战略。文化产业具有技术加创意的双重属性，既要借助IAB技术优势或经济模式优势，丰富展现形式和开发多样化的使用场景，又要加强内容建设，提升内容原创能力。围绕文化产业发展重大需求，运用数字、互联网、移动互联网、新材料、人工智能、虚拟现实、增强现实等技术，提升文化科技自主创新能力和技术研发水平。扎实推进广州国家级文化和科技融合示范基地建设，加快各类文化创意要素集聚融合，培育文化创意和设计服务与科技双向深度融合的新型业态。引导领军企业联合中小企业和科研单位布局创新链，建设以企业为主体、产学研用联合的"IAB+文化产业"创新中心，加强关键技术研发、产业融合探索、商业模式创新。支持在"IAB+文化产业"领域开展众创、众包、众扶、众筹。

（三）推进"IAB+文化产业"重点领域融合发展

大力发展"IAB+媒体"，利用IAB技术打造新型主流媒体，创新内容生产和信息服务，促进传统媒体与新兴媒体融合发展。大力发展"IAB+影视"，以IAB技术、产业、应用为依托，发展超高清电视（4K、8K）、新型显示、多屏互动、超高清摄像等产业，加快电影数字院线建设。大力发展

"IAB+动漫游戏"，鼓励研发具有自主知识产权的网络游戏技术、电子游戏软硬件设备，鼓励游戏游艺场所积极应用新设备、改造服务环境、创新经营模式。大力发展"IAB+演艺娱乐"，拓展线上线下相结合的演艺模式，打造O2O演艺娱乐平台，将演艺资源与艺术教育、大数据分析、电子商务深度融合。大力发展"IAB+会展展示"，积极发展以人工智能、数字技术为手段，以光学、电子等新兴媒介为表现形式，推动"IAB+会展展示"与公共空间、公共设施、城市综合体、特色小镇、公共艺术相融合。大力发展"IAB+文化装备"，加快新型灯光、音响、机械、视效、特效、智能展示等的研发应用，提升文化装备数字化、智能化、网络化水平。积极推动"IAB+文化制造"，支持文化产业领域的3D打印技术在生物医药产业的广泛运用，大力开发3D打印医疗模型、体外医疗器械、永久植入物、组织工程支架、体外仿生三维生物结构体等新产品，提升生物产业的技术水平。积极促进"IAB+传统文化"，抓好全市中医药文化资源的普查和开发利用，深度挖掘"广药"文化内涵，运用新兴技术承袭、弘扬和创新岭南中医药文化，推广普及中医药养生保健知识和技术，打造以中医药特色为主的国际医疗旅游、生态旅游、养生旅游，将广州中医药文化与粤剧、岭南美食等广州传统文化有机结合起来，打造广州岭南中医药文化旅游线路。

（四）培育智能化、互联网化文化企业

鼓励文化企业和知名的IAB企业开展技术、业务、资本等多种形式合作，构建线上与线下相结合、品牌和投资相结合的发展模式。编制广州"IAB+文化产业"企业名录，优先扶持适应"IAB+文化产业"融合发展趋势、具有产业链整合和辐射带动作用的骨干文化企业，促进文化领域资源整合和结构调整。支持"IAB+文化产业"领域国有骨干文化企业实行混合所有制、特殊股权结构、股权激励改革试点。鼓励处于初创期、发展前景好的"IAB+"文化企业进入全国中小企业股转系统、区域性股权交易市场等多层次资本市场。文化产业领域专项资金、金融创新引导资金对符合上市培育条件的"IAB+"文化企业予以重点支持。

（五）实施"IAB+文化产业"重大项目带动

加大"IAB+文化产业"引导力度，调动社会各方力量，策划实施一批具有产业拉动作用和示范效应的"IAB+文化产业"项目，促进IAB与文化产业融合发展。建立广州"IAB+文化产业"项目库，完善重点项目的征集、推介、培育、实施、跟踪评估与动态管理。加大政策资金支持力度，将"互联网+文化产业"项目优先列入广州市文化产业发展专项资金重点支持范围，并优先推荐申报国家和省文化产业发展专项资金。充分发挥广州产业投资基金、广州文化产业投资基金作用，及时将符合条件的"IAB+文化产业"项目纳入基金投资备选项目库，支持基金管理公司优先投资发展前景好的"IAB+文化产业"项目。

（六）积极参与和制定"IAB+文化产业"标准

构建"IAB+文化产业"领域标准体系。加强5G网络、新型显示、超高清摄像、电子竞技等标准应用推广，推动虚拟现实、增强现实、交互娱乐等领域相关产品、技术和服务标准的研究制定，积极参与"IAB+文化产业"领域国际和国家标准建设。健全技术创新、知识产权与标准化互动支撑机制，及时将先进技术转化为行业标准。研究制定文化资源统一标识、核心元数据、分类编码和目录体系、数据格式和数据交换等通用技术标准规范，促进文化资源整合和共享。

（七）推进"IAB+文化产业"融合发展人才培养

培养和引进"IAB+文化产业"融合发展人才，需要采用"四位一体"的措施加以实施。首先，"IAB+文化产业"融合发展需要政府在人才培养方面采取鼓励和扶持政策，政府要将"IAB+文化产业"融合发展人才培养列入政府计划。其次，高等院校应充分发挥其"IAB+文化产业"融合发展人才培养和输送平台的作用。高校需要增强知识创新能力与培养人才复合、融合发展的能力，在设置特色专业方面，增设IAB与文化产业的交叉性学科，在平时的教育教学中注重对学生创新思维能力、批判能力、想象能力、综合运用能力的培养。再次，支持各职业培训机构抓住市场机遇，大力开展"IAB+文化产业"融合发展人才职业培训。现阶段，高等院校由于受到专业与学科的限制，不可能在短时间内培养出大批合格的"IAB+文化产业"融合发展人才，但如能充分利用现有资源，对已经有一定专业知识和专业技能的从业人员进行培训，是培养"IAB+文化产业"融合发展人才的快速路径。最后，支持企业要做好"IAB+文化产业"融合发展人才的引进、开发和使用工作，对于急需的高端人才，制定有竞争力的激励机制，提供优质的交通、住房、教育、医疗等生活条件，积极主动地吸引其加入企业，共同搭建广州市"IAB+文化产业"融合发展的高端舞台。

（八）加大数字版权保护工作力度

以加强数字版权保护为主，完善网络环境下数据库保护、虚拟财产保护和著作权保护等法律法规；加大数字知识产权保护的执法力度，严厉打击侵权盗版以及网络上恶意侵犯他人利益等违法违规行为。具体而言，政府层面，要大力完善数字版权保护法律法规，强化政策引导和激励作用，进一步理顺数字版权保护执法体制，提高数字版权保护行政管理效率。企业层面，要建立健全企业内部数字版权保护管理制度，根据自身特点树立以市场为导向的正确的数字版权保护意识，建立高效的数字版权保护运营机制。在行业协会层面，发挥作为企业和政府沟通的桥梁作用，为企业提供数字版权保护管理咨询服务，协调会员间的数字版权纠纷。在社会层面，应当通过各种渠道普及数字版权法律常识，提高数字版权保护意识，防范各类侵犯数字版权的行为发生。

B.7
提升文化产业基金服务广州
文化产业发展能力的研究

蔡进兵 林瑶鹏*

摘 要： 党的十八大以来，广州文化产业基金迅速发展，但仍面临基金数量、规模不足，基金"多面型"运营人才不足、退出渠道缺乏，服务实体经济能力有待进一步提升等问题。针对这些问题，报告提出应积极推进政策调整、优化，进一步扩大基金规模，提高基金预期收益，提升基金投资意愿；同时，大力引导产业基金提升自身内涵式发展能力，构建"开放式共赢型"生态圈，促进生态圈内部基金公司、企业等市场主体共享共赢发展。

关键词： 文化创意 产业基金 生态圈

党的十八大以来，广州文化金融快速发展，银行、证券、保险业对文化产业的支持力度越来越大，越来越多的文化企业借助股权交易、产权交易、融资租赁等途径获得发展资金，产业基金、小额贷款、融资担保等方式对文化产业发展的支持作用越来越明显，文化与金融融合发展示范区等发展平台服务能力不断提升。然而，广州地区金融对文化产业发展的现实支持作用与文化产业对金融支持的潜在需求之间仍有很大的差距，仍需进一步推动金融

---

* 蔡进兵，广州市社会科学院金融研究所副所长、研究员；林瑶鹏，广州市社会科学院博士后。

与文化合作。作为文化与金融合作重要领域，广州文化产业类基金主体类型、数量及规模仍有必要进一步扩大，特别是服务文化产业发展能力仍有待进一步提升。

一 广州文化产业类基金发展现状

近年来，广州文化创意产业发展迅猛，总体规模不断壮大。据中国传媒大学文化发展研究院发布的《中国城市文化竞争力研究报告（2016）》，广州城市文化竞争力综合指数得分稳居全国第三位，广州文化创意产业增加值排名第三。据广州市委宣传部、广州市统计局统计咨询中心、广州市社科院联合课题组初步核算，2017年广州市文化创意产业实现增加值2800亿元左右，比上年增加13.0%，占全市GDP比重达13.0%。广州市2017年城镇居民人均文化消费为5040元，占人均消费性支出的13.1%，在全国一线城市中位居前列。2018年发布的广州市《关于加快文化产业创新发展的实施意见》提出，未来五年广州全市文化产业增加值努力实现年均增长12%；到2035年，文化产业成为全市重要的战略性支柱产业。

广州风险投资业高速发展。广州出台《广州市风险投资市场规范发展管理办法》，全市创业及股权投资机构达4500家，管理资金规模8000多亿元。2017年，广州市设立全国规模最大的科技信贷风险补偿资金池，首期投入4亿元，授信金额达76.84亿元；设立科技保险专项资金，在保金额130亿元，占全省的70%。各区出台举措大力促进风险投资业发展。黄埔区率先出台"风投10条"，吸引风险投资机构落户，设立了高达100亿元的风投引导基金；天河区建设了全国首座风投大厦，预计到2020年将聚集超百家风投机构，管理资金规模达2000亿元；海珠区建设了广州创投小镇，已吸引省创投协会天使投资联盟、广州股权交易中心科创板运营中心、广州市科技金融服务服务中心海珠分中心等多个专业化服务平台，资金管理规模将达到300亿~500亿元。

广州文化产业类投资基金快速发展。2017年2月，广州市印发《广州市推进文化金融融合发展的实施意见》，政府资金引导社会资本投资发展文化创意产业，深入推动文化金融融合。同年10月，广州市人民政府办公厅在《广州市推进文化创意和设计服务与相关产业融合发展行动方案（2016～2020年）》中，提出加强文化创意和设计服务企业与广州基金等金融机构的对接，引导风险投资基金加大支持力度。2017年，在广州市委宣传部、市文广新局、市文资办等单位共同指导下，广州市城发投资基金管理有限公司和市属国有全资企业担任有限合伙人发起设立广州文化产业类基金，总规模为100亿元，将主要参与文化及相关领域企业的重组、改制、上市及并购，帮助企业整合资源，打造行业龙头企业。2017年12月，广州地区重要的9只文化产业类基金，在市委宣传部、市文资办（市文改文产办）和市文广新局指导下，共同发起组建"广州文化产业投融资联盟"，参与组织广州重要的文化活动和产业活动，首批联盟参与机构设立和拟设立的基金总规模超过500亿元。社会层面，广州社会各界成立或参与投资了众多专门从事文化领域投资的文化专业投资基金。2015年11月由广州珠广传媒有限公司、广州证券创新投资管理有限公司、珠海广证珠江文化投资管理有限公司共同发起设立的广州市广证珠广传媒投资基金，规模为60亿元；2016年4月由广州越秀产业投资基金管理股份有限公司、珠江电影集团共同发起设立的珠影越秀影视文化产业发展投资基金，规模为50亿元；2017年6月由众悦电影金融公司与广州城发投资基金管理有限公司共同发起设立电影文化产业类基金，规模为50亿元。奥飞动漫、粤传媒、珠江钢琴等龙头企业也分别设立了文化传媒类产业基金。

二 广州文化产业类基金运营问题及原因分析

广州文化产业类基金近两年进入高增量期，为文化创意产业的发展带来充沛的资金支持，也带来了较好的经济效益和社会效益。但文化产业类基金在投资时也面临着不少问题，信息不对称、投融资错配、产业布局同质化等，制约着文化创意产业的持续健康发展。主要有以下几方面原因。

（一）政府政策未形成合力，难以有效构建产业生态圈

近几年，在政府及相关部门大力支持下，财政资本参与和引导文化创意产业投资，提升社会资本投资积极性，文化创意类产业基金投资市场迅速发展，但市场也存在零散、无序的问题，产业内多主体各自为政，无法有效构成产业生态圈。其中一个重要原因在于政府政策和政府行为缺乏横向通盘考虑，虽然以引导基金的形式推动投资文化创意企业，却未能形成完善的政策体系，使得引导基金催化剂作用未能充分显现，部分企业获得了大量投资，而大量有发展潜力、急需发展资金的企业无法获得投资，无法有效集聚产业资源，无法带动产业的整体发展。政府政策的不完善也在某种程度上促使文化创意产业投资基金整体趋于同质化，热门产业过度投资遍地开花，部分冷门产业却资金匮乏难以为继。

（二）缺乏基金投资"多面"人才，制约文化产业与金融深度融合

既懂金融又懂文化的"多面型"人才匮乏已成为广州文化金融业发展主要短板之一。大部分文化创意产业人才不懂金融，不懂投融资决策与资本运作，无法运营文化创意类产业基金；同时，大部分金融产业人才也不懂文化创意产业，管理文化创意类产业基金的过程中，对文化创意产业的核心资产和经营理念往往出现理解偏差，容易错失优质投资机会。加强"多面型"文化金融人才的引进和培育，是解决当前人才不足问题的关键。

现有文化产业类基金多由专业金融人才管理，投资基本理念为"趋利避险"。文化创意产业是公认的特殊高风险行业，文化创意服务的偶然性和文化产品市场的多变性，都使基金管理人对文化产业的投资带有明显的偏向性。文化艺术设施、文化旅游景点等具有高价值固定资产的项目，文化会展和文化产品生产等具有高资金周转率的项目，往往成为目前文化产业类基金

的重点投资对象，而文化创意类新兴产业、新兴业态则遭遇忽视。但文化创意产业有别于其他产业，其核心竞争力并非来源于企业有形资产的增加或者产品的直接输出，而是来源于文化创意、人力资本等"轻资产"。另外，传统投资思维中，根据企业所处不同发展阶段，由不同类型投资基金进行投资，每一个阶段风险和收益大致可估算且成正比，而文化创意企业往往是偏离传统的产业标准，越不符合原有规律，越有可能通过"标新立异"发展自身核心竞争力。这也使得传统估算模型很难模拟文化企业发展过程所带来的风险和收益。虽说高风险意味着可能带来高收益，但文化产业的投入产出更像一种螺旋式的发展曲线，结果不对称、不确定，而基金投资者的业绩压力决定了他们更需要稳健的投资操作。因此，缺乏既了解文化创意产业又拥有专业金融知识的"多面人才"，使得文化创意类产业基金的运营受到很大限制，难以避免投融资双方错配，阻碍文化创意产业与金融深度融合，无法更加有效地促进文化创意产业发展。

（三）缺乏多样、便捷的退出渠道，抑制了文化产业类基金的投资积极性

产业基金进行项目投资，目的在于获得投资收益，而不在于做企业长期股东。当达到自身预期收益时，或者完成政策目的时，产业基金则会从投资项目中退出。产业基金的有限合伙人（LP）也可能有不可预期的资金需求并要求退出，如基金、信托等，资产配置比例存在限制，当投资组合中的其他资产缩水，有可能需要重新调整配置比例，以符合相关监管要求，如银行、保险等，在结算节点为了调剂头寸等，需要调整投资项目；如产业资金、个人资金等，可能在某个时段有较强的流动性需求，需要出售以获得流动资金等。因此产业基金在考虑投资项目时，非常注重资金退出渠道。

目前，文化创意类等产业基金退出渠道匮乏，退出方式不便捷，抑制了投资积极性。从全国普遍情况看，2013～2017年，中国国内IPO总规模982亿美元，而VC/PE投资募集完成规模8119亿美元，IPO规模和基金募集规模严重不匹配；根据清科集团旗下私募通数据，2017年国内股权投资市场

退出项目总数量仅为已投项目总数量的38.8%,产业基金股权投资存在退出难问题。从广州情况看,截至2017年底,在国内A股市场上市的文化企业26家,受多种因素影响①,近些年新增上市企业数量较少;虽然2014年"新三板"扩容,广州市每年"新三板"上市企业大量增加,截止到2018年底文化创意类企业达到90多家;"机构间私募产品报价与服务系统"开通运营并落户广州,但对产业基金而言退出比例仍然偏低,退出渠道仍然受限,退出收益相对较少。

三 进一步提升产业基金服务文化创意产业发展能力的对策建议

在以往以外延式扩张为主的基础上,文化产业类基金数量、规模迅速扩大,但受限于国家政策等因素,投资的促进作用仍没有得到充分发挥;自身管理还存在较多问题,产业基金服务能力无法充分满足文化产业创新发展的要求。下一阶段,应围绕产业基金发展中存在的问题,深化改革,积极推进政策调整、优化,进一步扩大基金规模,提高基金预期收益,提升基金投资意愿;同时,大力引导产业基金提升自身内涵式发展能力,提升自身服务实体经济能力,构建"开放式共赢型"生态圈,促进生态圈内部基金公司、企业等市场主体共享共赢发展。

(一)积极引导以母基金为纽带,构建基金群生态圈

积极引导设立母基金。落实国家鼓励创业投资企业投资于种子期、初创期科技型企业等税收优惠政策,大力促进以文化创意产业发展引导基金、文

---

① 在我国A股市场上市,除必须具备相应的规模和盈利能力外,2018年修正的《首次公开发行股票并上市管理办法》第二十六条第四款规定,"最近一期末无形资产(扣除土地使用权、水面养殖权和采矿权等后)占净资产的比例不高于20%"。文化创意企业能够发展壮大,依靠的是设计服务、创意服务等核心"轻资产",A股市场对于企业上市的相关规定,使得文化创意企业更加难以上市,文化产业类基金较难通过企业上市获得理想的投资收益,抑制了文化投资基金投资文化创意企业的积极性。

化创意行业龙头企业等为主要牵头人，吸引各类资本参与，设立母基金（FOF）。创新母基金产品，吸引、聚集社会资金，提高资产管理规模。母基金管理层面实行混合所有制、员工持股等方式，预留团队持股，形成股权结构多元、内部约束有效的经营机制。以市场化方式选聘母基金管理团队，严格任期管理和目标考核；保障基金管理团队投资决策的自主权，有限合伙人（LP）不得干预正常的投资决策。

加强母基金在基金群中的纽带作用。明确母基金投资子基金的比例上限，推动被投资基金开展外部募资。积极推动母基金提升能力，更好地为子基金提供专业性服务。一方面制定相关考核制度，对基金群中的各子基金投资及风险管理等情况进行长期追踪、考核，促进子基金的健康可持续发展；另一方面，母基金通过构建核心数据库，提升产业发展研究能力，加强投后财务管理、数据分析等工作，形成母基金市场化、专业化投资和资产配置管理能力，为子基金投资提供服务。同时，母基金应围绕"广州文化创意"主题，定期组织子基金间交流、研讨，引导多方加强联系和交流，甚至协作制定子基金公司产品与发展战略，实现子基金之间的协同。母基金也应充分利用自身优势，搭建文化创意投资协同服务平台，将母基金内有限合伙人的投资需求信息、普通合伙人的管理咨询和经营数据、子基金和直投项目的融资需求信息等进行规整和发布；引入大数据、云计算技术对信息进行量化分析，并将分析结果共享，从而推动形成互助式战略联盟。

（二）提升基金服务能力，构建"相互成就式"项目生态圈

当前，市场整体资金流动性相对充足，而"好项目"相对稀缺，各基金公司面临非常激烈的"项目竞争"，迫使它们必须走高质量发展道路，提升自身对投资项目的服务能力，吸引"好项目"愿意接受投资。

文化产业类基金公司必须大力提升自身的行业发展分析能力及预判能力，能够为项目发展提供咨询建议；构建多样性、便捷的公共关系渠道，便利地获取外部产业发展相关信息及资源，帮助项目落地、获得发展扶持等；建立与外部法律机构、会计机构、审计机构、知识产权服务机构等专业性服

务机构的密切联系，提升自身提供专业性服务能力，为项目发展提供良好中介服务。甚至于基金公司有能力为项目发展提供外部专业人才支撑，以及促进科技成果产业化等，从而吸引"好项目"自愿加入自身的"投资项目大家庭"。

文化产业类基金公司提升自身服务能力，核心能力之一就是促使自身的"投资项目大家庭"形成"相互成就式"生态圈。广州文化创意类产业基金应围绕自身定位，对整个产业链、供应链上下游环节，以及辅助流程有清晰了解，对产业链、供应链内的龙头企业生产经营状况有清晰了解，围绕产业链、供应链打造"平台+生态"的投资生态圈，形成一个相对"闭环"的自组织，内部企业相互成就，为对方提供服务需求、产品需求等。基金应切实了解、真正掌握投资项目的产品、服务及运营状况，并发挥自身平台作用，促进生态圈项目的相互交流，以及业务的相互合作，真正实现相互"成就"。对于意向投资项目，在对其产品、服务有清晰掌握基础上，突出以当前产业生态圈能够给它带来的潜在收益作为吸引它们接受投资的主要因素之一。

（三）组建"多面型"专业运营团队，提升基金运营水平

大力培育与引进"多面型"人才。引进既懂金融又懂文化创意的"多面型"人才，注重引进人才的工作经历、年龄等，逐步优化文化金融人才结构。基于目前复合型人才供不应求，引入细分专业性人才将大大降低人才引进难度，有利于短期内加强文化创意产业基金的专业化发展。同时，鼓励高校开展文化专业和金融专业交叉学科课程，鼓励在校生申请跨学科第二学位，鼓励文化产业、金融机构、高等院校、科研院所通力合作，共建跨学科综合实训基地，文化金融研究院等。

基金管理运营团队的核心在于基金管理人，广州文化创意类产业基金的健康发展在于有兼具丰富文化创意产业从业经验和金融领域从业经验的基金管理人。广州应鼓励文化创意企业优秀创业者、管理者从事基金的管理运营工作，对拟投项目的创意、设计、服务以及项目发展前景做出专业性评估，

对企业经营周期做出专业性分析等；并与团队成员一道，对投融资风险、收益进行评估，包括传统有形资产的评估，以及著作权、商标权、专利权等无形资产的评估。对于有实力的文化创意企业，鼓励它们在坚持主业的前提下设立文化创意类产业基金，充分利用这些业内具有较大影响力的企业管理者资源，构建"相互成就式"投资生态圈，带动产业链、供应链上企业一同发展。在市场化选聘专业化文化创意类基金管理团队时，应重点发现集管理才能、文化创意行业专业技能及金融知识于一身的"多面型"管理团队，不仅能把握最新文化领域动态脉搏，从众多不断涌现的新概念中评估、筛选出相对可靠的文化创意创新方向，而且更有可能对文化市场的准入机制以及消费者对文化产品的需求做出较为准确的判断。

（四）大力吸引长期资金投资产业基金，保障基金有序运营

长期资金作为有限合伙人（LP）加入基金，可以使基金管理人减少投资人短期获利要求的业绩压力，更好地保障基金长期、稳定投资于有潜力项目；产业基金投资将不再局限于某个文化产业分类项目，不再专注于单一投资项目的短期投资回报率，而是站在构建产业生态圈的高度，推动"广州原创"发展，推动广州文化创意产业成为世界文化创意产业发展的潮流前沿。且每一项新技术普遍都会经历"触发期—期望膨胀期—幻灭期—复苏期—成熟期"，涉及未来文化创意产业新兴技术的投资，短期获利了结并不现实，长期不稳定波动才是常态。因此，只有以长期稳定资金为主要来源的产业基金才有足够的资金底蕴，利用自身专业的投资遴选能力和监控能力，对文化创意产业新兴技术做实时跟踪，在最佳时间进行投资、管理、退出，推动文化新兴产业技术升级的同时，获得高额回报。

积极出台相关政策，从风险分担等角度试点引导本地企业年金、商业保险资金等作为有限合伙人（LP）投资产业基金；探索养老基金投资产业基金的途径，积极吸引外地长期资金投资本地产业基金。加强本地文化产业投资基金的行业自律监管，适当提高基金发起设立人、出资人、管理机构等资质准入，规范市场秩序。加快市场征信体系建设，将非法募集等基金管理机

提升文化产业基金服务广州文化产业发展能力的研究

构纳入黑名单，防范普通合伙人（GP）道德风险，以行业自律推动文化产业类基金更好发展。

（五）积极构建产业基金退出渠道，助推广州私募股权交易市场建设

进一步鼓励企业利用主板、中小板、创业板、新三板以及股权交易市场、产权交易市场等多层次资本市场，进一步提升自身实力，同时拓展产业基金退出渠道，畅通退出路径。进一步做强广东股权交易中心（广州股权交易中心）及广州产权交易所等，积极推进本地、外地企业进场交易；进一步完善政策体系，鼓励企业在证券市场上市。充分利用上海证券交易所南方中心落户广州、"科创板"正式推出契机，引导企业积极登陆"科创板"。积极扶持已落户广州的"机构间私募产品报价与服务系统"南方总部进一步发展，提升系统交易量和影响力，促进股权市场不断发展。

设计基金二手交易多元化新型产品，创新发展"存量份额转让产品"，大力促进私募基金二手份额转让。[①]广州文化创意产业基金可以依托股权交易中心等股权基金二手份额交易平台，通过挂牌将所持有的基金份额转让给其他投资人以实现自由退出，提升整体市场资金的流通效率。通过产业基金二手份额交易平台的设立，可以满足文化创意产业基金多方参与者的不同需求，一是满足卖方市场对于资金流动的迫切性，有限合伙人可以满足短期获利或者流动需求直接退出市场，也可以更换其他投资项目，重新配置投资比例；二是通过二手份额交易，基金管理者（普通合伙人）通过解决有限合伙人的退出问题来促进后续资金的筹集，另外通过市场反应对投资项目进行再评估；三是对于场外持币观望的投资人，在错过初始投资后，会将投资目标转向那些资源禀赋优质的基金或者项目上，通过购买二手份额，新投资人可以以较短的回报周期，较小的投资风险等参与到投资

[①] 私募基金二手份额转让，是指投资人在基金完全实现清算退出之前，将所持有的基金份额转让给其他有意向购买的投资者。在二手份额转让过程中，不单原投资人退出，同时新投资人进入，既满足了原投资人的流动性需求，又保证投资基金正常运营不受影响。

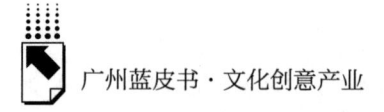

标的优质的项目中,并获得较高的投资回报,对比初始投资者,具有更稳健的投资吸引力。

参考文献

徐鹏程:《文化产业与金融供给侧改革》,《管理世界》2016年第8期。

李露:《科技创新视角下文化产业与金融供给侧协同发展机制研究》,《科学管理研究》2018年第6期。

顾江、车树林、贺达:《金融错配对文化产业全要素生产率的影响研究:理论与实证》,《江苏社会科学》2018年第1期。

蔡晓璐:《私募股权投资基金(PE)投资组合对文化产业安全的影响路径》,《经济师》2016年第4期。

朱尔茜:《政府文化产业投资基金:基于公共风险视角的理论思考》,《财政研究》2016年第2期。

B.8
广州地区媒体融合发展态势研究

文远竹*

摘　要： 广州地区媒体集团在媒体融合发展方面积累了许多经验，如南方报业的对内融媒体、对外融资源，羊城晚报的双轮驱动转阵地、新媒体渠道优先，广报集团的坚持移动优先战略、推进媒体深度融合等。但跟上海、浙江等地先进媒体集团相比，仍存在转型方向不够明确、新媒体布局不够全面、缺少现象级产品、对细分市场挖掘不够、产业运营和资本运作成效不突出、收入结构没有实现多元化等不足。本文建议广州媒体在加强互联网思维、打造移动传播矩阵、搭建媒体融合新平台、从"渠道融合"转向"经营融合"等方面进一步发力。

关键词： 媒体融合　广州　传媒产业

推动传统媒体和新兴媒体融合发展，是党中央着眼巩固宣传思想文化阵地、壮大主流思想舆论作出的重大决策部署。习近平总书记强调，推动传统媒体和新兴媒体在内容、渠道、平台、经营、管理等方面的深度融合，着力打造一批形态多样、手段先进、具有竞争力的新型主流媒体，建成几家拥有强大实力和传播力、公信力、影响力的新型媒体集团，形成立体多样、融合发展的现代传播体系。本文在深入南方报业、羊城晚报、广报集团等广州地

---

* 文远竹，广州日报报业集团研究室主任，高级记者，传播学博士。

区主流传媒集团实地调研，与上海报业集团、浙江报业集团等先进媒体集团进行比较研究的基础上，总结广州媒体在媒体融合发展方面的经验做法和存在的不足，并提出相关对策建议。

一　广州地区媒体融合的经验做法

（一）南方报业：对内融媒体，对外融资源

1. 实施移动优先战略

南方报业集团推出的"南方+"App，已成为广东最具影响力的权威移动信息发布平台。为推动集团旗下各媒体有机互联、深度融合，积极建设采编一体化"中央厨房"，将集团所有媒体全面接入一体化稿库，实现集团内容资源有机共享，传播效果及时反馈，多元生产和个性化生产有序进行。

2. 大力推进传媒+

南方报业集团积极参与广东省三个百亿元级文化产业基金的组建，以"媒体+金融"模式力推媒体转型；与广东广播电视台共同组建南方财经全媒体集团，全力发展"媒体、数据、交易"三大业务；积极参建省大数据交易中心；推出系列传媒大数据、舆情大数据产品，打造"数据媒体"，南方舆情数据服务已在广东地区实现市场规模、项目签约额、综合影响力"三个第一"。

3. 南方"网红"培育工程

南方报业在国内率先打造新媒体时代的主流媒体"网红"。首批15名、第二批25名"南方名记"按照"一人一策"的培育方案精心培育，推出了一大批传播力、影响力俱佳的全媒体内容精品。

（二）羊城晚报：双轮驱动转阵地，新媒体渠道优先

羊城晚报报业集团大力实施"一手抓报纸改革，一手抓新媒体创新"的双轮驱动发展战略，加速推进新闻主阵地从纸媒向移动传播平台的转变。羊城晚报社在报社进行全流程再造，核心指标就是确立了新媒体渠道优先，

确立了将动态新闻在新媒体呈现、深度报道留给纸媒的基本原则。"报纸不再发一般性的动态新闻,砍掉的40%全部转向移动端。"羊城晚报早在五六年前就开始做了内容定位的腾挪,抓标题、抓版式、抓评论、抓深度报道,与互联网错位发展,扬长避短。

1. 平台升级,技术先行

2015年,羊城晚报以"中央厨房"运作模式为标准,成立"一平台三中心",即全媒体采编大平台和全媒体指挥中心、新闻可视化中心、多功能演播中心,初步形成"中央厨房"运作机制。2017年,羊城晚报全媒体指挥中心全面升级改造,以中心DLP显示大屏幕为载体,充分利用各种新闻大数据、云计算和人工智能互动技术,并将大屏、PC端和移动端三屏合一,实行联动,从而全面提升全媒体指挥中心在数据支撑、线索发现、报道策划、指挥调度、生产监控等方面的综合能力,被报社员工称为"航天指挥中心"。中央厨房每天开火,全媒体指挥中心每天都在发挥作用,实现了对人力成本的集约利用,一站式对多发布平台的指挥协调。

2. 拳头产品,初见成效

目前,羊城晚报旗下的金羊网、"羊城派"客户端,在广东地区的营收及影响力都可以媲美母报了。截至2017年7月,羊城晚报官博粉丝已经突破1000万,条均阅读数都在25万以上。官微"羊城晚报"发力稍晚,但经过努力追赶,粉丝目前已达约130万;综合实力在国内180多家综合性纸媒公号中稳居前20名,处于第一梯队。"羊城派"App截至2017年12月,下载量超3000万。

"羊城派"的真正拳头产品是"记者帮",它主打消费维权、公共服务协调及政务服务沟通。通过"用户爆料—记者、编辑协助—网友专业用户建议"和连接公共服务来增加使用者的黏性。"记者帮"平均每天为用户解决5单以上疑难问题,并取得了良好的口碑。

羊城晚报其他融媒产品也体现了"用户至上"的功能。比如公众号"岭南大医馆"、"贪吃社"、"小羊审片室"(视频)、"羊城晚报微生活"等,针对家庭主妇、中学生、驴友、观影团、吃货、车主、猫奴等细分群体,供给用户急需的生活工作学习的服务。同时,"羊晚"还积极与腾讯、阿里巴巴、

今日头条、UC浏览器等知名企业合作，探索内容产品的优质变现方式。在2016年里约奥运会期间，试水推出新的视频节目——"YoungTV"和音频节目——"酱紫FM"。

下一步，羊城晚报的新媒体要做减法，找准某个领域的垂直细分市场，纵深开展，绝不平均用力。

3. 整建制全员转型

羊城晚报大力推进全媒体化采编工程，将"广州编辑部""区域编辑部"整建制地转为"广州新闻全媒体编辑部""区域新闻全媒体编辑部"打造"两栖记者""两栖编辑"。从原来交稿就算完成任务，到现在95%的记者编辑更关注稿件的影响力、传播量、转载量，羊城晚报社用了5~6年的时间，让采编人员实现观念的转变。

内部奖励机制方面，羊城晚报通过对纸媒产品、数字产品实行统一考核的方法，2016年报社员工的收入实现较大幅度提高，也极大调动了员工的积极性。

（三）广报集团：坚持移动优先战略，推进媒体深度融合

广州日报报业集团作为全国第一家报业集团，也是第一家由新闻出版总署批准在主板上市的党报集团，近年来积极推进媒体融合发展，形成了"建设枢纽平台、构建融媒方阵、打造拳头产品"的工作思路，构建起"报刊+网站+移动端"的全媒体矩阵和立体传播格局，覆盖人群向亿级迈进，新闻内容的传播力、影响力和舆论引导能力显著提升。通过研究比较，我们发现广州在媒体融合的大方向上与沪浙媒体是相同的，起步也是比较早的。如广报集团媒体融合中央编辑部2014年底投入使用，是全国首个"中央厨房"模式的融媒体运行机制和实体机构，并入选2014年全国报刊业创新十大案例；广报集团的采编序列改革比上报集团还要早，上报集团做出的采编序列改革方案很多方面借鉴了广报集团的做法。

1. 坚持移动优先

初步构建起"报+网+端+微+库（智库）+院（数据研究院）"一体化生产，核心圈（广州日报客户端、官方微博、微信、广州日报大洋网）、紧

密圈（信息时报微社区 e 家通、南风窗新媒体、大洋网两微及头条号）、协同圈（各部门垂直类微信公众号、系列报刊新媒体）三圈环流的融媒体方阵。人民网研究院《2018 全国党报融合传播指数报告》显示：在 377 家党报中，广州日报融合传播力排名全国第三、全省第一，报纸传播力排名全国第二、全省第一，微博传播力排名全国第四、全省第一，微信传播力排名全国第四、全省第一，客户端传播力排名全国第五、全省第二，网站（大洋网）传播力排名全国第十、全省第一。

2. 打造拳头产品，推出优秀融媒作品

截至 2019 年 2 月底，广州日报数字报累计用户超过 1000 万，广州日报官方微博粉丝数 1500 万，微信公众号粉丝数 143 万；广州日报客户端总装机量超过 2270 万，总阅读量超过 7.65 亿；官方微博阅读量超过百万＋、微信公众号阅读量超过 10 万＋的产品总计超过 340 个。"微社区 e 家通"开通 120 条街道，渗透 400 万本地用户，"先锋 e 党建"平台实现街道党建工作全覆盖。《牢记总书记嘱托，百人畅谈广东五年创新路》被中国报协评为"十九大融合报道十佳案例"。原创 MV《福气广州》获中国报业深度融合发展视频作品一等奖。融媒产品《地球另一边的巴拿马，习主席"不感陌生"，广州人倍觉亲切》，中宣部阅评表扬"有力配合国家领导人高访的内宣和外宣工作"。2018 年至今，广州日报大洋网发布、广州日报中央编辑部共有 88 篇稿件获中央网信办全网推送。

3. 以广报中心新大楼搬迁为契机，高起点规划建设新一代融媒体平台

2014 年 12 月投入使用的广州日报报业集团中央编辑部是全国首个"中央厨房"，多次获全国大奖。于 2019 年 1 月 19 日正式投入使用的广报集团融媒体技术支撑体系对标国内行业最高标准，历时 2 年多精心打造而成。该技术体系创下了 4 项国内媒体纪录：一是面积最大的采编指挥中心，指挥中心面积达 2800 平方米；二是面积最大的指挥中心大屏幕，面积为 4×16 米，比人民日报的大屏面积大 1/3；三是代表目前业绩最高水平的采编生产系统，真正能够实现移动化的全媒体策、采、编、发；四是对标行业最高标准的信息中心机房，建成了国内媒体中最新、最安全的机房网络硬件系统。这

套对标全国最高水平打造的系统，打破了报刊、网站以及其他新媒体之间的界限，建立传统纸媒与新媒体融合统一的策采编审发流程，初步实现了"一套系统、滚动采集、滚动发布、多元产品、多媒出版"。接下来还将加快推进广州市、区融媒体中心建设。

二 广州媒体在媒体融合方面存在的不足

广州地区媒体与上海、浙江等地区先进媒体单位在转型决心、互联网思维、机制创新、拳头产品等方面仍存在较大差距。

（一）转型决心不够坚决，转型方向不够明确

广州媒体目前还没有一家做到全员整体转型。而在上海，《东方早报》完全放弃了报纸，转型为新媒体；《解放日报》作为省级党报已经整体转型，只留下不到1/6的员工值守报纸。在调研中，全员做新媒体的概念在浙沪媒体中被频繁提及。浙报的"媒立方"，堪比人民日报的"中央厨房"，浙报的投入之大决心之大，可想而知。而广州日报的"中央厨房"虽然启动得早，但在规模、技术和运转效率上，都还有待提高。

（二）新媒体形态迭代不够及时，布局不够全面

进入移动互联网时代，新闻资讯的载体和传播渠道更新迭代越来越快，门户网站已成传统媒体，BBS、博客已经衰落，移动应用、社交媒体成为主要信息入口，聚合类平台、自媒体公号、网络直播、问答社区等成为传播重要源头，这就要求传统媒体加速布局。上报集团对新媒体形态快速跟进，目前已经有10种新媒体形态，234个新闻端口。浙报集团把网络游戏、电竞直播平台纳入新闻推送渠道，大大拓展了用户数量。在这方面，广州媒体与它们还存在一定差距。

（三）拳头产品不突出，缺少现象级产品

上报集团有澎湃新闻、上海观察、界面等产品；浙报集团有浙江新闻，

这些拳头产品在地方乃至全国都已经打出了影响力。反观广州，传统纸媒曾经是一纸风行全国，但新媒体项目却没有跟上，目前尚没有一款在全国叫得响的新媒体产品。

（四）对细分市场研究不透、挖掘不够

浙报最受读者欢迎的新媒体产品"钱报有礼""浙江名医馆""杭州吃货"等，运用新媒体技术为读者提供线上线下的量身定制服务，获得大量忠实用户。《萧山日报》周六不出报，而是出《花季雨季》和《老爸老妈》专刊，带动了一系列品牌活动。可见，尽管面临新媒体的竞争，但传统媒体在本地的细分市场仍然占有优势，还有继续发掘的潜力。广报集团尽管推出了"健康有约""求学指南""揾食广东"等垂直细分新媒体产品，但在影响力和市场占有率方面仍有深挖空间。

（五）产业运营和资本运作成效不突出，收入结构没有实现多元化

在纸媒广告、发行收入下滑的情况下，各报业集团都走上了类似浙报"传媒控制资本，资本壮大传媒"的道路。依靠多元产业给传媒主业"供血"是可行的，但这也对报业集团的经营能力提出了更高的要求。产业运营和资本运作，是专业性强、风险较高的行业。浙报在这方面做得风生水起，上报和杭报进展也很顺利。这3家的非报收入都已经超过了传媒主业，具备反哺主业的能力。而在这方面，广州媒体仍是"一报独大"或"一媒独大"，主要收入仍然依靠传统媒体的广告收入，新媒体的盈利模式不清晰、多元经营的前景不明朗，控股上市公司的资本运作也没有取得明显成效。

（六）人才队伍不适应新媒体的需求，年龄和专业结构不合理

传统媒体的采编团队，其年龄结构和专业结构并不能很好地适应媒体融合的要求，引入新鲜血液不可避免。浙报集团6000多名员工中，新媒体团队达2100人，其中技术研发团队已达1100多人；上报集团的新媒体项目

"唔哩"是面向"90后"的,其团队3/4是"90后",而且3/4是技术人员。广州媒体整个人才队伍年龄偏大,近年来优秀采编人员流失严重,技术人才和经营人才缺乏也是长久以来没有解决的痛点。

三 对广州媒体融合下一步发展的对策建议

当前,推动传统媒体和新兴媒体融合发展已经提高到国家战略的高度,广州媒体要紧跟时代步伐,进一步提高思想认识,坚定不移地推进中央和省市的部署,发挥自身优势,运用先进技术,推动传统媒体和新兴媒体尽快从相"加"迈向相"融",占领信息传播制高点,在互联网上特别是新兴媒体领域牢牢掌握话语权。

(一)强化互联网思维,坚定不移推进媒体深度融合

习近平总书记多次强调,领导干部、新闻媒体要有互联网思维,要强化互联网思维,坚持传统媒体和新兴媒体优势互补、一体发展。推进媒体深度融合是一项复杂的系统工程,也是一场划时代的变革与创新,尤其当前正处于向纵深推进的关键阶段,需要党委政府加强顶层制度设计和督促指导,统筹协调各方力量和资源,强化政策保障和加大资金支持力度。对此,市委、市政府特别是宣传系统要统一思想认识,进一步推动《广州市加快推进传统媒体和新兴媒体融合发展行动方案》落实。市委宣传部门、网信、发改、财政、文广、工信等部门要形成合力,用互联网的思维办媒体、抓融合、促发展,把党管宣传、党管意识形态、党管媒体落到实处。要加强统筹规划,创新方式方法,整合政策资金,强化人才支撑,加大对市属主流媒体融合发展的扶持,把广州日报报业集团和广州广播电视台全面建成形态多样、手段先进、覆盖多终端,具有强大传播力、公信力、影响力、竞争力的新型主流媒体,形成立体多样、融合发展的现代传播体系,努力使全市媒体融合发展走在全国、全省前列。

（二）打造移动传播矩阵，努力创作新闻精品

广州媒体融合发展到现阶段，大都已经建立了各自的媒体矩阵，如广州日报两微一端、广州参考App、广州日报大洋网，广州广播电视台的掌中广视融媒体、广视网移动客户端，等等，在广州市重大政务活动和重大突发事件中发挥了重要作用。但是在全国的影响还不够大，布局完成也不代表转型成功。目前来看，在移动传播载体中，新闻客户端（App）功能比较完备、信息容量大、方便易用。我们可以借鉴上海等地的经验，整合市属媒体的优势力量，集中精力打造一到两个重大项目，集合广州日报、广州广播电视台的采编力量和音视频技术，在一个App上实现读报纸、看电视、听广播等功能。与此同时，不管移动传播矩阵的形态如何发展变化，移动新闻产品的质量始终是重中之重，"内容为王"的法则始终不会过时。广州主流媒体要抓住大数据、云计算、人工智能等新技术与传统媒体融合发展的机遇，紧紧围绕建设国家重要中心城市的战略定位，聚焦枢纽型网络城市建设，加强重大主题报道策划，着力在挖掘广州历史文化、宣传改革开放成果、提升城市魅力和国际影响力等方面下功夫，推出更多有思想、有温度、有品质的深度新闻、精品文章，守护好准确、权威、专业的"金字招牌"。要创新内容表达方式，推出各种样式和形态的移动新闻产品，如直播新闻、互动新闻、个性新闻、可视化新闻、动新闻、听新闻、大数据新闻、机器人新闻、VR新闻等，满足多样化和个性化的信息需求，实现线上线下互动。

（三）打造全媒体中心，搭建媒体融合新平台

推进媒体深度融合，关键要重构采编流程，拆小灶建大灶，建设全媒体"中央厨房"，打造全媒体中心，做到一次采集、分类加工、多元发布，从而实现媒体内容资源的最大化利用。广州日报报业集团媒体融合中央编辑部是全国首个"中央厨房"，媒体融合功能比较完善，通过"中央厨房"融媒体技术平台，接入外部各单位、各部门的内容信息资源，并为它们提供内容推送、传播反馈、舆情监测等方面的支撑和服务，将广报集团"中央厨房"

打造和升级成为一个汇集、发布、传播政府权威信息,开放共享、高效协作的广州信息交互枢纽和空间一流、技术领先、功能齐全的城市超级"中央厨房"。在条件成熟的情况下,可以借鉴外地的做法,在广州市属各家媒体各自建立的"中央厨房"或类似项目的基础上,整合广报集团、广州市广播电视台等全市主流媒体的优质资源,搭建一个大的"中央厨房",形成报纸、广播、电视、杂志、网络、微博微信全媒体的融合,使图文、音频、视频的内容资源优势和技术传播实现有效的优势互补,把推动融合发展与优化资源配置、优化结构布局紧密结合起来,实现新闻和信息生产的"统一指挥、统一把关,滚动采集、滚动发布,多元呈现、多媒传播"。

(四)围绕用户展开创新服务,从"渠道融合"转向"经营融合"

广州市主流媒体拥有长期积累下来的内容生产优势、品牌优势、公信力优势和用户基础优势,创新工作理念思路,既要做强媒体主业,深耕专业领域,又要进一步树立经营用户的理念,积极探索信息服务、文化创意、版权合作、广告经营等多种盈利渠道,找到适合自己的可持续发展模式,推进媒体融合再创新局。要根据用户的需求设计开发人性化的互联网技术新平台,与有实力的互联网企业、电信运营商以及政府机构进行战略合作,从单一提供新闻类信息转向提供"新闻+生活"类信息。如在信息时报社目前推出的"微社区·e家通"项目基础上,加大政府扶持力度,整合各方资源,与全市各街镇、社区居委会实现深度合作,搭建微信公众号矩阵,打通街道、社区公共服务的"最后一公里",把"新闻+服务"的阵地深入社区中。要利用大数据深入分析用户的群体分布特征和多样化个性化需求,利用自身优势,拓展和涉足医疗健康、美食攻略、交通出行、教育文化、健身休闲、网络游戏、会展、电商等领域,做到精准生产、精准传播、精准服务,提升用户体验,形成新型产品集群和影响力,从传统媒体依赖广告和单一的广播电视制作播出,转为从新媒体的流量和相关产业中获得收益,提高资产经营质量。

（五）更加重视人才建设，着力打造一支高效精干的全媒体团队

全媒传播需要全媒人才，媒体核心优势是人才优势。广州媒体融合要把全媒人才培养摆在突出位置，在全媒体人才的引进与培养方面，可以采用多种合作模式，比如，与知名高校联合开设全媒体实验室，将高校科研优势、师生资源与媒体实战资源进行强强联合；与腾讯、网易等知名互联网企业合作开设实训营，通过企业的大数据平台与前沿技术，对相关全媒体人才进行"点对点"的重点培养，将关键岗位的人才送到大学甚至送去国外进行回炉再造。要进一步深化团队激励和员工整体薪酬体系改革、采编人员职务序列改革、股权期权激励等人才激励机制，建立健全明确的考核制度。要为员工规划好职业生涯坐标，重点引导现有采编、经营人员向全媒记者、全媒编辑、全媒管理人才转型。鼓励名记者、名编辑、名评论员、名主持人到新媒体平台上去施展拳脚，争做正能量"网红"。

行业研究篇
Industry Analysis

B.9
广州市印刷产业发展现状与思路研究

李巧玲　郭贵民*

摘　要： 改革开放以来，顺应国家政治、经济、文化、社会、生态文明建设的形势和要求，广州市印刷业形成了逐步壮大的良好态势，促进了广州市社会主义文化的建设与传播、传承。本报告在了解和掌握2017年广州市印刷业经营状况的基础上，为广州市印刷业在面临强环保治理背景下提出发展建议。报告认为，建设印刷文化创意产业园是未来广州市印刷业走向持续发展的重要发展思路。

关键词： 印刷产业　文化创意产业园　环保治理

---

* 李巧玲，广州市出版印刷行业协会秘书长；郭贵民，广州市社会科学院产业经济与企业管理研究所副研究员。

一 2017年广州市印刷业现状

（一）总体发展态势分析

2017年广州的印刷企业共有1653家，企业总量与2016年同比减少了9家；注册资本103.5亿元，比2016年增加了0.65%；工业总产值286.7亿元，比2016年增加了13.64%；工业增加值为61.8亿元，比2016年增加了4.18%；对外加工贸易额35.3亿元，比2016年增加了22.47%；销售收入277.7亿元，比2016年增加了16.95%，从业人员65876人，比2016年减少了3.19%。

2017年广州印刷企业的数量小幅下降，从业人员减少。2017年印刷企业的减少一方面是强大的环保督查治理行动造成不少企业停业注销，另一方面，新企业建立因为需顾及生产场地必须安置在符合环评要求的工业园区内等一系列要求，增加了企业建立的成本，令新企业数量增加的速度放慢。作为省会城市的广州受用地规划的制约，印刷企业的外迁与关闭还在持续。

2017年广州印刷工业总产值、利润、工业增加值均有增长。在印刷业面临环保治理的严厉措施，产业经营极不稳定的环境下，各项经济指标都显示出增长的态势，很多印刷企业加快转型升级步伐，越来越重视高产能设备的配置，业务方面向高级包装产品方向开拓，网络接单方面有了很好的突破，使企业产值有了一定程度的提高，利润也有了不少增长，2017年整体印刷企业总量利润总额的增长率对比2016年也增长了12.24%（见表1）。综合分析2017年广州市印刷行业整体财务盈利能力的提升，一方面受益于业务总量的增加，另一方面企业管理能力的加强、销售费用的节约带来了利润的增长。

表1　2016～2017年广州市印刷产业发展情况

主要经济指标	年度 2016	年度 2017	同比(%)
企业数量(家)	1662	1653	-0.54
注册资金(亿元)	102.8	103.5	0.68
工业总产值(亿元)	252.2	286.7	13.68
工业总产出(亿元)	252.9	298.5	18.03
工业增加值(亿元)	59.3	61.8	4.2
对外贸易加工额(亿元)	28.8	35.3	22.57
主营业务销售额(亿元)	223.5	260.6	16.60
销售收入(亿元)	237.4	277.7	16.98
利润总额(亿元)	9.8	11.0	12.24
主营业务税金及附加(亿元)	2.3	2.1	-8.70
从业人员(人)	68049	65876	-3.20

资料来源：广州市出版印刷行业协会根据广州市印刷行业信息管理平台数据整理。

2017年课题组对广州印刷业1653家企业情况进行了抽样调查分析。对1653家企业进行随机抽样，采用分层抽样、等距抽样的方法，抽取7%的样本共122家企业进行综合分析。企业按出版物类、包装装潢类、其他印刷类、专项类、数字印刷类分成五组。全部印刷行业样本企业共122家，平均毛利率为16.86%，最低的是其他印刷类企业12.74%，是由成本过高造成。整个印刷行业2016年平均毛利率13.54%，净利润率1.20%，销售费用率4.28%，管理费用率7.84%；2017年平均毛利率16.86%，净利润率4.24%，销售费用率3.43%，管理费用率6.99%。通过以上财务指标比较，2017年的毛利率、净利润率均高于2016年，2017年销售费用率、管理费用率和2016年的数据相近。从样本的情况看毛利率与净利润率均高于2016年，两费用率都低于2016年，因此从整体财务状况看盈利能力有所提高。

以上增长的态势表明，在环保治理趋严、业态竞争激烈的倒逼下，企业的创新机制与应对能力有所提高。

(二)印刷业中包装装潢印刷业和出版物印刷业体量较大

从表2中可以看出广州印刷业结构情况,2017年,广州市印刷业中,包装装潢印刷业和出版物印刷业体量比较大。出版物印刷业工业总产值472208.1万元,占全市印刷业总工业总产值的16.5%;利润13486.6万元,占全市印刷业利润总额的12.3%;包装装潢印刷业工业总产值2286631.9万元,占全市印刷业的79.8%,利润93216.2万元,占全市印刷业利润总额的84.7%;数字印刷业工业总产值56048.4万元,占全市印刷业总产值的1.95%,利润2765.2万元,占全市印刷业利润总额的2.5%。排版制版装订专项业总产值为5423.8万元,占全市印刷业总产值的0.2%,利润总额为-43.0万元。其他印刷业总产值45812.1万元,占全市印刷业总产值的1.6%,利润940.8万元,占全市印刷业利润总额的0.9%。

表2 2017年广州市印刷业行业结构

类别	销售收入（万元）	工业增加值（万元）	工业总产值（万元）	工业总产出（万元）	利润总额（万元）
出版物印刷业	454491.9	159400.3	472208.1	478905.8	13486.6
包装装潢印刷业	2214749.6	442449.3	2286631.9	2397584.2	93216.2
其他印刷业	44997.8	6699.3	45812.1	47982.1	940.8
排版制版装订专项业	5752.4	390.3	5423.8	5569.4	-43.0
数字印刷业	56499.0	8570.1	56048.4	54288.0	2765.2

资料来源:广州市出版印刷行业协会根据广州市印刷行业信息管理平台数据整理。

包装装潢类印刷业在广州市印刷业中处于主导地位,这是由于包装市场急剧膨胀,覆盖食品、药品、化妆品、烟包等巨大的市场需求催生了不少这方面企业的设立和发展,并不断地扩张壮大延展产业发展的空间。该类企业规模大小不一、技术专业细分领域明显。课题组2017年抽取了60家包装装潢类企业作为调研企业样本,这些样本企业全部营业收入为21.99亿元,营业成本18.98亿元,销售费用6089.79万元,管理费用11654.13万元,净利润为8941.87万元。平均毛利率为13.71%,净利润率为4.07%,接近行业平均水平，其中6家企业为负值，54家企业为正值。净利润为负值的企业普遍费用率高企，导致盈利亏损。千万元收入以上的包装装潢企业的毛利率和净利润率均高于十万元、百万元收入的企业。另外，60家样本企业中超过平均净利润水平的企业仅有4家，仅占6.67%，其中东港安全高达14.53%的净利润率，拉动了此类样本企业的平均利润率水平。实际大部分的样本包装装潢企业的净利润水平多数在0.1%~2%的幅度，总体盈利水平弱。平均销售费用率为2.77%，由于随机抽样该样本组的销售费用部分企业没有发生或没有单独反映，低于行业平均水平，管理费用率为5.3%，样本企业所反映的管理费用率差异也很大，有的高达88.85%，总体低于行业平均水平。因此，该类企业的盈利能力分化大，盈利能力很强的也有，弱的也不少，总体盈利尚可。

广州市的出版物印刷业虽然企业数量少但集聚了广州市印刷业规模企业中的精英企业，此类印刷企业资产总额122.16亿元，占全市印刷企业资产总额304.54亿元的约40%。2017年课题组抽取了20家出版物类企业为样本，这些样本企业全部营业收入为7.62亿元，营业成本6.21亿元，销售费用3686.34万元，管理费用6765.03万元，净利润2173.40万元。平均毛利率为18.40%，在整个印刷行业里排第三位，高于全行业平均值。净利润率为2.85%，该类企业的样本净利润值均为正值，没有亏损企业，有一半以上的企业净利润值均在0.1%~2%的范围内，净利润率低于行业平均水平（4.24%）。平均销售费用率为4.84%，行业平均值为3.43%。管理费用率为8.88%，属正常水平。该类企业总体盈利水平正常。

数字印刷类专营印刷业企业总数近年来一直处于持续增加的态势，这是行业发展的趋势，也是企业转型升级的发展方向。此类印刷企业虽然数量少，却拥有主导创新，提升产业绿色化、数字化、智能化生产的能力，带来行业新增长新动能的领先优势。2017年课题组抽取了10家数字印刷类企业样本，这些样本企业全部营业收入为22182.57万元，营业成本12714.41万元，销售费用1246.98万元，管理费用为3541.11万元，净利润为2540.21万元。平均毛利率为42.38%，净利润率11.45%，整体收入规模大，成本正常，所以毛利率是行业内最高的。净利润率11.45%，远远高于行业平均水平（4.24%），居行业各类企业的第一位。销售费用率平均为5.62%，管理费用率为15.96%，这两个指标偏高于行业平均水平，但由于总体的收入水平高，总体的盈利情况比其他类别企业好，盈利能力最强。

其他印刷类企业日益被印刷市场边缘化，此类企业只能应对简单的两色印刷，以少量印刷为主。在环保治理下的数字化、智能化印刷企业蓬勃发展背景下，其业务量无法扩充和稳定，将导致其缺乏竞争力，必定会成为印刷行业中状况最差逐渐被淘汰的一个板块。2017年课题组抽取了23家其他印刷类企业为样本，这些样本企业全部营业收入为2423.01万元，营业成本2114.27万元，销售费用4.77万元，管理费用为238.36万元，净利润为11.29万元，其中有10家企业为负值，13家企业为正值。与出版物类企业和包装装潢企业比较，其他印刷类企业整体营运规模要小很多，前者达亿元，后者没有超过千万元的，部分企业营收达百万元。平均毛利率为12.74%，接近行业平均水平。平均净利润率为0.47%，为全行业各类别中最低，因为亏损企业多，所以整体盈利水平差。平均销售费用率为1.97%，管理费用率为9.84%。由于多数企业没有发生或单独反映导致销售费用率偏低，管理费用率略高。

排版装订类企业日渐成为依附大中企业而生存的企业，作为承接大中印刷企业的后续生产环节，设备先进、生产效率高、专业化与精细化程度越高生存的机会越大，反之，将会被淘汰。而此类印刷企业在广州市印刷业中的地位从目前来看还是稳固的，其为大中企业填补后加工生产的作用是不可或缺的。2017年课题组抽取9家专项类企业为样本，这些样本企业全部营业收入为2177.80万元，总体营业收入高，营业成本1696.43万元，销售费用0.26万元，管理费用为373.41万元，净利润为1.96万元。平均毛利率为22.10%，高出行业平均接近5个百分点，净利润率为0.9%，其中有1家企业为负值，1家企业零利润，7家企业为正值，平均销售费用率为0.12%，管理费用率为17.15%，管理费用率在印刷业中最高。虽然毛利率高，但是居高的管理费用率造成企业盈利水平偏低及亏损。

从产业结构来看，广州市印刷业基本形成了以包装装潢占主导、出版物印刷企业与数字印刷企业引领创新、产业保持优质增长稳定发展的局面。

（三）印刷业区域分布在外围区域，中心城区相对较少

印刷企业数方面，2017年全市印刷企业在广州市各行政区域的分布格局基本和2016年的分布差别不大，与2016年相比，白云区、天河区、黄埔区、南沙区企业数量有少数增加，从化、花都、荔湾、增城均是少量减少，所占比重均大致一致。企业数量最多的区前三位是白云区、海珠区、番禺区，分别有317家、309家和194家。排名后三位的依次是从化区、南沙区和越秀区，分别有印刷企业54家、53家和36家（见图1）。

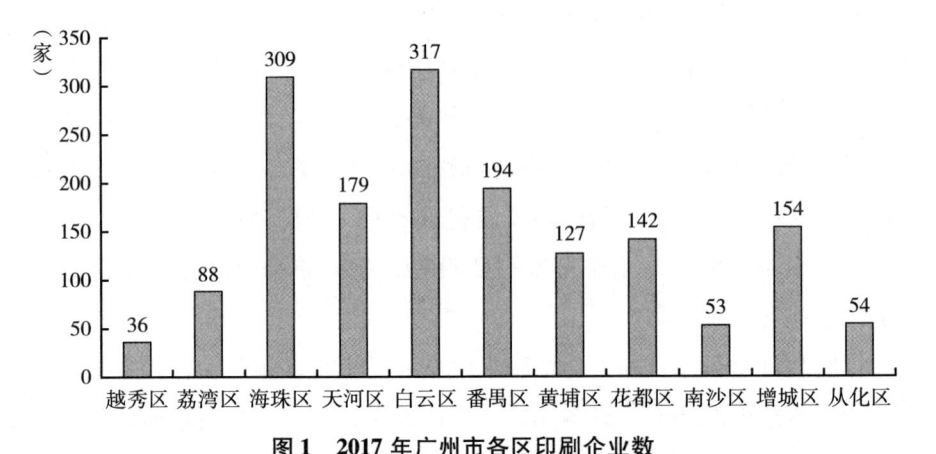

图1　2017年广州市各区印刷企业数

资料来源：广州市出版印刷行业协会根据广州市印刷行业信息管理平台数据整理。

印刷业资产总额方面，2017年广州各区印刷业资产总额前三名分别是番禺区、黄埔区和白云区，分别为63.09亿元、60.39亿元和56.96亿元，此三区资产总额都超过50亿元。后三名是海珠区、从化区和荔湾区，分别为13.08亿元、10.26亿元和4.52亿元（见图2）。

平均资产总额方面，2017年黄埔区、越秀区、南沙区和番禺区印刷业相对较高，黄埔区印刷业的127家企业资产总额达60.39亿元，平均每家企业是4755万元的资产价值，越秀区印刷业企业平均资产总额是4525万元，

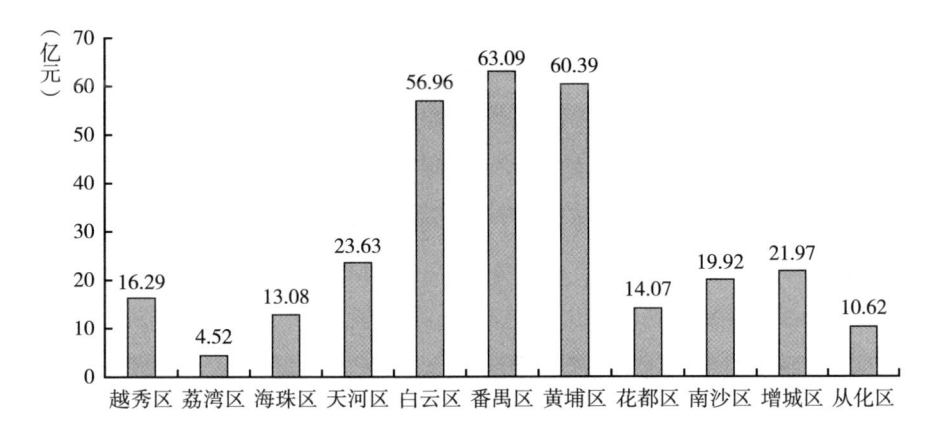

图 2　2017 年广州市各区印刷业总资产

资料来源：广州市出版印刷行业协会根据广州市印刷行业信息管理平台数据整理。

南沙区印刷业企业平均资产总额为 3758 万元，番禺 194 家企业平均资产总额是 3252 万元，从化区印刷业企业平均资产总额为 1966 万元，白云区印刷业企业平均资产总额是 1796 万元，增城区印刷业企业平均资产总额为 1426 万元，天河区印刷业企业平均资产总额是 1320 万元，花都区印刷业企业平均资产总额为 990 万元，荔湾区印刷业企业平均资产总额是 513 万元，海珠区虽有 309 家企业，但资产总额仅有 13.08 亿元，企业平均资产总额为 423 万元。由此看出除越秀区承载了历史上有房产物业抬高了企业资产总额因素的印刷企业外，总体而言，大企业规模企业都集聚在黄埔区、南沙区、番禺区等区域，海珠区虽有数量众多的企业但是资产总额却是所有区企业平均最弱的，以小型个体企业为主。

工业总产值方面，2017 年广州市印刷业工业总产值前三分别是番禺区、黄埔区和南沙区，工业总产值分别为 71.94 亿元、54.68 亿元和 36.19 亿元。工业总产值较少的区为海珠区、从化区、荔湾区和越秀区，分别为 10.52 亿元、10.25 亿元、4.82 亿元和 3.22 亿元（见图 3）。

对外加工贸易额方面，2017 年印刷业比较突出的是番禺区和南沙区，两区对外加工贸易额分别有 18.21 亿元和 9.9 亿元，番禺区和南沙区两区占全市对外加工贸易额的 79.59%，遥遥领先于其他行政区外贸额的总和（见

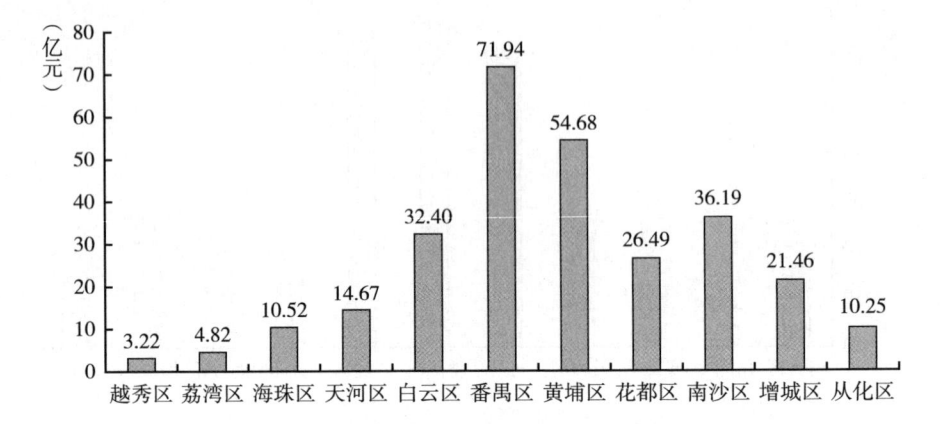

图3　2017年广州市各区印刷业工业总产值

资料来源：广州市出版印刷行业协会根据广州市印刷行业信息管理平台数据整理。

图4）。说明了番禺区和南沙区的对外贸易印刷业务2017年在保持优势的情况下仍然有大幅度增长，使全市对外贸易额对比2016年有1/5的增量。这一方面得益于2017年世界经济的微复苏，需求略有扩张；另一方面也得益于广州市印刷行业一直以来得到政府对外开拓市场的各项支持，使企业在2017年对外贸易的业务量有较快的增长。

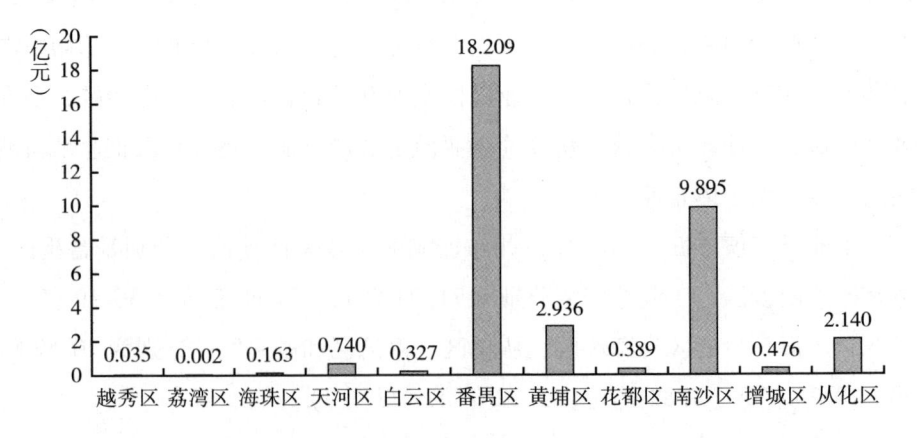

图4　2017年广州市各区印刷业对外加工贸易额

资料来源：广州市出版印刷行业协会根据广州市印刷行业信息管理平台数据整理。

从利润总额来看，印刷业利润总量排在前面的是黄埔区、番禺区、南沙区，分别为33619.3万元、31436.1万元和18712.9万元。荔湾区、海珠区、越秀区排后三位，分别为1751.6万元、1729.6万元和1452.4万元（见图5）。

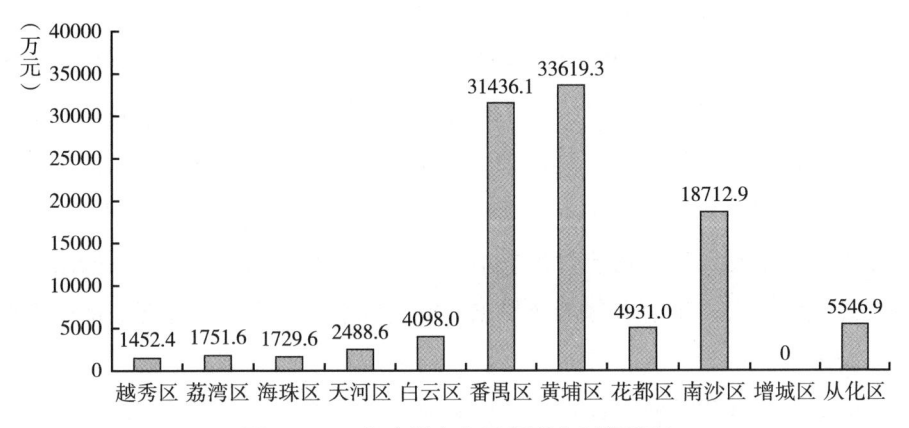

图5　2017年广州市各区印刷业利润情况

资料来源：广州市出版印刷行业协会根据广州市印刷行业信息管理平台数据整理。

总体而言，2017年各区印刷企业基本保持原有各行政区数量分布格局、变化不大，占比基本与往年一样，经济产能以黄埔区、番禺区、白云区、南沙区等为首的产业强区带动广州市印刷产业的发展，投资总额在广州市周边的布局将持续增长。在未来的格局中，中心城区越秀区、海珠区、荔湾区的产业功能将更加被逐渐弱化。全市印刷产业经营在向周边区域迁移、聚拢，中心城区印刷产业向数字化、智能化方向调整，产业在持续整合与调整的动态之中发展。

二　广州市印刷业发展面临的机遇和挑战

（一）广州市印刷业面临严格的环保治理

目前广州市印刷业面临着严峻的环保治理形势，2017年在环保治理下，印刷业遭受到严峻挑战，其挑战力度超过了2008年的国际金融危机，广州市印刷业的分化已在这一年开始显现。2016年底至2017年开始环保专项行动的深入督查，使广州市部分印刷企业的生产受到前所未有的影响。据不完全统计，环保督查行动引起的印刷企业关停、整顿、搬迁200多家，主要影响广州印刷产业片区的是天河区棠东的100多家企业，白云区鹤龙街道、嘉禾街道、均和街道等的100多家企业。海珠区石溪片区的200多家企业，被当地环保部门要求大面积停产、罚款，勒令限期搬迁。环保治理政策深度实施带来的结果，对于多年来对环保治理不重视的广州市印刷行业来说，是难以应对和适应的。不少印刷企业不得不停产，生产经营活动无法正常开展，营业收入得不到保证，还要付出成本维系正常的人工成本，为解决搬迁寻找符合准入的厂房、工业园区所要付出的资金成本，使很多企业遇到前所未有的经营困境。

面对这次环保治理，印刷企业以理解、理性应对的态度，配合政府按照环境保护、防治大气污染、保障生态文明建设对广州市印刷业的要求进行整改。通过一年整合，广州市印刷业产值出现一定的增长，但仅凭2017年产值总量的增长和工业增加值较之上年有4.18%的增长，还不能认为广州市印刷业已走出困境。

（二）国家印刷业发展战略为广州市印刷业发展提供了发展机遇

近几年，世界经济增长低迷态势延续，我国经济运行的结构性矛盾突出，传统的粗放发展方式已不可持续，经济发展面临着调整产业结构、转变发展方式的艰巨任务。我国印刷业也随着国民经济进入增速放缓、结构调整的新常态，加快培育产业发展新动能、引导实现动力转换成为"十三五"的主要任务。

国家新闻出版广电总局根据"十三五"时期文化改革发展规划和新闻出版广播影视"十三五"发展规划的要求，制定了《印刷业"十三五"时期发展规划》，提出了"绿色化、数字化、智能化、融合化"的发展方向。融合化的主要目标是推动印刷业由生产加工向综合服务转变，其中，文化创意和设计服务是重要板块。文化创意和设计服务处于印刷产业链上游，具有高知识性、高增值性的优势，同时还具有低消耗、低污染的特点，是印刷业应对同质化竞争、提升产品附加值的重要途径，也是培育发展新动能、引导发展新潮流的重要方向。

当前我国印刷业向创意设计融合发展的进度、力度和深度都还远远不够，还存在人才紧缺、资金短缺和知识产权保护不够等方面的瓶颈制约，但融合发展已经迸发出较强的发展动力和潜力。当前产业增速放缓、结构调整，有两类印刷企业仍保持快速发展，一种是具有规模效应的大型龙头企业，以规模效益和生产效率赢得市场。另一种是能够提供差异化产品的特色企业，通过灵活、快速、优质的提供短板、个性化产品赢得青睐，比如商业印刷领域，在电商平台的推动下市场在加速向优秀企业集中。按照印刷业"十三五"规划的部署，总局将大力推动印刷业融合发展，引导产业由生产加工向综合服务加快转变，聚焦文化创意和设计服务。

按照原国家新闻出版广电总局的部署，总局重点开展三个方面的工作。

第一，健全融合发展体制机制。一是引导资源整合。鼓励国家印刷示范企业、国家印刷基地（园区）及有条件的地区，依托资源条件和产业优势，建设印刷与创意设计融合发展聚集区。二是支持重点平台建设。推动企业与高校、研究机构的对接互动，引导创意设计向企业聚集，推动行业合作，共同探索印刷融合发展的模式。三是加强事中事后监管。运用信息技术手段，推动印刷管理制度的落实，加大对包装装潢印刷违规行为的查处力度，有效保护图书版权和知识产权。四是加强政策扶持。在政府评奖、质量管理、资金项目等方面向融合发展的企业和项目倾斜，充分发挥财政杠杆的引导作用。

第二，推动行业夯实技术支撑。一是按照印刷业"十三五"规划，设立建设一批国家级创新研发中心，建设创意设计高地，引领创意成果转化的商业模式。二是支持基础研究。重点是加强对创意设计中的印刷材料、包装结构、印刷工艺、色彩管理等重点基础领域的研究。三是拓展新技术新业态。推动创意设计与互联网、大数据、云计算、VR、AR等领域融合发展。

第三，强化专业人才队伍建设。一是鼓励印刷企业走差异化发展道路，加大创意设计人才、技术研发人才和经营管理人才的培养引进力度。二是加强产学研合作，支持院校和企业联合培养创意设计人才，鼓励企业设立培训基地、实操基地等。三是引导企业设立人才基金，建立健全绩效考核体系，推广融合发展条件下吸引人才、留住人才、用好人才的有效途径。四是充分发挥中国出版政府奖、毕昇印刷技术奖、职业技能大赛等奖项和活动的引导作用，完善人才发展激励机制。

（三）建立广州市数字印刷文化创意产业园的必要性

按照总局制定的印刷业"十三五"规划，结合广州市印刷业目前面临的困境，广州市有必要建立一个融合文化创意、设计服务、出版、印刷、包装产业链的产业园，主要原因如下。

解决困扰印刷产业发展的土地问题的需要。广州市作为省会城市，商品工业发达，对印刷包装的需求应为全省之最，而印刷业的生产还有很大的潜力，但由于广州市印刷企业的用地狭窄，不能购进更大型、更先进的生产设备，一些企业只能局限于小打小闹，经营方面举步维艰，很多印刷企业长期不能解决场地问题是发展受阻的主要原因之一。在环保治理的强大压力下，印刷企业搬迁没有空间。从2017年各区环保局反馈情况看，被列为"VOCs"严重污染行业的印刷产业已经成为各区污染防治治理中抵制进入的行业，找到符合环评标准准入的工业园区或厂房比较困难，白云区和海珠区的印刷企业就面临这样的困境，这是广州市印刷企业非常迫切需要解决的问题。根据目前广州市印刷包装行业所面临的困境，建设印刷产业文化创意园是印刷业可持续发展的有效措施。只有建立一个大融合、大聚集、大联动的以绿色环保作为建区原则，以完善的基础设施和硬件环境作为保障，具备完善的管理制度和有效的运营管理机构，在土地、消防、安全、节能、环保、卫生等方面符合国家相关规定和标准的数字印刷创意产业园，才能解决广州市印刷企业面临搬迁难的问题。

完善产业链的需要。当前印刷行业在全球的发展已呈现了欧洲、美国、日本、中国四大板块的印刷企业之间的竞争局面，不是印刷企业个体的竞争，而是产业板块和供应链的竞争。企业发展的潮流不是大而全，由产业供应链自然形成的上下游企业联合体才是企业发展的方向。通过印刷行业相关上下游产业的集聚，印刷产业实现产业的规模化、生产的专业化、企业的集团化，对广州市印刷优势资源进行再配置，建立一个高度集约、快速推动、有效管理、公平竞争、良性循环的平台，通过产业供应链整合，提高整个产业的运作效率，降低产业链总成本，打造行业的核心竞争力，从而提升广州印刷行业的国际竞争力和国际地位。产业园的建立就是要把文化创意和设计服务、出版与数字印刷、传统印刷融合在一起，开创一个具有新理念、新思维、新价值、新动能的印刷行业新局面。

推动进出口贸易的发展需要。广州市有着得天独厚的地缘环境和经济辐射能力，印刷工业在全国、全省的发展也位居前列。伴随着世界经济全球化发展，广州印刷业要加快与世界融合和接轨步伐。广州印刷产业急需一个能与国际企业交流的平台，这样可以大力推动印刷工业技术创新，全面提高印刷产品的质量，增加高科技含量，加快与国际标准接轨的进程，建立广州市数字印刷文化创意产业园必定会推进和加快广州市印刷业的发展速度。随着经济体制改革的不断深入，对外贸易规模不断扩大，中国在国际市场上的份额越来越大，对外贸易在国民经济中的作用日益突出。进出口贸易的不断增长，国外的企业不断地进驻国内，为印刷产业带来了竞争，也带来了一个全新的发展契机，印刷行业除了积极参与行业内部的国际分工，做好行业自身的调整，与国际接轨，还要努力为增强其他产品的市场竞争力服务，努力为之开拓更为广阔的国际市场空间。我国主要出口产品，如服装纺织、玩具、机械制造、农产品等近年来都将有较大幅度增长；与此同时，防伪技术的广泛应用和环保型纸类儿童玩具的呈现，促进了内需市场的不断扩大。而这些产业的增长，必将带动相应产品印刷包装的大幅度增长。随着市场形势的发展，市场需求的巨大潜力对印刷包装的要求也逐步提升。与此同时，广州市印刷业的不断提升发展，产业园的建立将会吸引更多的国外企业前来广州经营，加速广州市国际贸易产业发展。

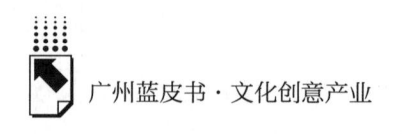

三 广州印刷业未来发展思路——建设印刷文化创意产业园

（一）建设综合性的印刷文化创意产业园

从印刷行业现状出发，抓住我国进一步融入世界经济后带来的机遇，本着"产业联动""产业聚集""产业融合"的发展原则，以二、三产业共同推进打造产业集约经营平台的经营理念，结合土地现状和规划需要，大力推进印刷文化产业园建设。

产业园建设应形成一个功能齐全的综合性平台，需要把印刷产业上的科研、生产加工、物流、展示、教育培训和生活配套功能集聚在一起，实现相互融合、相互依托、相互促进。

强化园区科研功能。科研是产业的核心部分，是产业发展的基础，印刷产业园积极推进印刷技术研发基地建设，加强与国内外的科研机构与高等院校进行产研发方面的合作，推进印刷技术研发。利用广州强大的国际国内聚集资源能力，着重吸引、吸收国外尤其是美国、日本、欧洲等行业优势企业，引进先进技术、设备和管理经验，将产业园建成全国乃至世界范围内有竞争力的高端印刷、包装行业的机械、材料、制品研发、生产和供应基地。

完善印刷产业链。积极构建智能数字印刷、包装、创意设计、出版CBD中央商务区，CBD中央商务区是构筑整条设计、印刷、包装产业链最为关键、技术含量最高的部分，是产业链中必不可少的部分，其从各专业方面为产业园核心部分科研制造基地提供配套，包括商务、展示、设计、教育培训、物流、信息服务、生活休闲配套等。CBD中央商务区为科研制造基地在其产业链的上下游提供支撑，以加强行业交流和合作，为降低商务成本服务。

（二）推进印刷文化创意产业园的功能建设

大力推进十大功能中心建设。印刷产业园要依据各行业特点，突出文化创意设计、印刷服务，通过打造包括科研设计中心、生产加工中心、教育培训中心、物流配送中心、展示交易中心、商务办公中心、信息网络中心、质量检验中心、管理服务中心、生活休闲配套中心等产业园功能中心，完善上下游产业链，并依据各功能中心的特点，以相应的策略进行培育和发展，十大功能中心既相互独立又相互依存、相互促进。这十大功能中心从产业划分来看，仅有生产加工中心是属于第二产业，但这是核心，其他九个功能中心都是为这个核心功能配套的第三产业，整个产业链有机融合，十大功能中心的成熟将全面实现文化创意、印刷、包装产业广而深的整合。

（三）实行"政府引导，市场运作"的管理模式

印刷产业园模式实行"政府引导，市场运作"，由一个有资金能力和影响力的企业牵头，广州市出版印刷行业协会协助，以分期分步的方式进行实施。以多种形式筹集园区启动资金，园区建成后引进生产企业，保证园区生产经营顺利进行。

四 广州市印刷业未来发展的趋势

建立广州市文化创意产业园是广州市文化产业发展的一个里程碑，将会是广州市印刷产业未来发展的大趋势。改革开放以来，我国印刷、包装工业获得了跨越式的发展，一直以高于国民经济发展的平均速度递增。印刷产业被称为"永不衰落的朝阳产业"，具有无可比拟的产业优势。现在，中国已成为印刷大国，并以平均每年增长18%以上的速度发展。就国家而言，中国文化创意市场是巨大的，从而使印刷业市场在世界各国中的潜力也是最大的，印刷产业的市场前景十分广阔，这些因素都为产业园的建设提供了充分的先决条件。

截至2017年，我国印刷企业数量接近10万家，是1979年的9倍；年产值超过1.2万亿元，是1979年的近250倍，年均增长率15.7%；全行业平均劳动生产率极大提升；产值超过5000万元的大型企业达到3723家，产业已较深融入全球产业链。我国已成为印刷业总量上的大国，正在向印刷强

国迈进。

全国已形成北京、上海及长三角、广东三大印刷基地,从20世纪最后10年发展来看,北京、上海两地的发展主要集中在最新技术的应用上,但广东的一些顶级印刷企业正逐渐成为拥有最新、最好的文化用品、书刊、印刷包装技术、设备、工艺的代表。

中国印刷业的蓬勃发展,为广州市建设印刷文化产业创意园提供了良好的环境,产业链发展的整合需要一个多功能产业基地的形成,以增加竞争力,这是广州印刷产业完善产业链的需要。有良好的全国印刷产业的大背景,有广州印刷产业链发展需要,因此建设广州市文化创意产业园将有利于优化广州市印刷产业结构,形成完善的产业链,对提高广州印刷企业国际竞争力和广州印刷业走向世界具有十分重要的作用。

参考文献

林畅茂:《产业集群:打造新的经济增长极——记江西印刷业园区建设》,《印刷杂志》2014年第1期。

何从友:《日本印刷业绿色印刷实施及VOCs治理》,《印刷杂志》2018年第2期。

方敏芝:《发展绿色创意印刷业打造国家级示范园区》,《印刷杂志》2014年第1期。

Richard Romano、王亚男:《2018年印刷业热点趋势前瞻》,《今日印刷》2018年第2期。

刘春民:《我国发展绿色印刷业的可行性分析》,《中国市场》2018年第33期。

B.10
广州市博物馆旅游产品开发模式创新研究

刘 佳 柳立子*

摘 要： 博物馆带给游客深层次的文化体验，成为近年来热门旅游目的地，是城市重要的文化名片。但广州市博物馆旅游存在科技应用滞后、资金来源单一、产品创新不足和游离于旅游业之外等问题，需进一步营造沉浸式的体验氛围、开放自身引进社会力量、推出博物馆旅游修学产品并借助影视传媒讲好文物故事，使博物馆旅游成为广州都市旅游的重要组成部分。

关键词： 博物馆旅游 开发模式 创新

一 博物馆旅游创新发展必然性分析

（一）文化旅游需求不断提升

党的十九大报告将"坚定文化自信，推动社会主义文化繁荣兴盛"放在了至关重要的位置和前所未有的高度，指出"满足人民过上美好生活的新期待，必须提供丰富的精神食粮"。2018 年 3 月 13 日，国务院机构改革方案提出将组建文化和旅游部，文化旅游的发展受到国家层面重视。根据世

---

* 刘佳，广州市社会科学院广州市城市战略研究院助理研究员；柳立子，广州市社会科学院广州市城市战略研究院副院长，博士，副研究员。

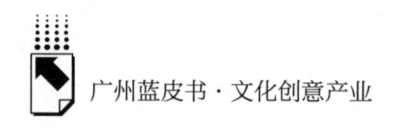

界旅游组织的推测，到2020年中国将超越其他国家成为最大的入境游客旅游目的地，文化旅游市场规模将不断扩大。

（二）博物馆旅游成为文化旅游新业态

博物馆是凝聚了人类历史和文化的场所，是一个城市乃至一个民族和国家的文化符号，承载了丰富的文化内涵，对坚定文化自信意义重大。博物馆在其漫长的发展进程中，已经由文物的收藏与陈列机构转变为具有科学研究、文化教育和旅游休闲等综合功能的公共文化场所，其社会形象也由"神秘的藏宝室"演变为"开放的文化空间"。在都市旅游发展过程中，博物馆不仅是宝贵的旅游文化资源，而且能够成为一个城市的旅游标志，是"现代都市旅游璀璨的明珠"。与城市观光不同的是，博物馆对游客的好奇心和求知欲具有吸引力，可以为游客提供更加感性的认识。从世界来看，各大知名的旅游目的地城市，博物馆资源是吸引大量旅游参观者的重要旅游资源。

2017年，我国中央电视台综艺频道（CCTV-3）节目——《国家宝藏》播出后，"博物馆"相关旅游产品的搜索量环比有大幅度增长，原本高冷的博物馆成为热门的旅游"打卡目的地"。携程网数据显示，不少亲子游、游学游转向寻宝游，现在博物馆游发展走向深层次的体验，"夜宿博物馆"等主题游备受青睐。驴妈妈相关负责人认为，除了故宫等大博物馆，成都武侯祠博物馆、上海中国航海博物馆、成都金沙遗址博物馆、厦门上古文化艺术馆等也成为热门的旅游目的地。

（三）体验性旅游时代来临

如今的博物馆游不能仅仅提供走马观花式的产品，没有创意的博物馆旅游线路将不受欢迎。比如携程上"西安兵马俑4日3晚跟团游"，将五大博物馆串联，客人除了可以参观陕西五大博物馆，更有创意的是安排了专家指导，游客可以体验文物修复过程中的乐趣。

20世纪70年代，著名未来学家阿尔文·托夫勒预计人类经济的发展下一代将是体验经济。作为体验经济重要组成部分，体验旅游开始升温，成为现代旅游最具开发潜力的旅游产品之一，体验旅游注重对文化、生活、历史的体验，注重参与，强化融入。随着人们生活质量的提高，人们旅游观念发生了转变，游客不再仅仅满足于传统的"上车睡觉、下车看庙、景点拍照"的一掠而过的观光经历，而是想通过视觉、味觉、嗅觉、听觉等参与和体验，更加深入地了解和认识旅游地的内涵和特色。"体验旅游"提供的旅游产品和服务要有特色和内涵，但仅仅有此还远远不够，需要在提供具有特色和内涵的旅游产品和服务时，能为旅客提供身心愉快的旅游体验，满足游客消遣娱乐、求知审美、自我实现等更高层次的需求。

二 国内外著名博物馆旅游运作经验

（一）旅游购物开发——大都会艺术博物馆

世界三大博物馆之一的纽约大都会艺术博物馆规模庞大，2017年参观人次超过600万，现代化的展览空间和高效率的运营管理方式，加上成功的资金筹集，使得大都会博物馆"不只代表了知识与创造、文明与艺术，更是美国强大和富裕的象征"。

大都会艺术博物馆非常重视对旅游购物的开发，是美国博物馆商业活动开发的典范，引领美国博物馆商业的发展。早期的大都会艺术博物馆商业活动仅经营印刷品，包括藏品图录、明信片等，发展到今天，大都会艺术博物馆商业经营活动非常全面，年营业额超过1亿美元。大都会艺术博物馆旅游购物开发经验如下。

1. 兼顾美学价值与使用价值

大都会博物馆文化产品是原创艺术品，是艺术家、设计师等各类艺术大师等在对藏品深入理解、对生活深入感悟的基础上研发出来的，具有艺术和现实完美结合的特性，大部分产品属于博物馆内部研发，保证其独创性。博物馆文化产品实用性强。大都会博物馆网上艺术商店产品有家居装饰、雕塑、书籍、服装配饰、杂志、珠宝和手表、文具和日历多个种类，95%以上都是生活用品，同时满足了购买者的情感价值、美学价值和实用价值的实现。

2. 全面的销售渠道与专业的销售服务

大都会博物馆提供多种购买方式，可以直接在博物馆附属礼品店购买产品，博物馆也提供电话、邮件、传真、网络等线上方式进行订购。博物馆最具特色的商业活动是提供专业的服务，博物馆中的销售人员不是一般的售货员，而是拥有产品相关知识的专业人士，如相关藏品研究人员、珠宝鉴定设计专家、文具设计专家等，游客在购买时，可以得到这些专业人士对产品详细讲解的服务，加深游客对产品的认识，提高产品对游客的吸引力，激发游客的购物欲望。

3. 差异化的价格机制，多样的优惠活动

大都会博物馆文化产品种类繁多，价格各异，有三五美元的文具、几十美元的披肩围巾到数百美元的珠宝，不同游客可以根据自己的兴趣和购买力来购买博物馆内产品。

大都会博物馆有较多优惠活动，包括：（1）定期打折。除书籍外，大都会博物馆对其他类型商品开展定期打折活动，设立打折区，打折区产品价格是原来的50%；（2）假日特惠。复活节、圣诞节、万圣节、感恩节，大都会博物馆节日相关产品都会进行折扣活动；（3）会员折扣。1875年，大都会博物馆建立会员制度，迄今为止已有约12万名会员。博物馆对会员收取一定的会费，会员享有免门票、专业导览、赠刊物、周末讲座、培训等权益，会员购物还享有会员价，一般可以享受约10%的折扣。

（二）产业开发模式——古根海姆博物馆

由纽约所罗门·R. 古根海姆基金会所运营管理的古根海姆博物馆最早把文化产业概念引入博物馆运作并取得巨大成功，它的运作方式被称为"古根海姆模式"。此模式主张博物馆的经营业务应向世界多元化领域延伸，博物馆需要商业化的操作，通过投资艺术品市场，获得高额回报，取得最大的效能。因此,博物馆需要开放和走出去,将自身的资源与外部世界的资源进行交流与合作,近年来古根海姆博物馆不断地在世界各地以连锁性经营建立分馆,就是这一模式在全球的实践。

1. 全球扩张的理念与策略

从20世纪80年代开始,古根海姆博物馆开始了全球连锁的博物馆经营,将博物馆的基础功能与文化艺术产业全球化相结合,古根海姆博物馆经营理念逐渐形成,时任古根海姆博物馆第四任馆长的托马斯·克伦斯(Thomas Krens)认为,藏品不仅是一种有价值的物品,而且是一种资产,是博物馆的重要资产,可以为博物馆带来巨大效益,堆在库房里而不对这些藏品进行利用,是对博物馆资源的巨大浪费。博物馆之间的竞争态势越来越激烈,不改变原有的经营模式,将在竞争中处于劣势,不利于博物馆长久发展。在世界全球化深入发展的背景下,博物馆想要取得成功,必须融入全球化的浪潮中。

2. 注重塑造博物馆品牌

古根海姆十分注重对自身品牌的塑造,经营过程中强化品牌效应,积极利用传播媒体来强化品牌宣传。古根海姆通过积极举办国际大展和巡回展,营造出自身品牌,如"非洲:一个大陆的艺术""中国文明5000年艺术展""巴西:身体与灵魂""阿兹台克帝国"等。"中华文明展"开展仅数月就迎接了大量的观众,创下了当时展览的新纪录。古根海姆的公关团队积极利用报纸、杂志、广播等新闻媒介,对古根海姆发生的事件系统、有组织地进行宣传报道,向全世界传播古根海姆,通过媒体的不断宣传,可以提升古根海姆的透明度、增加古根海姆的曝光度,有利于加深人们对古根海姆的认识,增强古根海姆社会知名度。

3. 大力推进资源共享

古根海姆推进资源共享包括使用了"合资购买、共同拥有和轮流展览"和"全面共享藏品"等方式,通过这些方式,古根海姆可以把不属于别人的藏品纳入自身的藏品利用体系之中,扩大古根海姆可以利用的藏品数量。毕尔巴鄂分馆是古根海姆加盟分馆之一,毕尔巴鄂分馆藏品不属于古根海姆纽约总馆，但它们可以进入古根海姆的收藏体系，古根海姆可以利用这些藏品来进行展陈，成为可以利用的资源。加强同行之间的合作也是古根海姆博物馆推进资源共享的主要措施，古根海姆基金会与俄罗斯圣彼得堡冬宫博物馆、奥地利维也纳国家艺术博物馆建立了馆际联盟，发展馆际长期合作的伙伴关系。古根海姆推进资源共享的举措还包括异业间的结盟，就是同其他领域的商业品牌发展合作伙伴关系，积极利用不同行业的资源为自身发展服务。如1998年举办的"摩托车艺术展"，策划者除古根海姆外，著名的汽车品牌宝马（BMW）公司也是策划者之一，参与的汽车厂商还有哈利、本田等。通过推进资源共享，充分利用不同行业间的种类资源，各方各取所需，互相受益，实现了双赢甚至是多赢。

三 广州市博物馆旅游发展的现状与问题

（一）广州市博物馆旅游发展现状

1. 博物馆旅游发展基本情况

广州市博物馆（纪念馆）基本属性是文化类公益设施，财政资金支撑运作，门票等收费已基本取消，实行免费开放。近些年，广州地区博物馆加大了举办陈列展览活动，每年都有大量此类活动举行，陈列艺术水平高，观众人数增长速度快。2015年广州市博物馆（纪念馆）共安排基本陈列143个，举办临时展览289个，全年接待观众超过1091.95万人次。

从表1看，国有文化文物系统直属博物馆在陈列个数、临时展览个数和参观人次方面都远远超过了其他类的博物馆，说明还是国有博物馆最受人们的欢迎，国有博物馆的参观人次占全市博物馆参观人次的比重超过了97%。广东革命历史博物馆、广东省博物馆参观人次、广东民间工艺博物馆（陈家祠）、海珠区博物馆、广州艺术博物院等主要国有博物馆参观人次接近或者超过百万（见图1）。

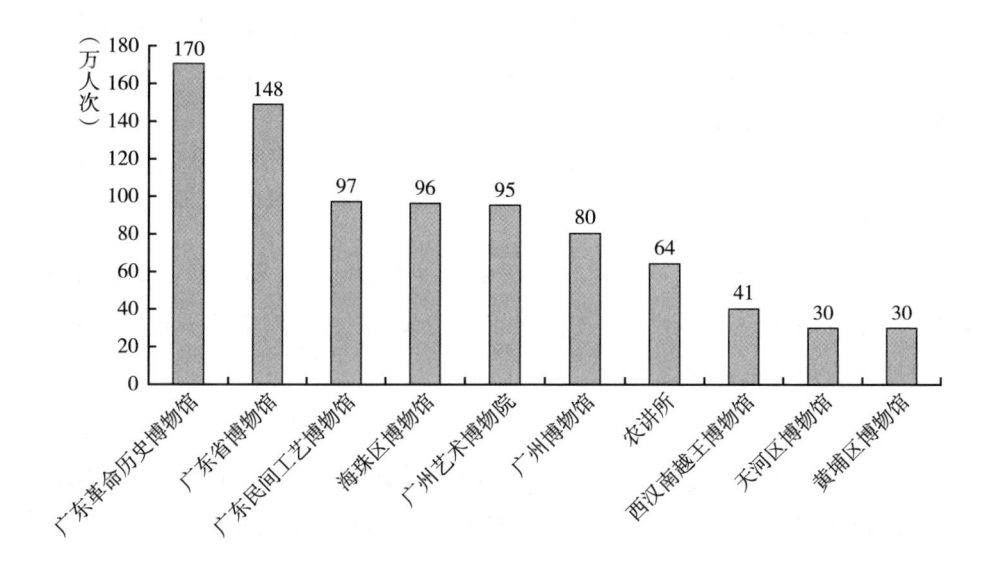

图1　2015年广州市参观人次最多的10个博物馆（纪念馆）

资料来源：①省属博物馆数据来自新闻报道及《广东省博物馆观众调查报告汇编》；②其他数据来自广州市文广新局提供的《博物馆（纪念馆）基础情况年报》，其中个别博物馆（纪念馆）具体数据有缺，为2014年数据。

表1　2015年广州博物馆（纪念馆）陈列展览及人流量

名称	基本陈列（个）	临时展览（个）	参观人次（次）
总计	143	289	10919529
国有博物馆	121	260	10667705
文化文物部门直属	88	216	10294167
其他部门所属	33	44	373538
非国有博物馆	22	29	251824

资料来源：①省属博物馆数据来自新闻报道及《广东省博物馆观众调查报告汇编》；②其他数据来自广州市文广新局提供的《博物馆（纪念馆）基础情况年报》和《2015年展览情况一览表》，其中部分博物馆（纪念馆）具体数据有缺。

2. 博物馆旅游产品开发现状

旅行社旅游产品。在各大旅行社正式推出的广州都市旅游线路中，除西汉南越王博物馆、黄埔军校旧址纪念馆、广东民间工艺博物馆（陈家祠）

等具有较高知名度和影响力的博物馆外，其他各类博物馆被推荐的机会很小，尤其是免费参观的博物馆在目前的旅游线路产品中更是难觅踪影。含有博物馆的旅游路线有：

（1）携程网推出一日跟团游线路：二沙岛—白云山—黄埔军校—陈家祠—越秀公园；

（2）广东中旅推出广州风情一天游（外宾团），主要包括：广州歌剧院—广东省博物馆—广州塔—荔枝湾涌—荔湾博物馆—陈家祠—五羊石像—北京路商业步行街—珠江夜游。

媒体和网络平台推荐产品。随着越来越多的博物馆向社会免费开放，博物馆不只出现在旅游活动中，作为一种旅游资源或休闲生活方式，博物馆在各旅游媒体网站上、微信公众号和博客平台中被越来越多地提及。

（二）广州市博物馆旅游发展存在的问题

1. 新科技应用滞后，宣传推广效果有限

当下博物馆领域的新技术应用发展十分迅速，物联网、大数据、云计算、移动互联、三维建模、数字博物馆、智慧博物馆、VR、AR 新技术等新概念层出不穷，传统的博物馆经营管理和陈列展览方式遇到前所未有的机遇和挑战。广州各博物馆在新媒体、新技术的应用方面还处于起步阶段。目前除国有文化文物系统博物馆基本开设网站、微博、微信等信息发布平台以外，国有其他部门博物馆以及非国有博物馆对新媒体的利用处于较低水平。更需要注意的是，国有文化文物系统博物馆信息平台的使用频率和效果还有待提升，以微博为例，全市 59 个博物馆开通官方微博的仅有 21 家，粉丝数最多的是广东省博物馆（31 万）和西汉南越王博物馆（22 万），故宫博物院的微博粉丝达到将近 600 万，四川三星堆博物馆有 380 万，陕西历史博物馆也有 48 万，广州市大部分博物馆的官方微博更新频率都比较低，有的甚至已经不再更新；微信进驻率稍高，基本上所有博物馆都开通了微信公众号，但活跃度参差不齐，推送不规律、推送内容形式单一是普遍现象。总的来说，对新媒体不够重视，内容单调、更新慢、互动少，存在感低，影响力弱,是广州目前大部分博物馆在新媒体应用上的发展现状。

在陈列展示方面,西汉南越王博物馆2015年完成了百度百科数字博物馆平台上线工作,并开始尝试微信导览以及三维全息展示技术;广州博物馆2015年完成了《广州历史——五千年文明史》360度全景虚拟博物馆项目的建设工作。此外,南越王宫博物馆也有部分展览采用了三维动画展示。其他大部分博物馆仍然沿用传统的陈列和展示方式。国外很多博物馆已经在利用大数据分析进行观众研究;国内从数字博物馆到智慧博物馆的搭建也正进行得如火如荼。在信息技术日新月异的"互联网+"时代,博物馆建设需要有一定的创新意识才能跟得上时代发展,部分博物馆对新技术新媒体的重要性有一定认识,但囿于资金、人才、精力等,仅仅能做到亦步亦趋,很难有开发创新。

2. 资金来源单一,文创产品开发不够丰富

我国各地博物馆建设的投资主体,在目前以及今后很长时间内,仍然是政府。据不完全统计,广州市域博物馆资金的八成以上来自财政拨款,事业收入及经营收入不及5%。欧美发达国家的博物馆事业则不然。美国除国立博物馆之外,地方性中小型政府博物馆,经费筹措主要来自财团、企业或私人的捐助,政府对之进行适当的财政补贴。即使国立大型博物馆,向社会筹资也是经费来源之一,筹资是博物馆发展的一项重要工作,大部分博物馆都设有专门筹集资金的全职人员。

在国外的博物馆运营中,文创和艺术衍生品的开发已经积累了丰富的经验,也成为博物馆收入的重要来源。在我国,博物馆文创起步较晚,但近年来也已经进入各大博物馆的视野,成为博物馆建设和发展的一个热点。截至2015年底,北京故宫博物院共计研发文化创意产品8683种,2015年文创产品销售额接近10亿元。广州市域博物馆也进行了文创产品的开发,西汉南越王博物馆2015年文创产品销售额为9.82万元,销售利润2.81万元,另外,西汉南越王博物馆的"虎节文具"系列、农讲所的番禺学宫LOGO、棂星门线描、大成殿线描等设计作品也都完成了产权登记,计划在广州市版权交易中心挂牌,进行品牌授权交易。但是,总体来

看，广州地区博物馆的文创产品研发工作还比较滞后，销售收入也不太理想。

3. 博物馆旅游有待进一步开发

博物馆旅游产品还有待深度开发。大部分的博物馆旅游还是停留在提供观光游览产品阶段，休闲、科研、体验、文化创意性的产品还比较少甚至没有。从目前广州市博物馆的旅游发展来看，博物馆旅游与整个旅游业互动关系还不太紧密，博物馆之间以及博物馆和旅游其他组织如旅行社、旅游景区以及在线网站之间的合作较少。比如，在旅行社推介的广州都市旅游线路中极少出现各类博物馆的身影，博物馆与都市旅游的一体化运作与发展之间严重脱节，制约着博物馆旅游产品开发与旅游市场开拓。这与博物馆免费开放，旅行社无法从中获得相应的利益也有一定的关系。

四 广州市博物馆旅游产品开发模式创新

（一）旅游体验模式

1. 建立系统性和长期性的观众研究

国际博物馆界的发展趋势证明，只有系统了解博物馆观众的特征，才能真正促进公共服务与管理的改善和提升。一方面，博物馆应通过自主调研或委托处理，开展专业性、系统化、长期性的观众研究；另一方面，博物馆要建立观众信息数据库和采样数据库，通过大数据和观众反馈方式，分析观众需求和兴趣点，获得展览的热点资讯，从而制定出最符合观众需求的展品和展线。如目前已有一些博物馆通过在艺术品前设置隐形摄像头，计算观众在展品面前停留的时间，分析观众的喜好和品位，从而进一步更好地设计贴近公众需求的展览，这些案例和模式都值得借鉴。

2. 营造沉浸式的体验氛围

博物馆的服务要摆脱目前博物馆单方面设计展览、观众单向性看展览的旧有模式，特别要借助全息投影、AR、VR等新技术的优势，全方位地构建立体式的展陈、观看体验,如升级先进的导览器材和数字化设备、精细化分众化的导览内容、优化展陈线观展时的即时导览体验等。在展览期间,博物馆要从静态陈列向动态展示转变,通过穿插关联主题实景展演,如宫廷礼仪展演、祭祀仪式、士兵换防等,还可以加入讲座、会员、观友会、见面会、藏品仿制等多种互动形式,吸引观众进行展览的深度体验。

3. 加快推进智慧博物馆建设

与传统实体博物馆和数字博物馆不同,智慧博物馆是通过充分运用物联网、云计算、大数据、移动通信等新一代信息技术成果,感知、分析、处理博物馆运行的各项关键信息,实现博物馆征集、保护、研究和展示传播,以及管理能力全面提升的博物馆发展模式。目前广州已有西汉南越王博物馆、广州博物馆等率先开展了网上虚拟博物馆的建设,政府应优先支持具备数字化条件的博物馆进行智慧博物馆的升级试点建设。广州的智慧博物馆建设应分步骤、分层次进行,牢牢把握人、物互动的核心,逐步建立智能化的信息管理系统、智能化的观众行为管理系统和智能化的移动导览系统,通过共建共享和开放参与,不断推动智慧博物馆的升级换代,最终形成全市范围内智慧博物馆的互联合作和协作体系。

(二)跨界融合模式

1. 加快推进文创产品开发

广州地区的博物馆要加大文创产品开发力度,尽快在全市博物馆系统建立文创产品的研发、供应、销售、服务、反馈、改进等方面的系统化、综合性的文创产业发展体系。一方面,政府部门要鼓励文创主体与社会力量深度合作,积极推动有关文化企业与博物馆的对接与合作,鼓励企业通过限量复制、加盟制作、委托代理等方式,进行文化创意产品的开发,积极引入众创、众包、众扶、众筹等形式进行博物馆文创产品开发融资,形成多渠道投入机制,为社会力量广泛参与研发、生产、经营等活动提供便利条件。另一方面,要完善激励机制,建立文创工作发展目标和考核机制,目前广州各公立博物馆财政实行的是收支两条线，部分单位场馆由于支取文创产业收益的过程较为繁琐，发展文创产业动力不足。为充分调动各博物馆开展文创产品研发的积极性和创造性，政府应适当简化博物馆创收资金的返还支取机制，鼓励博物馆通过文创产业拓展办馆办展资金来源，并建立博物馆工作人员文创产品开发贡献奖励制度，以充分激发工作人员的创新创意能力。

2. 大力发展教育修学产品

随着教育成为博物馆的首要职能，分众化教育和个性化服务受到越来越多的重视和应用。在实施策略上，根据不同的观众群体（残疾人士、家庭、儿童、老人等）、不同的职业、不同的区域等，设置分众化的展览或讲解项目；根据客户如企事业团体单位的特殊需求，推出定制型的服务等。这些个性化的服务，能够将观众的知识背景和个性化需求，与博物馆专业技术服务有机地结合起来，启发和解决观众最关心的问题，从而实现教育功能的人性化、个性化。

博物馆进学校、进社区是推进博物馆教育产品发展的重要方法，可以把博物馆展览放到学校、社区举办，还可将学校和社会相关教育教学的课堂设立在博物馆，把教育教学内容与博物馆丰富的实物馆藏结合起来，让学生和居民获得现场的、直接的、互动的相关教学经验，做到以实物充实教育教学内容。对于博物馆收藏的普通低级文物，如一般性、大量存有的瓷片，可与教育功能相结合，尝试进行集合式、接触式、应用式、互动式的使用，为观众接受教育提供更为鲜活的经验和途径。

3. 开放自身资源引进社会力量

广州国有博物馆运作经费大部分来自政府财政拨款，但是政府财政拨款终究是相对紧张的，博物馆要高效运作，在财政拨款以外，还要主动地寻求社会资金参与博物馆文化事业的发展。世界上发展较好的博物馆都在政府资金支持之外寻求多途径的社会资本支持，政府之外的资金来源包括门票、社会赞助、众筹获取、商业经营、出借馆藏、投资、基金等。国外博物馆发展资金筹措方面的先进做法可以为广州市博物馆带来有益的借鉴，广州市博物馆也可以尝试建设面向社会赞助的博物馆发展公益性基金，通过基金投资理财获取收益，为博物馆运营提供"持续性的赞助"；通过提供高端服务，如会员服务、文物鉴定培训、场地寻租、项目经营以及文创产品开发等，为博物馆发展创收部分资金，增强博物馆自身的造血能力，确保博物馆健康可持续发展。

（三）媒介传播方式创新

1. 借助影视传媒讲好文物故事

积极运用影视媒体，围绕文物这一主题，通过相关人士口述、情景再现、动画演示、多角度展示文物等方式制作各类新媒介作品，包括纪录片、电视节目、数字信息等，充分挖掘附着在文物背后的故事，使游客加深对文物的认识，调动游客对文物的兴趣，转变游客对博物馆、藏品的认识，以此让他们更深理解中华文化、城市文化，树立对民族与国家的自信。

2. 推进新媒体展示平台建设

广州各个博物馆的自我宣传能力如微博、微信等信息平台的影响力存在较大差异，特别是中小博物馆的资源和影响都十分有限；另外，社会民众对于各类展览信息和博物馆举办的各类活动的总体情况了解甚少。从公共文化服务的整体效益上考虑，广州应建立一个完善统一的广州市博物馆数据化平台。这个平台除了传统的信息门户网站，还应建立既能同步更新，又能迅速响应观众需求的微信公众号、微博、微信小程序等公共服务资讯推送、互动的数字平台。通过这个统一的资讯平台，广州博物馆的展览信息、讲座信息以及专家学者、观众志愿者对博物馆及展览的研究、宣传、介绍等资讯，都可以进行集中展示，并可一键预约参观，进一步激发市民文化消费需求。为建立这个公共服务平台，参与平台建设的各个博物馆还需要配套建立博物馆通讯员制度，将博物馆的图文资讯，按时提交给统一的平台发布方，并进行观众项目的协同联动处理。

参考文献

Awoniyi Stephen：" The contemporary museum and leisure：recreation as a museum function"，*Museum Management and Curatorship*，2001，19（3）：227－333.

Davis D："The Museum Transformed：Design and Culture in the Post-Pompidou Age"，*New York*：*Abbeville*，1990：148.

李瑛：《我国博物馆旅游产品的开发现状及发展对策分析》，《人文地理》2004年第19期。

王玲：《基于公共文化空间视角的上海市博物馆旅游发展研究》，复旦大学博士学位论文，2010。

张宇：《国家宝藏引爆博物馆寻宝旅游热》，《中国旅游报》2018年1月9日。

陈琴、李俊、张述林：《国内外博物馆旅游研究综述》，《人文地理》2012年第27期。

曾亚玲：《博物馆旅游与文化创意产业的融合发展》，《中国商贸》2012年第4期。

李海娥：《基于文化空间理论的博物馆旅游优化研究——以湖北省博物馆为例》，《武汉科技大学学报（社会科学版）》2015年第17期。

B.11
广州市历史建筑保护利用调查研究

胡会东[*]

摘　要： 广州市一直以来重视历史建筑保护利用工作，建立了法规协同机制、构建了政策体系、强化规划管控、建设精品以及提供完善的保障。广州在保护利用工作过程中还存在组织机构不完善、激励不科学、程序繁琐以及政策不完善等问题，针对这些问题，本报告提出了进一步完善机构设置、拓宽资金渠道、优化程序、创新政策等对策措施。

关键词： 历史建筑　保护　利用

广州是住建部首批10个历史建筑保护利用试点城市之一，保护和利用好历史建筑，对传承城市发展血脉、提升城市品质具有十分重要的意义。当前，如何破解广州历史建筑保护利用的难题，结合实际开展历史建筑的保护与活化利用试点工作，充分发挥历史建筑的文化展示和文化传承价值，推动"老城焕发新活力，广州奋进新时代"，是值得我们思考和研究的重要课题。

一　加强历史建筑保护利用的重要意义

历史建筑是指除文物保护单位、不可移动文物之外，经城市、县人民政府确定公布的具有一定保护价值，能够反映历史风貌和地方特色的建筑物、

---

[*] 胡会东，广州市政府研究室城市发展处主任科员。

构筑物。历史建筑是城市发展的历史读本，见证着城市的变迁与升华。作为一座拥有2200多年建城史的"老城市"，广州有着深厚的历史文化底蕴。据悉，截至2017年底，广州市已公布了五批共721处历史建筑。[①] 2018年10月24日，习近平总书记考察了荔湾区永庆坊旧城改造项目后，对广州历史建筑保护利用提出新要求："城市规划和建设要高度重视历史文化保护，不急功近利，不大拆大建；要突出地方特色，注重人居环境改善，更多采用微改造这种'绣花'功夫，注重文明传承、文化延续，让城市留下记忆，让人们记住乡愁。"这为广州做好新时代城市规划建设和历史文化保护工作提供了根本遵循。广州市一直以来高度重视历史文化保护工作，在全国率先出台了历史文化名城保护条例，逐步完善各种层次的保护规划体系，千年古城、云山珠水的整体风貌格局基本保存。历史建筑是城市历史文化的重要载体，传承着最原汁原味的广州味道，做好历史建筑保护工作，合理活化地利用历史文化资源，使其满足城市新的发展需求，是践行新发展理念、树立文化自信和落实习总书记视察广东重要讲话精神的一项重要工作。

二 广州市历史建筑保护利用工作取得的成效

自2014年历史建筑保护工作起步以来，广州市已公布第一至第六批历史建筑共817处，预计全市历史建筑将近1000处。

一是加强顶层设计，建立健全名城保护的工作推进机制。首先，为切实加强对试点工作的组织领导，广州市成立了历史建筑保护利用试点工作领导小组及各区试点项目指挥部。其次，建立名城保护工作市区两级名城委制度公开透明的机制。最后，强化责任担当、加强部门协调与联动。一方面注重压实区政府作为保护属地的主体责任，构建了协同联动、层层落实的分工机制；另一方面对规划、房屋、文物、更新、城管等相关部门责任逐一明确细化，让名城保护工作的具体工作高效传达到基层。

---

① 资料来源：https://www.sohu.com/a/221469306_99902370。

二是注重精细管理,抓好法规体系建设。结合广州历史建筑的特点和保护工作推进情况,广州不断完善名城保护法规体系,先后发布一系列的法规规章、配套文件和技术指引。目前已出台《广州市历史文化名城保护条例》、《广州市历史建筑和历史风貌区保护办法》和《广州市海上丝绸之路史迹保护规定》等法规文件,配套制定了可操作的政策文件。针对历史文化名城、老旧小区、历史文化街区、历史建筑活化利用遇到的微改造规划、建筑功能转变、消防审核、经营许可和工商注册等政策难点问题,广州开始构建较为完善的政策法规体系,并通过完善相关的技术规范,为历史建筑修缮与活化利用提供了必要的技术支撑,目前已经形成初步成果。

三是注重文化传承发展,推动全要素保护。第一,在历史建筑保护的进程中,广州一方面通过开办纪念活动弘扬革命传统、传承中华文化核心价值,另一方面牵头推进海丝申遗,加强广州海丝沿线各地文化交流互鉴,同时,多渠道积极推进乡村文物保护利用,聚力文化传承发展。第二,通过城市总体规划、总体城市设计和名城保护规划等加强广州历史建筑整体格局保护,建立实施历史城区、街区、历史建筑等六个方面的分类保护模式。第三,采取全流程全要素档案管理模式,从普查线索认定到修缮管理全过程电子建档,形成了纸质、数字化、三维点云数据档案等档案成果。

四是以多样化活动为平台,实现全民参与保护实施。在恩宁路历史文化街区试点项目,通过搭建一个政府、社会和专家共同参与的平台,带动群众共同参与,设置邻里中心、党群活动中心等固定活动场所,满足当地居民需求。在盐运西历史建筑试点项目,成立党员之家,组织多次社区活动和公益活动,有效提升全员的名城保护意识。在长洲岛深井村,强调社区治理与乡村自主更新并重,通过多种活动形式,如蜗牛市集活动,实现产业复兴带动古村改造、历史建筑活化。

五是凝聚各方力量,探索历史建筑活化利用。对于老旧小区改造,广州市2016年在全国首创"微改造"模式,通过设立"共同缔造"公众参与委员会、居民入户访问等形式,以"绣花"功夫改善人居环境,增强居民生活、工作的幸福感,实现广州的高质量发展。针对历史建筑保护利用,广州已经探索出四种历史建筑活化利用模式,分别是政府引导,市场运作模式;创新产业导入模式;盘活工业遗产模式;成片保护利用模式。[1] 先后打造了恩宁路街区、新河浦街区、TIT创意产业园、沙湾古镇、"最广州"历史文化步径、南粤古驿道等一批历史文化项目,产生了良好的经济和社会效益。同时,积极拓宽社会资金进入历史建筑保护利用的渠道,导入创客空间、文化创意、特色民宿、精品餐饮等新业态,达到"环境提升,文脉传承,功能转变,老城新生"的效果。

三 存在的问题和困难

在工作开展过程中,也遇到了一系列的问题,制约着广州历史建筑保护利用的进一步深化。

一是缺乏专责管理机构。广州市历史建筑保护利用管理职能主要在城乡规划和房屋管理两个部门,住建部门负责历史建筑的结构安全、使用和修缮的监督管理工作;城乡规划部门负责历史建筑的普查认定、挂牌建档、规划编制、活化利用等工作。上海市明确历史建筑保护管理的主要负责部门为房屋管理部门,在市住建委增设历史建筑保护处,与房屋修缮改造处合署办公,成立专门的历史建筑保护事务中心,承担技术研究,并负责历史建筑保护利用的管理和审批职能。杭州市住保房管局下设事业单位历史建筑保护管理中心,也承担类似功能。广州市目前缺少政府主导的整合各方力量的历史建筑保护利用统筹部门,一方面不能统筹历史建筑保护利用的管理和服务工作,另一方面没有搭建历史建筑信息公开和租赁交易统一管理平台,政府力量在历史建筑的活化利用、租赁出售等环节缺失,部分历史建筑由于保护利用不当而逐渐衰败,而与此同时民间资本有意投资活化却无法寻找到历史建筑业主,无法发挥政府在历史建筑交易过程中的中介和监管作用。

二是补偿激励制度不足,历史建筑业主保护利用动力不高。历史建筑要求"修旧如旧",修缮成本高、施工要求多,是历史建筑修缮的难点问题。

---

[1] http://epaper.ycwb.com/epaper/gdjs/html/2018-10/30/content_167399.htm.

尽管广州市每年都按照规定严格落实对历史建筑认定、保护规划编制、三维测绘扫描等基础工作的资金保障需求，本次试点以来，市、区财政统筹部分资金，用于历史建筑的修缮技术咨询和制定活化利用方案等，特别是直接补助到工程施工的经费较少，单纯依靠私人投入承担修缮成本存在较大压力，历史建筑业主保护利用积极性无法激发。与其他试点城市相比，广州市财政总体支持力度偏弱。比如宁波市规定，保护性建筑本体及周边历史元素修缮、必要设施配套，每个项目补助金额不超过 200 万元，对于产权为个人的历史建筑，明确市补助标准不高于 30%，个人需相应出资 30%，各区县的配套资金应不少于 40%。杭州自 2005 年启动主城区历史建筑保护工作以来，市级层面共投入财政资金 8.68 亿元。

　　三是修缮程序繁杂。对于历史建筑的轻微修缮，只要不改变建筑核心价值要素，业主向街道备案后可自行施工。但对于非轻微修缮，业主需先委托设计单位编制方案，依次完成方案审批、施工审批、修缮施工以及竣工验收等环节。同时根据《建筑工程施工许可管理办法》规定，"工程投资额在 30 万元以下或者建筑面积在 300 平方米以下的建筑工程，可以不申请办理施工许可证"。对广州市已公布的历史建筑的建筑面积进行统计分析，65% 以上需要办理施工许可。由于非国有历史建筑的修缮缺少资金补助与奖励，对于非轻微修缮中涉及改变外立面或房屋结构的以及限额以上的历史建筑，需要办理规划许可和施工许可以及满足修缮的技术条件，修缮的时间和经济成本高。截至目前，广州私人历史建筑尚没有同时取得规划许可和施工许可后开始进行施工实施的情况，甚至很多业主得知建筑被归为非轻微修缮后便不愿再进行修缮实施。

　　公房也面临这样的困境，以越秀区直管公房为例，虽然直管房的日常修缮管理已委托施工企业进行，但该类企业没有修缮历史建筑的资质，需要另行委托有资质的单位。实际工作中，零星的历史建筑日常修缮，由于累计工程量难以满足承接单位利润需求，现行的修缮定额对历史建筑的修缮定价较低，加之面临社会高关注度导致工期延误的风险，鲜有施工、设计或监理单位愿意承接此类工程。

四是修缮监管和验收机制欠缺。历史建筑修缮中一方面修缮程序繁杂，另一方面修缮监管和验收机制欠缺，无法保障修缮效果。第一，修缮监管不足，施工过程中主要由志愿者、镇街和城管部门进行监督，管理人员往往欠缺历史建筑相关的专业知识和技能。现有修缮技术标准体系不完备，施工人员无法得到足够的技术指导，缺乏充分的专业技术支撑修缮的实施。第二，修缮缺少验收机制，目前，广州市针对私人历史建筑的轻微修缮，规定竣工后无须进行验收，非轻微修缮由保护责任人自觉申请验收，修缮流程缺乏验收机制，无法形成闭环。

五是历史建筑活化利用面临政策瓶颈制约。历史建筑活化利用过程中存在用地性质调整、建筑功能转变、消防审核、经营许可和商事登记等难点问题，实际中办理行政审批手续各部门互为前置，复杂的流程导致很多活化利用的经营实际上是"行走在法律的边缘"（见图1）。比如按现有技术标准，历史建筑难以获得消防安全许可；多部门的审批许可要求不同，部门联动审批机制亟待理顺。广州市结合此次试点项目，对历史建筑活化利用中的审批机制进行了创新探索，将政府会议纪要作为消防备案手续的前置审批依据，

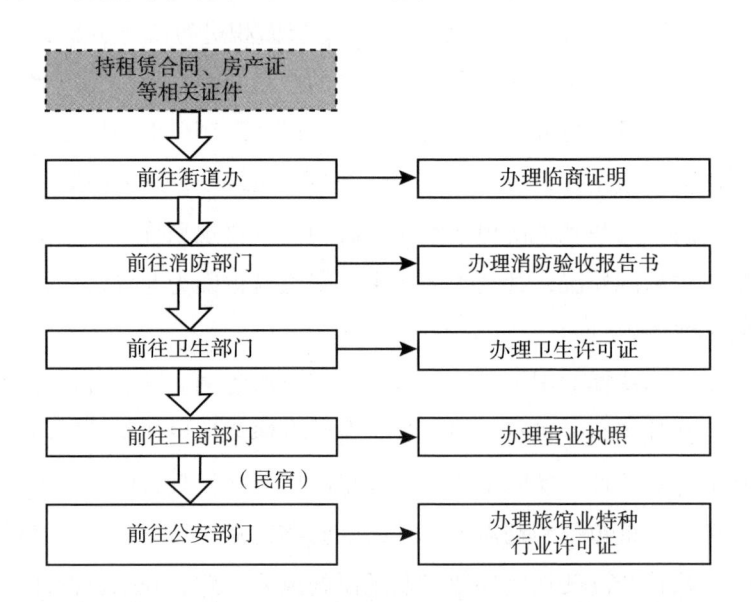

图1 居住功能历史建筑活化利用为商业功能的行政审批流程

但现在这种做法已被叫停。由于历史建筑活化利用审批备案程序复杂和监管保护的特殊性,活化利用的使用途径受限,广州市目前历史建筑活化利用率较低。

四 相关政策建议

针对广州市历史建筑保护利用工作的现状,结合其他试点城市的相关经验做法,提出以下政策建议,供领导决策参考。

(一)完善机构职能设置

历史建筑的保护修缮和活化利用是相辅相成的,最大限度地发挥历史建筑的使用功能,以利用促保护,才能使历史建筑的生命力更加长久。借鉴其他试点城市的体制经验,可依托市房安所和市岭南建筑研究中心成立市历史建筑保护利用专责机构,提供历史建筑从保护修缮到活化利用的管理和监督服务,保障广州历史建筑保护工作的有序推进。由该专责机构搭建历史建筑信息公开和出租出售交易平台,将历史建筑保护名录、保护规划图则、基本信息、修缮使用保护动态情况等重要信息通过官方网络平台和微信公众号进行发布,确保广州历史建筑资源保护利用公开、透明、渠道畅通;对国有历史建筑的出让和租赁进行系统性管理,整合各种资源,引入社会力量参与历史建筑活化利用。

(二)拓宽资金渠道,形成共建共享的良好格局

一是加大财政资金支持力度,确保每年安排一定比例的专项资金用于历史建筑保护利用。应加快制定广州市历史建筑保护和利用的有关财政补助办法,明确补助申请审核、资金发放、过程监督和事后检查等相关内容,切实解决历史建筑保护责任人受到资金限制的问题。二是完善历史建筑的相关优惠政策,探索实施相关激励措施,进一步鼓励所有权人、使用人合理保护修缮、长效利用历史建筑文化遗产。比如杭州定期对历史建筑保护情况检查评

估，奖励保护到位的业主。规定工业遗产建筑根据功能需要对内部空间进行适当分隔，因分隔所增加的建筑面积不计入容积率，相当于给予容积率奖励，是对工业遗产建筑活化利用的一种积极引导。三是吸引社会资金参与。引导和鼓励企业、社会组织和热心人士等参与历史建筑保护利用，拓宽保护资金来源，形成共建共享的良好格局。

（三）优化历史建筑修缮程序

广州市是工程建设项目审批制度改革试点城市，简化审批程序是广州市着力优化营商环境、提高市民群众幸福感、获得感的重要举措。据估算，现阶段若一般限额以上的历史建筑修缮在需要同时取得规划许可和施工许可的情况下，行政审批的时间至少为一年。政府部门要从做好服务的角度出发，切实提高审批效率，缩短审批时限，减轻历史建筑修缮责任人负担，比如可以探索限额以下的小额工程的非轻微修缮，设计可以直接做到施工图深度，申报到规划许可证后可直接施工。对于其他非小额工程，在完成修缮前的咨询服务后（目前是采取购买服务委托第三方做技术服务），规划部门向业主明确保护要求和价值特色部位，规划部门前期咨询服务的意见相当于预审批或类审批，可到住建部门申请施工许可证，再同步申请规划许可证，节省申请规划许可证的耗时。区里也可以探索在区政务窗口统一收件，一次跑完两个部门办理。

（四）完善历史建筑修缮技术标准体系和监管验收机制

针对历史建筑的修缮标准偏低，市住建委刚刚印发了历史建筑修缮工程造价指标，下一步要加快编制修缮工程预算、结算、审查的流程，完善历史建筑修缮造价计算程序及方法。同时要加快历史建筑修缮的技术指引，包括制定设计技术导则、施工技术导则等，在防腐、防蚁、防火、外墙保温、污水循环、低碳节能等方面为技术保护责任人和施工单位提供有力的技术支撑，防止缺乏专业指导、不当设计施工导致历史建筑"修缮性破坏"。针对一般限额以上的修缮工程，督促落实第三方监理单位的引入，指导施工单位按照修缮工程验收要求完善施工工艺。落实验收机制，可以要求申请人在修缮过程中定期提交报告并配合部门检查，修缮结束后，需主管部门验收合格，才可交付使用并领取补助，形成历史建筑修缮管理流程的闭环。

（五）优化历史建筑合理利用审批流程

针对目前历史建筑活化利用中存在各相关部门审批程序尚未理顺、互为前置、相互掣肘的问题，要通过建立联合审批机制，破解涉及的市场监督、消防安全等审批难点，加快出台广州市促进历史建筑合理利用的实施办法。规划部门在受理申请人的历史建筑功能改变申请后，要联合房管、消防、卫生、市场监督、环保等部门及街道进行审查，必要时组织专家论证，规划部门根据联审部门的联合审查意见，办理改建类建设工程规划许可，申请人可凭规划许可和保护责任人通知书办理相关行政事项。历史建筑开展合理利用无法达到现行消防标准的，规划部门要联合消防、房管部门协商制定不低于改造前消防标准的防火安全措施，历史建筑的立面和结构难以适应一般消防案例标准的，可以考虑在灭火设施、装修材料以及营业规模上提高要求，使整体消防安全水平达到标准。条件成熟时，可提出具体的历史建筑活化利用消防技术规定。

（六）创新政策鼓励历史建筑活化利用

鼓励个人、企业和其他团体通过认保、认养、认租、认购等途径合理利用历史建筑。国有历史建筑可以出让、出租，租赁国有历史建筑的，租赁期限可适当放宽。国有历史建筑市场化运作获得的收益，作为历史建筑保护专项基金，主要用于历史建筑的保护修缮和日常维护，以及用于改善周边公共环境、建设配套市政设施等非营利性用途。探索允许实施主体根据历史建筑特点及活化利用需求，在建筑内部临时增加使用面积或者调整楼层层高，为满足消防、市政公用等专业管理要求可以增加一定的外部面积，所增加的使用面积，在主管部门明确使用期限的前提下，不计算容积率，不纳入控制性详细规划，不办理产权登记，无须补缴土地出让金，以提高实施主体的积极性。对历史建筑活化利用的业态方向进行引导，明确历史建筑活化利用禁止引进的业态，鼓励引入众创空间、商务办公、文化创意、科技孵化、特色餐饮、民宿客栈等新业态，可以通过设置规划审批绿色通道、租金优惠等方式进行支持。

发展模式探索篇

Industrial Model Exploration

B.12 打造粤港澳大湾区文化新名片

——海珠区创新文化产业发展新模式

邹荃*

摘　要： 海珠区作为广州市的中心城区，文化产业也应顺应时代发展潮流，坚持锐意创新。本文分析了海珠区文化产业发展现状、存在的问题及发展思路，认为海珠区要力求在粤港澳大湾区建设中树立文化名区品牌。

关键词： 文化产业　创新发展　海珠区

党的十九大报告中指出，"文化兴国运兴，文化强民族强"，"要坚持

---

* 邹荃，海珠区发展和改革局区产业与重点建设项目促进中心经济师。

为人民服务、为社会主义服务，坚持百花齐放、百家争鸣，坚持创造性转化、创新性发展，不断铸就中华文化新辉煌"。近来，广州市政府办公厅发布的《关于加快文化产业创新发展的实施意见》中明确提出"未来五年全市文化产业增加值努力实现年均增长12%，稳步提升文化产业占全市生产总值比重"，"到2035年，文化产业成为全市重要的战略性支柱产业，文化产业的综合竞争力明显增强，基本建成国际性文化产业枢纽城市"的建设目标。海珠区作为广州市的中心城区，文化产业也应顺应时代发展潮流，坚持锐意创新，以高于全市年均增长率的速度抢先成为海珠区的支柱产业。

一 海珠区文化产业整体发展状况

2017年，海珠区文化产业实现增加值100.86亿元，占全区GDP的5.8%，占全市文化产业增加值的8.7%，比上年提高0.9个百分点，所占比重位居全市第五。法人单位文化产业增加值98.4亿元，其中文化服务业增加值92.01亿元，文化制造业增加值2.96亿元，文化批发和零售业增加值3.43亿元。

文化与产业融合发展趋势明显，既有海上丝绸之路发源地黄埔古港、岭南祠堂文化聚集地黄埔村、十香园等岭南文化遗迹，百年名校中山大学以及珠江电影厂等近代文化景点，也有广州塔、"四馆一园"（在建）等现代都市人文地标，以小洲村、海珠湖、海珠湿地等为代表的都市生态旅游产业。丰富的文化资源与深厚的文化底蕴为海珠区建设以城市中轴线为代表的新岭南文化中心奠定了良好的基础，不断推动产业价值与内涵提升。

（一）文化载体建设步入新台阶

海珠区一方面利用"退二进三"腾出的产业空间改造园区，另一方面新建高端产业载体。已建成两个国家级广告产业园区，分别是广东现代广告创意中心和广州国际媒体港。其中，广东现代广告创意中心共有8家企业进驻，依托广州美术学院的科研教学优势，逐步实现产、学、研贯通，助力广告及泛广告行业的理论和产业发展。广州国际媒体港已吸纳腾讯控股、中国电信、科大讯飞、珠江数码、丰盛控股、映客等6家上市企业下属公司，在广州文化广告产业领域树立了新的标杆。目前，在建及新开工项目如表1所示。

表1 海珠区在建及新开工文化产业项目

项目	建设内容	工期
母体电竞产业园	占地面积13797平方米，建筑面积约11874平方米，将打造成以专业电子竞技为核心，集产业办公及文化服务于一体的产业园	2018~2019年
海珠区文化服务中心（海珠体育中心二期）	总建筑面积56437平方米，地下二层，地上七层。主要建设内容包括游泳馆、青少年宫、地下车库等	2019~2021年
方圆大征场设计创意产业园	总建筑面积约为2.93万平方米，拟改造为融合科技、时尚、自然为一体，以设计产业为核心、科技为辅的创意产业园	2019~2020年
乐天智谷国际智能科技创新谷	拟建成新一代信息科技物联网，人工智能产业集聚区	2019~2020年
广东工艺美术产业园改造项目（工美港·国际数字创新中心）	计划对园区内建筑进行装修，升级改造为"生态+文化+科创"为理念的产业园区	2019~2020年
海珠唯品同创汇	服装、文化创意、设计产业园区	2017~2020年
草芳围"动漫FUN围"动漫文化科技创意园	打造集"总部经济、动漫研发、VR科技展览、文化创意、动漫IP创新、文化类储备上市企业孵化"等概念的动漫文化科技创意园区	2019~2019年
万力嘉洋创意园	项目将引入文化创新产业、科技创新产业及IPO企业总部办公、教育、健身服务配套，创建市场差异化精品创意园，打造文化创新+科技创新特色产业示范园区	2019~2020年
O2 PARK创客公园	原广州化学试剂厂改造为创意产业园	2018~2020年
龙凤仓创意港	围绕设计、科技、文化创意等领域，依托粤港澳大湾区文化创意产业促进会平台，加强与兄弟园区和企业交流、合作，集聚优质资源，争取对接国家、省、市、区文化创意产业发展扶持鼓励政策，加快推进创新创意产业发展。极力打造享誉海内外的宜业宜居宜游滨水文创街区	2018~2020年

续表

项目	建设内容	工期
粤传媒大厦	规划建设创新服务平台、集团现代传播体系建设载体、媒体产业融合平台功能的文化综合体	2016~2020年
广州国际文化中心	建设用地面积7671平方米,总建筑面积约16万平方米	2019~2024年
琶洲会展大厦	商业办公楼	2019~2022年
琶洲互联网创新集聚区及会展物流轮候区PPP项目	本项目工程包括基坑支护与土方开挖工程、地下空间主体工程、市政配套设施工程、地面绿化广场工程、物流轮候货运大楼和其他工程五部分内容	2016~2022年
广州美术馆	主要建设内容包括藏品区、展陈区、文化教育与公共服务区、业务科研与管理区、设备区、地下停车库和公共区域	2015~2020年
广州文化馆	主要建筑内容包括公共文化中心、岭南曲艺园、广府风情园、岭南翰墨园、广绣风雅苑、百果飘香院、公共配套用房以及室外配套工程等	2015~2020年

（二）文化创意产业出现新热点

会议展览服务业和互联网搜索服务业为海珠区文化产业龙头。海珠区会议展览服务业增加值是海珠区"四上"文化产业占比最大的细分行业,营业收入达到42.0亿元,占"四上"文化产业的27.2%,实现增加值26.8亿元,占全区"四上"文化产业增加值的35.4%。互联网信息文化企业稳居第二位。积极建设动漫游戏产业集群。由国家新闻出版广电总局和广东省人民政府共同主办的中国国际漫画节自2014年落户海珠区,参观人数从最初的13万人上升到30万人,日均超过5万人次,该节已成为中国漫画行业的国家品牌。其中,由海珠区光合作用展览有限公司承办的动漫游戏展成为全国第二大动漫展。每年海珠区文化企业主办萤火虫动漫游戏嘉年华等8个动漫游戏展,成为国内推广原创动漫团队以及推动粤、港、澳三地原创动漫交流的重要平台,带动国内外动漫相关产业迅速向海珠区集聚,动漫产业已成为海珠区迅速发展的新兴行业。打造特色文创产业高地。随着TIT创意产业园、广东工艺美术产业园、国茶荟、积优联合办公等一批文创总部进驻海珠区，海珠区文创产业集聚的特色明显。巴黎高级时装学院等大批世界知名时装设计中心陆续落户海珠区，树德生活、哲品家居等国内新兴的创意家居以海珠为中心向全国迅速扩散，中国（广州）国际茶业博览会成为"全球茶业第一展"。聚合社会力量驱动体育产业发展。运用"国家体育产业示范单位"牌子，广州双鱼体育用品集团有限公司加快发展体育总部经济。扶持拾号体育公园、奥龙堡广纸文体中心、母体电竞园等积极开展高端赛事、全民健身、体育培训、文体汇演、场地租赁等多功能服务。拾号体育公园被人民日报社《民生周刊》杂志社主办的第五届中国民生发展论坛评为"2017年民生示范工程"。

（三）文化活动打造新亮点

海珠区素有"足球之乡"美誉，青少年足球优势凸显，2015年成为"全国青少年校园足球试点（县）区"。国际性品牌赛事"广州9球国际公开赛"是世界九球顶级比赛之一，已连续三届在海珠体育中心举办。精心策划第五届岭南书画艺术节，开幕式首次将岭南书画艺术与古琴艺术历史相融合，依托网络直播全面展示岭南琴、书、画等传统文化艺术的传承与发展。圆满举办2018年广东咸水歌（渔歌）歌会，网络点击量超过50万，规模为历届之最。"2018欢乐跑·中国10公里锦标赛暨广州10公里路跑赛""2018'走读自然'海珠湿地徒步大会"等比赛品牌效应凸显，推动全民健身、全民健康深度融合。依托地标广州塔成功组织登高公开赛，1500名选手参与大赛，筹得善款交付给广州市慈善会，打造"体育+慈善"新高度。文艺精品创作成果显著，荣获省第九届群众戏剧曲艺花会金奖、铜奖各1个。

（四）文化遗产保护展现新活力

圆满完成省级文保单位邓氏宗祠保养维护工程，跟进南洲大街12号蚝壳屋、卫氏大宗祠、南石头街日军侵华战争历史遗迹等保护修缮工作。打造海珠岭南画派展示地，积极推进陈金章美术馆筹建工作，签订《捐赠书画作品及建设陈金章美术馆意向书》。开展《17~19世纪黄埔港国际贸易线路图》课题研究。举办时代新风·花开岭南——当代岭南花鸟专题作品展等特色展览。在黄埔古港举行"丝路精神，从心起航"青少年文物保护宣传活动，古港作为"2018年国家文化和自然遗产日活动"开幕式现场连线的唯一区级分会场，知名度和影响力大幅提升。深入社区、学校开展2018年海珠非遗季系列活动，参与人数过万。海珠区2人入选国家级非遗代表性传承人，昌岗东路小学等11个单位入选广州市非遗传承基地，数量为全市各区之首。

二 存在的问题

（一）文化产业行业均衡发展仍需提高

目前海珠区"四上"文化产业涉猎行业大类齐全，但从单位数量、营业收入和增加值占比来看，海珠区文化产业主要集中在会议及展览服务、互联网信息服务业，两行业小类"四上"单位数43个，占总量的13%；营业收入合计68.0亿元，占"四上"文化产业企业总营收的46.9%；增加值合计52亿元，占"四上"文化产业企业增加值的68.6%。其他如创意设计服务、广告服务、文化投资运营等所涉及143个小类行业，营业收入仅占53.1%，增加值仅占31.4%。文化产业的发展潜力还有待进一步挖掘和提高。

（二）创意设计服务质量效益有待提升

创意设计服务是海珠区"四上"文化产业九大类中营收较大的行业，共有134家企业，占总体户数的40.5%；2017年营业收入32.2亿元，占总量的22.2%；实现增加值7.13亿元，占总量的9.4%，质量效益仍处于较低水平。海珠区创意设计服务业主要以广告业和室内外装饰设计企业为主，营业收入超亿元企业仅有5家，如广州东霖美术设计制作有限公司、广州交易会广告有限公司、广州市有车以后信息科技有限公司等基本上都是依托广交会和互联网集聚区发展起来的,真正享有盛名的国际一流设计公司难数一二。但随着广东省广告集团股份有限公司、广东省集美设计工程有限公司等广告龙头企业在海珠陆续发力,未来海珠区在创意设计服务行业具备爆发性增长的潜力。

(三)文化产业整体规模仍有较大发展空间

2017年,海珠区文化产业增加值占GDP比重为5.80%,略高于全市平均水平(5.40%),但与其他城市相比差距较为明显。海珠区在全国范围内有品牌竞争力和影响力的文化产业也较少,一大批高规格、高标准的文创园区正在陆续建设中。整体而言,海珠区文创园区的整体规模仍有待进一步提高,创意园区内的产业集聚效应仍需进一步增强。

三 2019年发展思路

海珠区将积极融入粤港澳大湾区建设,搭建平台助推文化产业迅猛发展。依托粤港澳大湾区文化创意产业促进会平台,加强和粤港澳乃至世界的龙头文化企业和园区开展丰富多彩的交流合作活动,借助海珠产业布局方面的后发优势,集聚世界级的优质文化产业企业,抢抓粤港澳大湾区建设的历史机遇;借鉴乌镇"世界互联网大会"、博鳌论坛等高规格、高标准大会的举办经验,打造海珠区在世界上叫得响的知名品牌IP活动,从而带动海珠文化产业向支柱性产业发展;积极争取对接国家、省、市文化创意产业发展扶持鼓励政策,把文化产业推向发展高潮。

(一)新布局新定位

琶洲粤港澳大湾区人工智能和数字经济创新试验区整体定位为国际数字经济创新与高端交往特区。在琶洲创建广州国家文化金融合作示范区海珠核心区,依托市文化金融服务中心,在海珠核心区域建立涵盖文化银行、文化小贷、文化融资担保、文化融资租赁、文化保险、文化信托、文化券商等文化金融综合服务平台，为区域内文化企业和金融机构提供专业性服务。

中大国际创新谷定位为广深港澳科技创新走廊知识转化枢纽。旨在整合提升广州塔南创意园区功能，打造都市创新总部经济服务功能区。整合提升广州T.I.T纺织服装创意园、广州国际媒体港等创意园区的载体功能，优先引进全球领先、高附加值、高端创新要素密集型总部企业，重点发展新媒体、互动娱乐、创意设计等数字创意总部，供应链管理、广告服务、企业管理、人力资源服务、法律服务等高端商务服务总部。

提升片区都市文化旅游服务与消费能级，打造海珠文化艺术创意体验功能区。发挥广州塔、"四馆一园"等文化资源优势与环海珠湖的生态优势，提升商圈的都市旅游服务功能与消费能级，支持举办各类互动娱乐、文化展览、文化演艺活动，将片区打造成为海珠区乃至珠江景观带的文化旅游服务集散地、广州标杆性文化艺术创意体验功能区。

（二）新项目新平台

引导珠影创意园、畅流产业园等环T.I.T创意产业园进行连片改造提升，整体打造以网络影视、数字广告、网络社区、数字音乐、创意设计为主题的数字内容产业集聚区。推动小洲影视文化产业园打造成以电影电视制作为龙头的高科技影视基地，广州国际媒体港、广州报业文化中心打造成数字新媒体文化集聚区。将珠江琶醍啤酒文化创意艺术区、广州塔等地打造成为全市户外演艺活动最佳目的地。打造环广美创意设计中心。以广州美术学院为中心，构建环广州美术学院创意设计产业集聚区，引入国内外优质企业，建设集创意设计、时尚设计、工业设计于一体的环广美创意设计中心。与十香园进行联合打造，重点挖掘岭南画派发源地文化内涵，扩大"岭南书画艺术节"等重点艺术节项目的国际影响力。在未来三至五年，拟建成以下项目，进一步发挥文化产业平台作用，提升辐射力（见表2）。

表2　海珠区拟建文化产业项目

项目	建设内容
广州国际媒体港东塔楼项目	规划建设集高端酒店、国际会议中心于一体的文创商旅综合体
广州市第二工人文化宫整体改造项目	建设内容包括职工服务中心、职工职业培训中心、职工文化活动中心、职工体育活动中心、职工服务配套设施，以及地下停车库和设备用房等
太古仓复建区旧厂地块更新改造	对太古仓复建区旧厂地块进行更新改造，建设成集设计、休闲旅游、餐饮等于一体的创新时尚园
广交会展馆四期项目	展馆扩建项目、会展塔综合体项目
珠江·琶醍啤酒文化创意园区改造升级项目	主要建设总部大厦、啤酒文化中心、精酿啤酒体验中心、创意文化梦工厂
广州博物馆	主要建设内容包括藏品库房、展陈区、社会教育与综合服务用房、业务科研用房、设备用房和地下停车场等配套设施
广州科学馆	主要建设内容包括创新展示区、创新服务区、创新交流区、创新启蒙区、公共服务及管理办公区、设备及地下停车区

（三）新谋划新起点

促进本土体育产业集聚化与品牌化发展。盘活双鱼集团等国有企业存量厂房用地，以双鱼集团为核心，打造高端体育用品研发基地。整合海珠体育馆、足球培训中心等公共场馆资源，引导体育赛事服务、体育场馆运营、体育培训等龙头企业在区域内聚集，整体形成以高端体育产品研发为核心，体育服务以及体育赛事运营为延伸的体育产业集群。

创建"全域旅游示范区"。以构建国家级旅游示范区为契机，整合广州塔、珠江琶醍啤酒文化创意艺术区、珠江游等旅游资源，打造都市观光旅游景观带，创建国家5A级旅游景区。以琶洲为重点，发展集高端酒店、特色餐饮、水上观光、游艇游船于一体的会展旅游，打造具有国际化标准和岭南特色的中央商务旅游区。发挥海珠湿地的生态效益，发展以都市农业、观光体验为核心的都市生态旅游业。结合珠江后航道沿线的开发建设和产业升级改造，盘活滨江旧厂资源，促进广纸片区建设为集文化创意、娱乐休闲、都市观光于一体的滨水综合旅游区。挖掘黄埔村和小洲村两大国家级传统村落

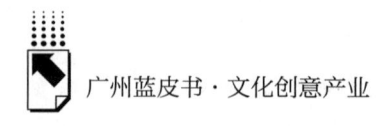

旅游资源，打造"海上丝绸之路"与"岭南书画"等文化精品，形成一批具有历史文化主题的旅游区域。

振兴珠江电影集团。科学整合集团内外部优势资源，确立"一二三四五"发展路径，即：聚焦电影主业主责一条主线，决战电影出品和产业园区建设两大主战场，做强做优电影产业内容、渠道和终端"三箭齐发"，全力打造电影创作生产、电影宣发放映、电影融媒体、影视文化关联产业等四大业务板块，开展粤港澳大湾区电影产业合作，电影主业高质量发展，影视文化关联产业协调发展，深化体制机制改革，将珠影打造成为主业突出、结构合理、专业强势、创新驱动，拥有广泛品牌影响力和可持续发展能力，独具粤港澳大湾区特色的全产业链现代电影集团，持续打造中国南方电影中心。

（四）新时代新气象

从地域文化来说，海珠区拥有"近代革命策源地、海上丝绸之路发祥地、岭南文化汇集地、都市滨水休闲地"的"四地"文化品牌，文化底蕴深厚，在广州市建设世界文化名城中具有重要作用。未来要进一步做好邓氏宗祠、大元帅府、十香园、潘家大院、洪德路骑楼街、龙骧大街历史文化街区等历史文化古迹保护利用。积极发展黄埔古村古港、小洲村旅游，继续发掘和保护岭南古琴、咸水歌等非物质文化遗产，扶持广绣、广彩等传统民间工艺发展。加强文化创意园区和旅游景点周边配套设施的建设，不能仅仅驻足于只发展文化这一条线路，同时可增加包括交通、购物、餐饮等为企业及游客提供综合性的文化服务，将历史人文景观、传统文化、休闲娱乐串连在一起，相辅相成，形成新的综合性文化商圈，带动文化产业的发展。

从宣传媒介来说，广东省木偶艺术剧院、南方歌舞团等老牌国企，过去曾推出过许多优秀的作品，多次获得国家级奖项，未来要进一步推陈出新，抓住岭南文化特点，推出反映地区文化、时代变革的优秀影视文化作品。

加强不可移动文物巡查，跟进李雍别墅、南石头粤港难民历史遗址、西园三巷9号蚝壳屋等文物修缮工作。拓展文物活化利用综合效益，设计开发一批博物馆文化创意产品，推动传统文化创造性转化和创新性发展。继续开展国家级、省市级非遗项目以及传承人的申报和非遗传承普及。积极推进陈金章美术馆筹建工作，加快完成立项。探索在江南中区域文化旅游产业园以文化研讨的方式开展古琴技艺传承交流，保护利用传统文化。

（五）新活动新名片

大力彰显文体品牌活动影响力。重点围绕粤港澳大湾区建设和庆祝中华人民共和国成立70周年两大主题开展文体活动。举办粤港澳大湾区艺术季，以小天使交响乐团为载体开展青少年民乐交流活动，以岭南书画为重点举办粤港澳书画联展或巡展，打响海珠区传统文化品牌；以足球为重点开展粤港澳大湾区青少年体育交流活动，辐射其他项目。加强文艺团队的管理和引导，整合多方资源，筹建粤港澳大湾区青少年街舞联盟。继续办好"走读自然"海珠湿地徒步大会、十公里欢乐跑、广州国际九球公开赛等，扩大海珠特色品牌影响力。坚决贯彻落实"一区一品"战略，瞄准培育国际化、高品质、体系化文化项目，精心组织筹备举办岭南书画艺术节、岭南古琴音乐会、潮流文化周、咸水歌会等文化盛会。

B.13
沙湾镇"文化+旅游"模式的形成与发展

谢海燕*

摘　要： 沙湾镇是目前广州唯一的"中国历史文化名镇",历史文化资源丰富,是广府文化的集中展示地。近年来,沙湾镇制定文化兴镇战略,积极探索"文化+旅游"发展模式,大力扶持优秀传统文化,坚持以文化为内核推进古镇旅游开发,通过有针对性地吸引文化商铺、开展丰富多彩的民间文化活动、开拓文化体验经营项目、开发特色文创产品等措施,不断丰富沙湾古镇的文化内涵。景区经营效益持续提升,当地民间文化在旅游开发过程中扮演了重要角色,而民间文化本身亦得到保护和发展,实现文化、旅游双赢。

关键词： 沙湾古镇　历史文化　旅游开发

沙湾镇位于广州市番禺区西南部,地处珠江三角洲腹地,"一个小时经济圈"覆盖粤港澳大湾区,是全国特色小镇、全国文明村镇、中国历史文化名镇、中国文化旅游名镇、中国民间文化艺术之乡。近年来,沙湾镇以深厚的历史文化底蕴和丰富的自然生态资源为依托,深入挖掘文化内涵,以文化促旅游,以旅游促发展,逐渐摸索出一条"文化+旅游"的发展道路。

---

* 谢海燕,沙湾镇社会事务服务中心副主任。

沙湾镇"文化+旅游"模式的形成与发展

一 沙湾历史文化资源现状

沙湾古镇始建于南宋，有800多年历史，悠久的历史发展，使沙湾古镇形成了深厚的文化底蕴，其文化是典型的岭南文化，是广府民间文化的杰出代表，民间艺术饮誉岭南。物质文化遗产方面，沙湾古镇"石阶石巷"的古村落格局保存完好，保留了大量明、清、民国时期的古建筑。以留耕堂为代表的古祠堂有70多座，还有一筒竹、三间两廊、镬耳屋、西式住宅、自由式民居等建筑。古镇历史文化建筑保护区约48.9公顷，以车陂街、安宁西街为代表的旧麻石街巷总计达10公里。非物质文化遗产方面，沙湾有狮舞（广东醒狮）、沙湾飘色、广州砖雕、沙湾何氏广东音乐，沙湾水牛奶小食制作技艺等，还有许多传统文化活跃在民间，如北帝诞、鳌鱼舞、扒龙舟、养兰、私伙局等。饮食文化方面，沙湾姜埋奶享誉省港澳，传统的菜式如鸡丝酿芽菜、沙湾别茨鹅、豉椒碌鹅、牛奶宴等也极具吸引力。

作为广州市目前唯一的中国历史文化名镇，沙湾古镇有着鲜明的特色，它是广府文化最集中、最有代表性的展示地，其古建筑景观在岭南地区可谓首屈一指。沙湾从古至今涌现出壁画名宿黎文源、黎浦生、杨瑞石，"灰塑状元"靳耀生，砖雕大师何世良等全国知名的建筑工匠，阵容之强在广府建筑领域独一无二，古镇内明清、民国古建筑群规模宏大，且保存了大量砖雕、木雕、石雕、灰塑、壁画等名家工匠的艺术精品，艺术风格具有浓郁的岭南特色，是广府建筑文化的集聚地。其中何氏大宗祠（留耕堂）有3334平方米，五开五进，规模之大、艺术之精美在全国的宗族祠堂中都属罕见，堪称"岭南综合艺术之宫"。

遍及中国大江南北、流行世界各地的广东音乐，在20世纪曾一度被誉为"国乐"。在海外，凡有华人的地方就有广东音乐，广东音乐被称为"乡音"，成为联结海外华人和祖国乡亲的重要纽带。而沙湾正是广东音乐的发源地，历史上产生了广东音乐先驱何博众及"何氏三杰"（何柳堂、何与年、何少霞），谱写了《赛龙夺锦》《雨打芭蕉》等广东音乐经典名曲，对广东音乐的发展产生了深远的影响，古镇内三稔厅被业界视为广东音乐的"朝圣地"。

深厚的历史文化底蕴为沙湾树立了自信，但沙湾近年的发展并非一马平川。首先，这些历史文化资源存在不少问题。残破的屋檐，褪去的色彩，漫布的青苔，百年的风雨洗礼为古建筑留下了岁月的痕迹，古老的青砖蚝壳镬耳屋已岌岌可危；而飞速推进的城镇化发展进程使传统民间文化生存空间受到挤压，孕育传统民间艺术的社会秩序不再，民间艺人年老体衰，技艺传承难以为继。其次，毗邻沙湾水道，地处二级水源保护区，决定了沙湾不可能大规模发展重工业和餐饮服务业；而非中心城区，人口密度不大，导致商业氛围也受到影响；经历了十年前房地产开发的黄金时期，沙湾如今可开发的库存已不多，经济下行压力持续增大。种种迹象表明，如果不另谋出路，及时调整优化产业结构，破解经济发展瓶颈，沙湾的发展将变得越来越困难。

二 沙湾镇保护优秀传统文化举措

习近平总书记在视察广东时指出：城市规划和建设要高度重视历史文化保护，不急功近利，不大拆大建。要突出地方特色，注重人居环境改善，更多采用微改造这种"绣花"功夫，注重文明传承、文化延续，让城市留下记忆，让人们记住乡愁。因地制宜，扬长避短，是制定发展规划的基本策略。工业发展受到限制，但青山绿水和文化古迹为沙湾提供了另一种发展的可能性。沙湾镇看准了这一点，首先立足于保护和利用丰富的历史文化资源，发挥传统文化优势，制定文化兴镇发展策略，探索"旅游+文化"发展模式，实现文化、旅游双赢。

（一）全面系统挖掘沙湾历史文化，积极参加省、市、区各级各类文化遗产名录的申报

文化遗产名录不仅是荣誉，更是责任，文化遗产项目进入国家、省、

市、区各级名录，意味着纳入国家法律法规保护，当地政府需要投入更多的人力物力财力来保护传承。经过多年的申报，沙湾现有区级以上非物质文化遗产项目7个，其中国家级非遗项目1个（狮舞），省级非遗项目4个（沙湾飘色、广州砖雕、沙湾何氏广东音乐、沙湾水牛奶传统小食制作技艺）；非物质文化遗产代表性传承人16人，其中省级非遗传承人5人；区级以上登记文物107个，其中省级重点保护文物1个（留耕堂），市级文物保护单位14个。为及时掌握文物保存及安全状况，区、镇设立文物保护监督专职人员及文物保护信息员队伍，定期对文物及古树名木进行巡查和白蚁防治。与此同时，持续开展对沙湾文化的挖掘、整理、研究。建立健全文化遗产档案，做到非遗项目一项一档、代表性传承人一人一档、文物保护单位一处一档。《沙湾镇志》历经20多年编撰，于2014年出版发行，全面记录沙湾历史沿革、政治、军事、经济、文化、社会等发展情况，进一步强化方志资料"治资、教化、存史"的重要作用。编印《粤乐寻源·辨踪》，深入阐述沙湾历史文化及何氏广东音乐的发展演变，促进保护和弘扬广东音乐这一优秀的传统岭南文化。组织沙湾何氏广东音乐传承人出版发行《粤韵新风——沙湾何氏广东音乐新创作品集》CD，其中多首作品获市级以上创作奖项。

（二）大力开展非遗培训教育，促进民间文化的活态传承，着力打造文化品牌

与星海音乐学院合作，积极探索建立社会、院校、政府三方合作的民间文化艺术发展机制。飘色协会、广东音乐社团经常举办沙湾飘色、广东音乐等公益培训班和研学活动，着力培养新生文艺骨干，以青年一代为主力的沙湾广东音乐研习社和青萝乐坊崭露头角。实施"一校一品"计划，镇内各中小学校、幼儿园全面推行"一校一品"民间艺术特色课程，编辑沙湾本土文化教材，将本地优秀民间文化融入学校教学，如沙湾实验小学（龙狮、武术）、兴贤小学（鱼灯）、育才小学（广东音乐、鳌鱼）、红基学校（灰塑）、京兆小学（剪纸）、中心幼儿园（饮食文化）、育才幼儿园（飘色）等，其中，实验小学是广东省唯一一所"国家级武术传统项目学校"，兴贤小学获"广东省民间艺术（鱼灯）传承基地"称号。经过多年的培育和扶持，沙湾飘色、广东音乐、沙湾龙狮、鱼灯、饮食、兰花等文化品牌逐步彰显。沙湾飘色《赛龙夺锦》、广州砖雕传承人何世良创作的砖雕作品《六国大封相》先后获得中国民间艺术最高奖"山花奖"，大型鱼灯组《童心海洋梦》获全国"山花奖"民间灯彩大赛金奖。以沙湾广东音乐"何氏三杰"为原型创作的大型原创舞剧《沙湾往事》获国家艺术领域最高荣誉"文华奖"，并走出国门。广东音乐主题原创舞蹈《梦柳堂》代表广州旅游文化形象远赴韩国第八届亚太城市旅游振兴机构（TPO）总会上演出，反响热烈，中央电视台大型纪录片《记住乡愁》《手艺》接连报道，极大提升了沙湾的知名度和影响力。

（三）积极开展对沙湾古镇的保护性开发

古建筑得到新生，避免了大拆大建，不仅成为沙湾古镇旅游的主要看点和"颜值担当"，更为传统民间文化拓展了生存空间。从2003年起，沙湾镇不断加大对沙湾古镇历史街区的保护和旅游开发力度，整合开发可利用的物质文化遗产和非物质文化遗产资源，努力探索文化保护传承与经济发展双赢道路。先后编制了《沙湾古镇历史文化街区保护与整治规划》《沙湾镇历史文化名镇保护规划》《沙湾古镇旅游项目策划》《沙湾古镇旅游核心区详细规划与设计意向》《沙湾古镇旅游发展规划纲要》等规划，加强片区整体规划的科学性、合理性和连续性。

2008年，沙湾古镇旅游开发有限公司成立（以下简称"旅游公司"），负责统筹沙湾古镇的修缮保护、旅游开发以及经营管理，沙湾古镇旅游开发进入实质性建设阶段。至2012年元旦沙湾古镇正式开门迎客，为恢复古镇风貌和人文环境，沙湾镇以"修旧如旧"的原则修缮了留耕堂、时思堂、珠海何公祠、三稔厅、大中堂等30多座古建筑并且最大限度保持建筑原貌，完成了古街巷管线埋地、雨污分流整治和部分街巷的外立面整饰，对绿化景观进行了升级改造，推出多条旅游线路，选取留耕堂、衍庆堂、三稔厅等代表性建筑进行陈列布展，展示沙湾的民俗风情、宗祠文化、建筑艺术以及重要人物事迹等。2012年景区正式开放后，沙湾古镇又通过一系列微改造工程，增加配套服务，持续提升景区环境。主要有：开展古镇东、南、西门及核心区的外立面整饰、雕塑布设、道路沥青罩面和路面麻石铺设工程、安宁广场水景改造、西入口音乐舞台建设、绿化改造、荷花塘人行道改造、公园连廊改造、公共厕所改造等微改造工程。更新标识系统，完善了包括景点指示、道路指示、展馆内展品标识、安全警语、公共设施标识。增设进入沙湾古镇的公路、高速公路的路标、指示牌，完善交通设施配套。

三 沙湾古镇旅游中的文化元素

如果说修缮保护古建筑改善了沙湾古镇旅游的硬件设施，那么开发以文化为核心的文创产品和旅游项目则是在打磨古镇旅游的软件。通过不断开发旅游产品和项目，探索调整运营管理方式，沙湾古镇变得越来越有"味道"。

（一）合理管理景区物业，促使古建筑活化利用，商铺"文艺范"十足

镇政府通过协调，把原房管所下属的有关历史建筑物业移交给旅游公司进行保护、修缮、管理、活化利用。旅游公司通过承租民间物业的方式，有效控制资源。在此基础上，加大古建筑的招商力度，对引入的商家精挑细选，以利于古建筑保护、民俗文化传承和发展为原则开展招商工作。至2019年1月，古镇景区内共有书法、音乐、美术、古玩、国学、图书等文化类商铺45间，其中有影响力的文化艺术项目有手作坭兴陶壶"一物堂"、百年旗袍店"金慧旗袍"、"金慧女子学院"、文化艺术展示的"汉园·倬君堂"、古琴文化传播和展示地"稼轩·进士会"、集崖柏根雕和书画艺术品鉴赏的高端会舍"崖柏艺术馆"等。这些商铺不仅有文创产品销售，还会开办各类文化艺术展示、文艺沙龙、艺术培训等活动。

（二）开展形式多样的民间文化活动，丰富景区文化内涵

沙湾古镇景区开放后，为营造浓厚的文化氛围，沙湾镇政府将文化和旅游资源进行整合，依托沙湾飘色、广东音乐、龙狮、鱼灯等沙湾本土文化开展民间文化活动，并将全年80%的文化活动放在古镇景区，尤其是元旦、春节、中秋、国庆等节庆活动，其中影响力最大的是一年一度的沙湾飘色文化节和沙湾鱼灯文化节。沙湾飘色文化节在农历三月初三北帝诞举行，与多届番禺区民俗文化节合并举办，重头戏飘色巡游吸引了珠三角各地的群众、港澳乡亲和众多媒体，出现万人空巷的盛况。沙湾鱼灯文化节在每年中秋国庆期间举行，有颇具规模的鱼灯展览、鱼灯巡游等活动，前后持续十多日。经过数年的积累，三月三到沙湾看飘色，中秋国庆到古镇看鱼灯，成为不少周边街坊和游客的共识。作为中国民间文化艺术之乡（广东音乐之乡），各种形式的广东音乐活动是古镇景区文化活动的主力军，贯穿于古镇的日常。2015年沙湾广东音乐馆在沙湾古镇建成开馆后，远近私伙局纷纷来这里"开局"，音乐馆内每天都有广东音乐演奏和粤曲表演。2016~2017年，沙湾古镇推出了"梦田·沙湾"光影秀，以标志性古建筑留耕堂为主背景，通过裸眼3D投影、激光、灯光、音响等科技手段展现沙湾古镇历史和文化艺术，每逢节假日晚上播两场，同时推出"点亮沙湾·夜游古镇"项目，沿着景区建筑轮廓大规模加装灯光，以吸引游客在夜晚游览古镇。2019年元旦假期，沙湾古镇又推陈出新，结合传统的广东音乐、高雅意境的古琴、非洲特色音乐非洲鼓以及轻快活泼的尤克里里，再加上街舞"快闪"，组成新年元旦音乐会，受到游客的热捧。

（三）不断拓展文化体验经营项目，大力发展体验式旅游

结合沙湾特色文化，沙湾古镇推出了开笔礼、正月墟、"寻味传统沙湾"美食汇、旗袍文化节、非遗研学游等一系列文化体验经营项目。开笔礼是中国传统读书人求学四大礼中的首礼，沙湾自古崇文重教，耕读传家，至今留有"诗书世泽""文学流风"牌坊和文峰塔等古建筑，结合这一传

统,沙湾古镇每年6~9月都会举办开笔礼活动,不仅承办周边幼儿园、小学的开笔礼,亦将经营范围扩大至广州市区和佛山等地区。"寻味传统沙湾"美食汇活动在每年五一假期举办,以沙湾本土美食为主,辅以其他岭南美食进行招商,以小而精的理念办美食节,并制作沙湾美食、文化地图向游客免费派发,每逢美食汇沙湾古镇必定人头涌动,熙熙攘攘络绎不绝。在节假日,沙湾古镇还会举办醒狮、飘色、鱼灯、广东音乐、水牛奶小食制作等非遗项目体验活动,如广东音乐、鱼灯研学游,在游古镇的同时可与民间艺人面对面交流,学习演奏广东音乐、扎作鱼灯,挑灯游古镇,逐渐成为游客的新宠。2019年春节,沙湾古镇又推出"捧银"活动。这一活动来源于旧时沙湾何族敬老宴的"捧银",即邀请寿宴中年纪最大的"寿头"在放满金银珠宝的"聚宝盆"里用双手捧起金银走出何氏大宗祠,手上拿到多少都送给老人,寓意好彩头。据报道,春节期间留耕堂内游客排起长龙,争相体验"捧银"习俗。

(四)持续开发旅游产品,把沙湾文化带回家

结合沙湾古镇岭南古建筑丰富的工艺以及特色景点,以游客受众的明信片、杯子、本子、书签等商品载体,开发旅游产品和手信数十款,如以沙湾民俗为原型的卡通画明信片,以文峰塔旁聪明井为原型的聪明井咖啡杯,以沙湾古建筑、非遗文化为图案的系列保暖杯,以广东音乐五架头为原型的广东音乐回形针,以清水井为原型的清水井零钱包,以留耕堂门前大灯笼为原型的锁匙扣等。同时,沙湾古镇还联合进驻商户,开发并推广本地特色与工艺品结合的旅游产品,如以沙湾古镇标志建筑为原型的瓷片画、以留耕堂门口的门枕石及门簪为原型的"门当户对"系列明信片、"一物堂"沙湾粤韵茶壶等。通过对传统文化元素融合现代审美的再创作,以全新的方式讲述沙湾故事,让拥有历史积淀的沙湾文创产品进入寻常百姓家。

经过7年多的运营和探索,沙湾古镇"文化+旅游"发展模式已初见成效,进入景区参观人数呈逐年增长的趋势,2018年全年接待游客达177万人次,深受游客的好评。先后获得过中央电视台、《人民日报》等多个国家、

省市级媒体采访报道以及中央党校等多个中央机构团队和省市领导前来考察。同时，通过旅游开发，为本地居民创造了就业机会，改善了居民的生活环境，促进了古镇风貌和古建筑的保护，逐步进入保护与开发相互促进的良性循环。2018年11月，沙湾古镇被评为"广东省文化旅游融合发展示范区"。

四 沙湾"旅游+文化"模式的特点与经验

纵观近年来的发展历程，沙湾古镇旅游开发也经历过早期的困难时期，能够扭转经营局面逐步发展壮大，在于对古镇准确的定位，并始终坚持文化内核。

全国的古镇林林总总，不计其数，沙湾古镇能够在全国的古镇中有一席之地，在于其准确的定位。沙湾古镇区别于其他古镇的显著特征在于它是珠三角广府文化的集中代表，从建筑风格到风土民情，既不同于江南水乡，又不同于客家古镇和潮汕古镇。而广府文化圈中，相比同类古镇，沙湾古镇无论是建筑规模还是民俗文化，都较为突出。因此，沙湾古镇主打"广府文化牌"，以体现广府建筑特色的水磨青砖墙、蚝壳墙、镬耳墙、趟拢门、砖雕、灰塑等建筑元素，以及沙湾飘色、广东音乐、姜埋奶等民俗文化为招牌进行重点宣传，以地域特色吸引游客。

（一）沙湾古镇在旅游开发过程中非常注重对原生态的保护

在古建筑修复上，严格遵守"修旧如旧"原则，保持建筑原汁原味，避免走样。在景区运营管理上，采取开放式的景区管理，村民、居民生活在景区中，沿袭了自古以来的生活习俗，展现了最真实的广府风土人情，与景区和谐共存的同时为古镇保留了浓郁的生活气息，使沙湾古镇成为"活着的古镇"。而有针对性地引入文化艺术类商铺，避免了景区内过多餐饮商铺以及商铺同质化。与许多古镇相比，沙湾古镇少了一分喧嚣，多了一分宁静，在人气和商业化之间保持了适度的平衡，既保留文艺创作的氛围，又提供了商品销售的空间，因此越来越多的文人和艺术家选择在沙湾古镇驻留。

（二）深挖沙湾古镇文化资源，引领旅游发展

文化是古镇的灵魂，沙湾在历史文化方面的投入使沙湾古镇有了"底气"，盘"活"了古镇。景区旅游开发也为文化带来"利好"，传统民间文化的展示平台多了，机会多了，生存空间也多了。取材于本地的文化经营项目更是沙湾古镇旅游开发中的一大亮点，直接将文化转化为生产力，将游客从参观者变为活动参与者和民间文化的推广者。沙湾古镇景区开放初始，由于景点导览系统未尽完善，文化活动不多，常有游客反映"没什么看头"。如今，随着软硬件设施的逐步完善，沙湾古镇的文化内涵日益丰富，游客来到沙湾古镇可以看一看"岭南建筑艺术宫殿"何氏大宗祠，听一听轻快优雅的广东音乐，品一品以浓稠香滑的沙湾水牛奶为原料制作的姜埋奶，淘一淘印有青砖镬耳满洲窗的文创手信，再体验一把穿旗袍、舞狮头、扎鱼灯、做色仔的乐趣。观、玩、食、购每一个环节都是由当地文化做支撑，而民间文化在旅游开发的过程中得到活化和发展，被越来越多的人所认识和接受，焕发出新的生机。

作为一个旅游景区，沙湾古镇还有很多发展空间。古镇内一街一巷、一砖一瓦都有故事，大量民俗文化散落在民间等待发掘，沙湾需要有专业力量将这些历史文化发掘整理出来，以通俗易懂的方式讲好沙湾故事。在文化类商铺中，番禺、沙湾本地艺人的展示场所数量还有待提升，文化体验项目也需要恒常化并不断推陈出新。同时，作为番禺区西部旅游片区的核心区域，沙湾需要加强古镇与周边其他景区的联动，以"全域旅游"的眼光推进周边生态文化资源的统筹开发。当地政府已经意识到这一点，计划在持续挖掘和开发利用沙湾优秀传统民俗文化的同时，进一步加大沙湾古镇、滴水岩森林公园、龙湾涌湿地公园等旅游景点的统筹开发建设，以及与宝墨园、南粤苑、紫泥堂文化创意园等景区的联动发展力度，除了"旅游+文化"，还将拓展"旅游+珠宝""旅游+生态"发展模式，加快打造西部沙湾古镇—宝墨园—龙湾涌湿地岭南文化生态旅游片区。

参考文献

吴开军、李丹霞：《古村落旅游目的地居民旅游感知研究——以广州番禺沙湾古镇为例》，《五邑大学学报（社会科学版）》2018年第4期。

樊诗雅：《番禺沙湾古镇保护更新的分析与研究》，《江西建材》2018年第1期。

粮艳玲、黄佩珊、温馨：《古镇旅游开发：在传承和创新中前行——以沙湾古镇为例》，《旅游纵览（下半月）》2017年第9期。

蔡晓珊、朱玉霞、赵烁宇、何沛波：《广州沙湾古镇旅游发展探析》，《经济研究导刊》2017年第20期。

B.14
广州VR产业化历程与路径探索

——以广州卓远科技为例

阳序运*

摘　要： 随着VR技术逐步走向成熟，虚拟现实产业正进入爆发式增长的"临界点"。国内不少企业开始认识到"虚拟现实"（VR）的巨大发展潜力，纷纷布局VR产业。作为全国首创VR商业模式落地方案的企业，广州卓远科技在推动"VR+娱乐""VR+科普""VR+文旅"等多个"VR+"模式的成功落地上，对于文化创意产业具有重要借鉴意义。

关键词： VR+　创新发展　卓远科技

自2016年以来，VR产业日益受到中央及地方政府的重视与关注，一方面中央出台政策扶持，增强VR产业的信心，推进VR产业发展；另一方面地方政府也积极发布政策指导信息，开展对VR产业的布局。随着VR技术在国内的研究越发广泛和深刻，我国VR产业处于高速增长的态势中。根据艾瑞咨询的最新报告，预计2018年国内VR行业市场规模达到108.3亿元，比2017年增长了1倍左右。[1] 广州卓远虚拟现实科技有限公司（以下简称"广州卓远科技"）经过20多年的发展，探索出自身的发展思路，已逐步成

---

* 阳序运，广州卓远虚拟现实科技有限公司总裁。
[1] 资料来源：艾瑞咨询2017年《中国虚拟现实（VR）行业研究报告——市场数据篇》。

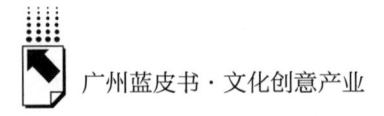

为国内重要的VR线下娱乐盈利解决方案提供商，为推动VR行业发展做出了巨大贡献。

一 基本情况

广州卓远虚拟现实科技有限公司，是一家贯穿创意、研发、内容、生产、销售、运营和服务全产业链的国家高新技术企业，与英特尔、HTC等106家国内外VR行业重量级企业建立深度战略合作关系。凭借多年的虚拟仿真技术经验，广州卓远科技目前拥有136项专利和软件著作权，获得多项资质和荣誉，如广东省守合同重信用企业、国家高新技术企业、广州市科技创新小巨人企业等。目前，卓远VR产品涵括动感极限、军事射击、航天飞行、赛车竞速、极限运动、儿童益智6大主题的VR虚拟现实设备，5D/7D互动影院设备，赛车模拟/飞行模拟等动感仿真设备。

广州卓远科技自2015年在全国范围内首倡"综合性的VR娱乐盈利解决方案"至今，已有3500余家幻影星空VR主题乐园遍布全球5大洲100多个国家。在《2017年度值得关注的VR体验店排行榜》中，卓远排列第一。

二 发展历程

（一）1999~2008年：技术积累阶段

公司专业从事机械自动化领域，主要包括工业自动化领域的产品研发和生产线自动化改造。公司自主研发的自动送料机和自动化控制模块，销往格力、富士康、大连机床、沈阳机床等国内大型企业，出口斯里兰卡、印度等多个国家。

（二）2009~2014年：虚拟仿真领域阶段

广州卓远机械有限公司（卓远前身）正式成立，以专业机械自动化技术为依托，专注虚拟仿真领域，兴起国内动感仿真娱乐领域热潮。2011年，旗下幻影星空5D影院独占全国70%的市场份额，并销往美国、俄罗斯、迪拜、捷克等120多个国家。2013年幻影星空7D互动影院惊艳上市，并实现了动感仿真技术创新升级，全国首创电动二代动感平台，树立行业品质新标杆。

（三）2015年至今：虚拟现实（VR）领域阶段

2015年，广州卓远旗下幻影星空商标注册成功，成为全国首批VR硬件制造商之一，率先发力VR线下体验店。卓远通过VR技术为各领域的革新升级提供技术支撑，开创"VR+"商业模式之先河，掀起的VR体验浪潮轰动全国。目前，其业内首创"VR+泛娱乐"的商业落地方案取得了巨大成功，"VR+科普""VR+文旅"等模式如雨后春笋般在全国一二三线城市乃至全球迅速扩张。

2016年，广州卓远携手英特尔举办"远见非凡·卓远VR全球生态战略发布会"，与40多家领军企业达成"TOB VR战略合作"，致力于打造全开放的VR生态圈，从而推动行业健康发展。

2017年，"广州卓远机械有限公司"更名为"广州卓远虚拟现实科技有限公司"，成功举办幻影星空首个运营培训，开创VR业界运营经验交流平台。

2018年，广州卓远科技全新升级幻影星空品牌识别系统及运营管理，打造智领VR娱乐品牌。其品牌IP形象Funny猴正式上线，品牌IP化大大地提高了品牌辨识度，引起了自发传播，形成口碑。

三 VR产业急速发展下的企业转型发展与创新

2015年被称作VR行业产业的元年，这代表着一个行业的诞生。在这一年里，HTC vive首次发布，索尼VR头盔改名为PS VR，Oculus发布消费者版本，Gear VR消费版正式开放预售。深耕虚拟仿真娱乐领域多年的卓远，抓住机遇，成功转型布局VR，成为首个落地VR商业模式的行业领军者，"幻影星空VR主题乐园"如雨后春笋般在全国一二三线城市乃至全球迅速扩张，这一成绩的背后，离不开公司的转型发展与创新。

（一）内容创新：原创内容+引入优质内容

VR最终要成为一个产品，一定离不开技术的进步和内容的创新。过去，VR技术在不断进步，但内容的进步远远不够。优质内容的缺少，成为制约VR整个行业发展的一大短板。以VR游戏市场为例，游戏内容的持续更新至关重要，要想提升加盟店客户黏度，增加复购率，优质内容的后续更新是不容忽视的。

因此，卓远积极投入VR内容的开发制作，投入巨资打造自己的内容开发中心，建立了一支30多人的VR内容制作团队，坚持原创内容的稳定输出；其次以投资入股、内容合作等多种形式与行内多家优秀内容团队建立深度合作关系，对外投资了7家内容公司，并与106家优质伙伴达成战略合作，实现产业联合，引入优质内容，推动行业的快速发展，为加盟商们提供更好的盈利保障。

目前为止，卓远已累计上线500余款VR内容，50余款原创版权内容，自建团队与对外投资的内容公司研发团队共计200余人大力开发内容资源，成果斐然。在泛娱乐领域有《彩虹岛》《飞跃大峡谷》《VR过山车》《海底大冒险》等惊险刺激、复玩率高的内容备受玩家认可；在科普教育领域，《星际穿越》《海底小纵队》《大地震》《消防逃生》《交通安全》《台风》《灾难启示录》等制作精良的内容，既好看好玩，又简单易懂，寓教于乐，深受广大消费者喜欢。在文旅领域，与景区合作定制供游客观赏的VR内容，如张家界景区的《飞跃天门山》，带给游客全新的视觉体验。

（二）技术创新：曲柄伺服动感平台专利

"曲柄传动的动感控制技术"是卓远的发明专利技术，也是业内唯一将此项技术应用于VR动感平台的企业。相较于同行使用的电动缸平台而言，曲柄具有体验效果更逼真、性能更稳定耐用、易于维护等优点，正是这一核心技术上的创新与突破，为卓远筑起了强大的技术壁垒，也是卓远打造"品质VR"的核心武器。除此专利技术外，卓远还拥有店面管理及数据服务平台、姿态数字传感器、脚控输入技术等核心技术。

作为国家"高新技术企业"、"广州市科技创新小巨人企业"，卓远持续的创新和升级，用技术创新征服用户，保持消费者对VR主题乐园的持续热度，就是保证加盟商的核心竞争力。

（三）模式创新：VR+泛娱乐、VR+科普、VR+文旅

广州卓远科技业内首创"VR+泛娱乐"的商业落地方案取得了巨大成功。除了在泛娱乐领域的探索，广州卓远科技借助前沿的VR技术、开放共享的合作方式，深入挖掘不同领域的个性化需求，打造创新的VR+行业模式，通过VR技术为各领域的革新升级提供技术支撑，在科普和文旅领域同样大有作为。

1. VR+泛娱乐：星火燎原

目前幻影星空VR主题乐园已近3500家，遍布全球5大洲100多个国家。可以说VR主题乐园作为现时推介VR的热门商业模式，发展迅猛，前景无限。目前VR线下主题乐园是向观众介绍VR最直接最简单的方式，也得益于VR主题乐园，全球数亿人才有机会接触VR这个黑科技。对于市场参与者来说，VR娱乐产业也是目前最容易变现的模式，并且这个模式在3~5年内不会发生改变；未来2~3年将迎来VR普及爆发期。

另外VR也是传统娱乐行业的突破口。VR与传统游乐的关系是融合、互补、并存，而非替代关系。所以很多传统游乐场所新增VR游玩区，按分类融合，将VR赛车、VR飞行、VR射击类游戏放置到相对应的传统体验区，补充更优质的体验，带来更丰富的玩法。

2. VR+科普：革命性节点

VR技术是创新教育时代的一个革命性节点。相对传统教育而言，VR具有沉浸性、交互性、想象性的特点，寓教于乐，使学习效果得到最大化的提

升。正因为VR科普无可比拟的强大优势，在国家对安全科普的高度重视的国情下，政府出台多项政策推动科普与VR结合应用，提倡"将虚拟现实等技术作为科技馆展教的主要手段，使公众能够身临其境般地参与互动体验"。在全民迫切需求VR科普的大环境下，广州卓远科技已研发出多款科普教育产品，如地震平台、乐享太空舱、暗黑自由舰、暗黑战车等，身临其境体验地震自救、航空航天、消防逃生、太空探索、海洋探险、红色党建等科普项目，成功应用于广东科学中心、湖南常德科技馆等多个国家级科技馆以及"遨天一号"等大量的VR科普乐园，取得显著成效，掀起全国"VR+科普"的教育风暴。

3. VR+文旅：广阔应用前景产业

VR与文化、旅游、文物等领域融合发展有着非常广阔的应用前景，这些领域借助VR技术打造高性能、高科技感、高体验性一体化的沉浸虚拟文化旅游方式，可极大地提升旅游景点的互动性和观赏性。从近年来的实战经验显示，线下娱乐、文旅市场、科普教育三大板块相辅相成，线下娱乐具有投入低、复购率高、建设周期短等特点，文旅市场具有震撼性、独特性、坪效高等特点，两者有效结合，则可为文旅产品提高性价比、复购率，缩短建设周期等优势，同时也为泛娱乐市场输出具有竞争力的独特项目，科普则为这两个领域赋予教育意义，两者又能让科普更加寓教于乐。目前卓远在多个大型景区亦有合作布局，如台州天台山景区花漾星球太空农场、云南石林冰雪海洋公园、山东临沂海洋世界主题公园等（见表1）。

表1　广州卓远科技部分"VR+"项目展示

VR+	项目名称	说明
泛娱乐	苏宁影城（连锁）	与电影院合作。作为苏宁影城全国战略的重要组成部分，卓远VR体验馆成为配套影城落地的重要项目，多业态的融合一站式满足影迷需求，将电影院作为社交化场景的特性运用到极致。目前已在上海、南京、重庆、成都等多个城市落地
	西班牙马德里购物中心	与当地成熟的商业综合体合作，在商场开设幻影星空VR主题乐园。已在西班牙马德里两家最大的购物中心，投放了超过17款幻影星空VR设备。由于这两大购物中心在当地是非常成熟的商业综合体，是当地人娱乐休闲购物的主要商业场所，人流量较大，VR主题乐园售票十分火爆

续表

VR+	项目名称	说明
泛娱乐	风云再起动漫娱乐中心（连锁）	与传统娱乐场所连锁品牌创新联合经营。与国内老牌的领先室内游戏游艺娱乐场所连锁品牌风云再起联手，利用其全国现有近30家直营门店，将传统游乐场所与VR的创新结合经营，取得了巨大成功，吸引了越来越多的新玩家加入。近半年时间3家直营门店相继新增VR娱乐区，受到玩家们的热烈追捧，第四家店正在筹备升级中
科普	广东科学中心	依托现有科普基地，增设VR体验项目。广东科学中心位于番禺的广州大学城，是直属广东省委的大型综合科教基地，全国乃至亚洲规模最大的科普教育基地之一，是首批123家中国虚拟现实科技集群项目工程之一。2018年1月1日（元旦），广东科学中心虚拟现实体验馆正式开放，配套了"地震、消防、台风体验"等多个科普体验项目，被誉为最受广大市民欢迎的项目
科普	"腾空邀天一号"航天航空科技馆	通过配备VR眼镜和动感设备，增强航天航空科技馆体验性。科技体验馆占地5000平方米，是按照"天宫一号"一比一的比例仿制的，以"宇宙、科技、未来"为核心，分VR体验区、太空出征区、科普教育区、飞行世界区、神童乐园区、竞技对战区、瀚腾影院区等七大区域，共十余个体验项目，开业首日客流量超10000人次
旅游	花漾星球太空农场	与现代农业园合作。作为国内首家以太空文化为主题的科普亲子农场，花漾星球太空农场共有九个太空舱，象征着太阳与太阳系八大行星，分别为"植物育婴室""气雾栽培馆""立体基质栽培馆""鱼菜共生馆""外星人博物馆""航空航天科普体验中心""太空果蔬体验馆"，是浙江省省级农业园特色明星项目，是国内率先打造的"第六产业"融合型现代农业园区。配套了VR设备的太空农场每天接待学生团及旅行团过万人
旅游	山东临沂海洋世界主题公园	依托以海洋生物展览为主，集科普教育、休闲娱乐、体验互动于一体的超大型、现代化的海洋主题公园，公园内的VR动感世界城搭配5D动感影院及16款VR设备，与园内其他主题项目相互联动，日均总客流超6000人次，节假日破万

（四）服务创新：提供便捷的加盟服务

1. "一站式VR娱乐盈利方案"加盟服务

卓远根据旗下3500多家加盟店背后的大数据以及大量的市场调研，率先提出了一站式VR娱乐盈利方案，以客户黏度和加盟商盈利作为核心指标，以多元娱乐为主要宗旨，根据加盟商不同经营环境，如场地面积、当地消费者爱好、客流量等因素进行合理搭配，定制不同的盈利方案。同时针对一站式娱乐盈利方案，卓远提供选址方案、设备搭配、装修设计、开店支持、运营服务等一站式服务，让加盟商省心又省力。

2.定期举办运营培训服务

线下娱乐店的运营管理是行业短板，也是加盟商的痛点。目前VR主题乐园的从业者中，初次创业人群占绝大比例，对于规范化的品牌运营管理较为缺失，这也是加盟店的盈利关键。卓远为了替加盟商解决线下实际运营中会出现的问题，比如选址、谈判、活动促销、营销思路、会员体系、团队管理等，请来多位明星加盟商与业内一线专业运营导师，在现场与大家分享交流自己的成功经验，取得了非常好的效果，学员满意率高达98%。

以"开放·分享·成长·共赢"为开班理念的运营培训目前已成功举办了三届，100多名学员在这个平台上学习到很多一线实用的运营知识。卓远运营培训在业内引起了极大反响，因为这是业内目前唯一一家建立完整的运营体系和运营培训的源头企业，这个平台的搭建极大地促进了全国VR线下主题乐园蓬勃发展，进一步推动了整个VR泛娱乐行业的健康发展。

（五）企业文化创新：传承国学经典以诚信立业

"以诚立业，德行天下"是卓远的经营理念。卓远尊崇传统文化，在企业内部落地传统文化，组织员工学习《弟子规》《大学》等传统经典国学读物，发扬中华传统美德，是卓远企业文化创新的重要举措。同时，卓远重视企业社会伦理，创始人阳序运曾受邀出席第七届商业伦理论坛（韩国），与众多知名企业家一起探讨企业的伦理经营之道——突破利益的追逐，建立以人为本的负责任的新竞争力。正是坚守着"诚信"与"德行"，卓远荣获了"守合同重信用企业""企业信用等级AAA"最高评价等诸多美誉。

四 VR行业目前面临的挑战

借助于当前VR快速发展的劲头，广州卓远科技在VR领域取得了不俗的成绩，成为行业内不可或缺的力量。VR作为新兴的技术，发展迅猛，前景无限。但是也不可否认，任何技术快速爆发的同时必然面临着种种尚未被攻克的短板，VR也不例外。广州卓远科技在VR探索中也遇到不少问题，这些因素制约着公司的进一步提升，需要引起足够的重视。

首先是技术问题。技术层面，硬件发展不足直接导致用户体验差。一方面，画质体验较消费者预期仍有差距。VR内容对于屏幕的分辨率要求极高。目前VR头显尚不能满足用户对于高清视频的需求。另一方面，用户对于VR体验诟病最多的是"眩晕感"，这直接导致了VR设备使用时间的相对智能手机等终端设备少之又少。同时，数据传输速度、处理速度以及体验的舒适感，都有待加强。另外行业内标准缺失，设备分裂，适配难度大；标准不统一造成设备、操作系统、版本的分裂发展，从而加大了游戏、影视等内容的适配难度，这种现象的后果就是造成内容生态的混乱，也会干扰用户的选择和体验。

其次是内容问题。VR行业另一大短板在于高质量原创的VR内容的缺乏。无法实现"360度沉浸式体验"的高质量内容，导致用户购买动力不足。内容分发平台更新慢、资源少。主流应用商店并未对VR内容独立分区，这导致内容隐藏深，查询难。视觉体验交互式元素少，体验效果差，画面品质有待提升。作品内容形式同质化、简单化，优质原创VR内容待激活，细分化满足更多元内容需求。

再次是成本问题。设备费用较贵。目前市场上的一套普通VR设备至少5000元。同时，在制作上，由于VR强调用户的沉浸感，做一款VR内容需要做大量的效果渲染，强大的后期制作，制作费用和时间均是传统内容的数十倍。

最后是人才问题。VR是近年来国内外关注的一个热点，其发展也是日新月异。但在现阶段，VR人才的匮乏却是不争的事实。人才是第一生产力，是核心竞争力，是衡量行业发展的重要指标。而VR专业人才的缺失，极大地限制了整个VR产业的可持续发展。另外，复合型专业技术人才的匮乏，也成为公司长远发展的重要制约因素。

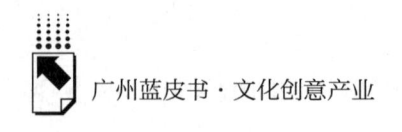

五 未来VR发展方向与企业发展战略

虽然目前存在着一定的技术难题尚未被攻克，但是并不影响VR的普及。因为VR比传统的娱乐方式更优越，所以它的辐射面很广，目前这些短板只是暂时局限了普及的深度，并不影响普及的宽度。随着技术日新月异的爆发，这些技术难题都会迎刃而解。

（一）未来VR发展方向

1. 技术趋势：5G+VR

VR技术的快速发展对网络的要求极高，现有4G网络的传输速度已经无法满足VR技术的实际应用需求。5G，即第五代移动通信技术，具有高速率、宽带宽、低时延等特征，可以根据业务需求匹配网络和计算资源，将更好地满足VR业务需求，推动VR创新应用发展。随着技术发展和基站系统的建设，未来5G的落地实现，与VR融合发展，能够让VR视频的流畅度和清晰度有明显的提升，VR产业将迎来爆发式增长。

2. 行业趋势："VR+行业"

随着全社会对虚拟现实的关注度和理解力不断提高，VR的影响力也在逐渐扩大，向各行业各领域的渗透在不断深入，市场需求、行业应用正在激活，虚拟现实产业发展的战略窗口期已然形成。未来VR技术将越来越成熟，"VR+行业"将成为发展趋势，VR+购物、VR+教育、VR+酒店、VR+房产、VR+旅游、VR+餐饮、VR+家居、VR+医院；等等。VR与各行业融合，应用场景将更加丰富，带动VR产业的发展，并极大提升VR的使用体验。

3. 产品趋势：提高VR产品的可用性并降低成本[①]

无论软件硬件，只有当产品容易被用户接受时，才能变成主流。然而现在，特别是高端的设备，每个人都需要花费数千美元，设备昂贵。而在未来

---

① http://www.elecfans.com/vr/668110.html.

这一切将会改变，VR产品将变得更加开放，一系列产品会有一个渐进的价格调整过程，逐步为大众所接受。

（二）未来广州卓远科技发展战略

广州卓远科技始终坚持打造"品质VR"的核心理念，秉持务真求实的态度，未来将继续展开"品质产品、原创内容、品牌运营、便捷服务"四大中心战略，布局全球。

产品战略：不断积累市场需求数据库，根据市场需求，打造高品质产品，加大新品研发投入，细分产品品类，加快现有产品升级，提高线下体验店对消费者的吸引力和黏度。

内容战略：加大内容开发专业团队建设，积极培育内容人才，确保原创内容的稳定持续输出；以投资入股、内容合作等多种形式加强与顶尖内容团队建立合作关系，引入优质内容；推进广州VR内容开发中心建设，创立孵化基金，助推CP行业发展，不断为加盟商提供优质内容，助力加盟商实现持续盈利。

运营战略：扩大幻影星空直营店体系，规范品牌运营；不断强化和完善运营培训体系，为加盟商提供专业的运营培训，解决加盟商遇到的运营难题，促进全国各地的VR线下体验馆运营的蓬勃发展，搭建VR业界运营经验免费交流平台，推动VR泛娱乐行业的快速发展。

参考文献

蔡卓邵：《VR将在年末加温，明年聚焦VR一体机》，《电子产品世界》2017年第9期。

王丽丽、陈金鹰、冯光男：《VR/AR技术的机遇与挑战》，《通信与信息技术》2016年第6期。

秦梦：《VR的资本布局：一场说来就来的产业风暴》，《齐鲁周刊》2016年第5期。

吴帆、张亮：《增强现实技术发展及应用综述》，《电脑知识与技术》2012年第 34 期。

花斌：《日新月异的虚拟现实》，《中国航空报》2018 年 2 月 8 日。

王宇霞：《2017 年虚拟现实产业呈现十大发展趋势》，《中国电子报》2017 年 2 月 21 日。

赵明：《2017 年，VR 真正落地的一年》，《中国计算机报》2017 年 3 月 13 日。

姜广智：《提升创新水平　共谋人工智能产业发展》，《中国电子报》2017 年 5 月 9 日。

王宇霞：《虚拟现实产业发展五大痛点》，《中国信息化周报》2017 年 5 月 15 日。

张欢：《虚拟现实越来越近》，《中国信息化周报》2017 年 6 月 12 日。

交流互鉴篇

Mutual Exchange

B.15
从国际文化市场发展趋势看广州文化产业发展

杨代友　陈荣*

摘　要： 随着经济全球化扩张，国际文化交流和文化贸易更加活跃，国际文化市场整体呈现快速增长的态势。在发展格局上，虽然欧美在市场规模上占优势，但包括我国在内的新兴市场国家增长势头强劲。现代信息技术对文化产业的渗透，促使国际文化市场朝着数字化、付费、实时化与在线化、智能化与移动化方向发展，这种趋势拓宽了文化产业成长的新路径和多样化发展空间。作为我国对外开放的重点城市和"一带一路"的重要节点，广州文化产业发展，尤其是文化对外贸易和文化产业"走

---

* 杨代友，广州市社会科学院产业经济与企业管理研究所所长、研究员、博士；陈荣，广州市社会科学院产业经济与企业管理研究所助理研究员。

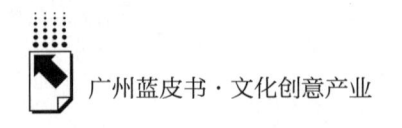

出去"发展愈益受到国际文化市场的影响。因此，广州文化产业发展要把握好全球文化市场发展趋势，明确发展方向，推动文化产业"走出去"，调整优化行业结构和投资结构，提高文化消费水平，不断增强广州文化产业发展实力和影响力。

关键词： 国际文化市场　广州文化产业　"文化+"

当前，随着移动互联技术的快速发展，国际文化市场总体上呈现持续快速增长态势，数字化、付费、实时在线化、智能化与移动化趋势日趋明显。在这一发展环境下，广州文化产业加快发展，并逐步成为全市重要的支柱性产业。数据显示，2017年，广州市文化创意产业实现增加值2800亿元，占全市GDP的比重达到13%。[①] 广州市《关于加快文化产业创新发展的实施意见》提出，要使文化产业成为引领支撑经济社会发展的强大引擎和重要增长极，到2035年，文化产业发展成为重要的战略性支柱产业，广州基本建成国际性文化产业枢纽城市。习近平总书记在视察广东期间，对广州传统历史文化资源的保护和利用提出了老城市新活力的要求，为加强文化产业发展，进一步提升广州综合文化实力指明了方向。作为我国对外开放的重点城市和"一带一路"的重要枢纽，国际文化市场的变动趋势对广州文化产业的开放发展有较大影响。因此，把握好国际文化市场趋势，明确发展方向和重点，有利于推动广州文化产业创新发展和国际影响力的提高。

一　国际文化市场发展趋势

（一）总体上保持快速增长态势

随着经济全球化扩张，国际文化交流和文化贸易快速发展，国际文化市

---

① 资料来源：《广州文化创意产业发展报告（2018）》，社会科学文献出版社，2018。

场整体上呈现快速增长的态势。2016年联合国教科文组织发布的《文化贸易全球化：文化消费的转变》报告显示，生活水平的提高带动视觉艺术和工艺品、视听和互动媒体、文化和自然遗产、图书和出版物等行业的文化贸易快速增长。例如，2004~2013年，视觉艺术和工艺品出口增加186%，进口增加101%；视听和互动媒体出口和进口均增加了112%；图书和出版物的进出口贸易增长较慢，出口增加了16%，进口增加了12%。

《国际文化市场报告2018》的研究结论进一步证实了全球文化贸易的这一发展趋势。数据显示，2010~2018年全球电视市场年均增长6.2%；至2018年，全球电视收入包括付费电视收入、公共基金和电视广告收入达到5244亿美元，居全球文化市场各行业之首；游戏产业是国际文化市场中增长最快的行业，2018年同比增长13.3%，全球游戏总收入达到1379亿美元；2017年国际录制音乐同比增长8.1%，国际录制音乐收入总计达173亿美元；2012~2017年国际电影市场年均复合增长率约为4%。总体上来看，除了个别行业有所下滑，国际文化市场继续呈现高增长趋势。

（二）欧美国家占优势地位，亚太地区增长强劲

从目前国际文化市场规模的空间格局看，文化产品及其交易的发展高度集中在北美和欧洲等发达市场经济国家。但从这种空间格局的变化趋势看，近十年来，欧美国家在国际文化市场结构中所占份额呈现逐渐缩小的态势，增长速度也在放缓；而金砖国家等世界新兴市场在国际文化市场中的比重逐年增加，尤其是我国文化产品在国际文化市场中的比重迅速扩大，增长速度是全球最快的。

1. 美欧国家占优势地位

文化产业在美国是位居军工之后的第二大产业，也是美国最大的出口创汇产业。以视听和互动媒体服务为例，2009~2013年美国市场的全球占比从59%快速升至69%，而其他国家如日本仅为12%，欧洲仅为15%。[①] 美

---

① 左惠：《国际文化贸易格局的变动及对中国的启示》，《南开学报》2018年第3期。

国电影仍然占据全球电影市场的主导地位。资料显示，美国电影在世界上150个国家放映，仅2017年就实现111亿美元的票房收入，占欧盟票房收入的比重为66.2%，在其他大多数国家的市场份额也都在50%以上。从国际在线电视和视频市场收入排名来看，美国依然遥遥领先。2014年，美国在线电视和视频市场收入为94.1亿美元，约是日本、英国、德国和中国市场之和的2倍；预计2020年，美国市场收入将达到155.3亿美元，综合增幅为65.03%，继续领跑全球市场（见图1）。

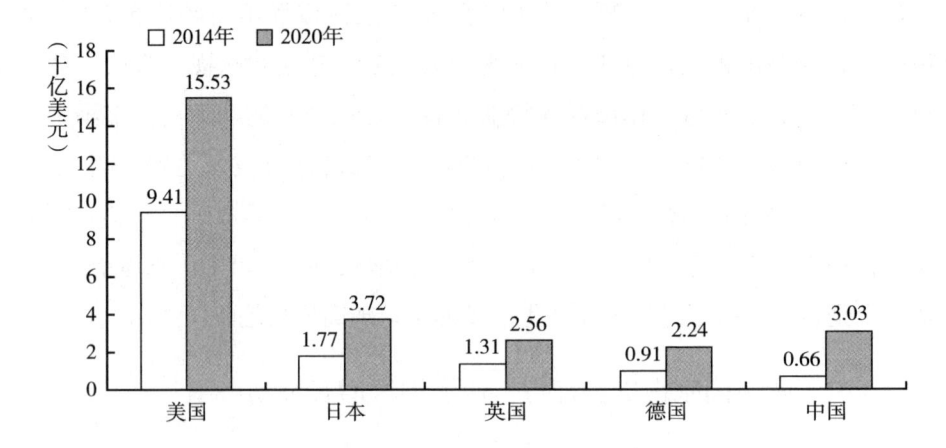

图1 2014年和2020年国际最大的在线电视和视频市场收入

资料来源：由文化和旅游部发展司委托中国传媒大学课题组的专项课题《国际文化市场报告2018》。

2. 亚太地区增长强劲

以中国、印度和日本为代表的亚太市场的发展势头良好。以中国为例，根据联合国教科文组织的统计，2013年，中国文化产品出口总额已经超过美国，成为世界第一大文化产品出口国，出口规模达到601亿美元。[1] 2015年国际付费电视数量排名前10的国家中，中国以2.637亿用户数量位列第一，约是印度付费用户规模的两倍，同时是其他前10国家的全部用户规模

---

[1] 联合国教科文组织的报告《文化贸易全球化：文化消费的转变——2004~2013年文化产品与服务的国际流动》。

之和（见图2）。根据 Digital TV Research 的报告，2013年底，中国与印度占据世界上一半的付费用户。数据显示，从2011年至今，中国在移动游戏用户量、网络视频总时长、数字音乐用户、电竞用户规模等多项指标上成为全球第一，数字音乐和媒体行业规模全球第二，仅次于美国。[①]

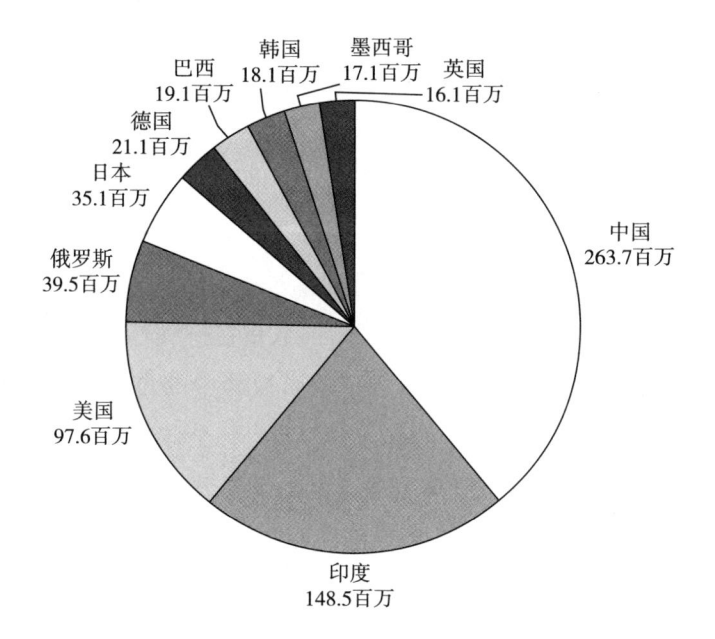

图2　2015年国际付费电视用户数量前10的国家

资料来源：由文化和旅游部发展司委托中国传媒大学课题组的专项课题《国际文化市场报告2018》。

（三）数字化智能化发展趋势显著

1. 全球文化产业数字化步伐加快

21世纪以来，数字网络与大数据、人工智能等新科技的发展深刻影响着文化产业的发展方向。一个明显的趋势是，数字文化产业已经成为产业变革和转型中非常具有发展潜力和成长价值的新兴产业。数字文化产业是以文

---

① 亿欧智库：《5000亿元市场崛起，中国力量推动全球文化产业格局变迁》。

化创意内容为核心,依托数字技术进行创作、生产、传播和服务的新兴产业,与传统意义的文化产业相比,具有传输便捷、绿色低碳、需求旺盛、互动融合等特点。国际上,欧美等发达国家的数字文化产业已达较高水平,英国的"文化创意产业",日韩的"数字内容产业"以及美国的"版权产业",均较好地融合了文化产业和数字技术。国内的数字文化产业加快发展,动漫游戏、网络文学、网络音乐、网络视频等数字文化产品拥有广泛的用户基础。截至2018年6月,中国网站数量544万,网民规模达到8.02亿,其中网络视频用户6.09亿,网络游戏、网络直播和网络文学用户规模都超过4亿。[1] 文化产业和数字技术的融合越来越受到社会的关注,充分显示出数字文化产业近年来发展的火热程度。

从细分行业来看,全球数字3D银幕的数量在持续增加。2017年,全球3D银幕总量约为10万块,在全球数字电影银幕中的占比超过了50%。截至2015年底,95%的欧洲电影院已经数字化。[2] 全球数字音乐行业发展迅猛。2016年数字音乐收入占全球音乐市场的比重超过50%,其中流媒体音乐激增了60.4%。[3] 而实体音乐行业的总收入自1999年开始持续下滑,至2017年,其市场占比已从100%下滑至30%。根据欧盟文化产业统计数据,2014年报纸期刊、CD等实体文化产品的进出口贸易均为负值。[4] 显然,文化产业的数字化转型已成为不可阻挡的发展潮流。

2. 流媒体与泛音乐模式持续发展

从发达国家经验看,发展较为成熟的文化产业开始向实时化和在线化方向转变。从音乐产业的数据看,总体呈现实体持续下滑,而音乐流媒体与泛音乐模式持续激增的态势。2015~2017年,通过对比全球音乐各产业产值规模发现,实体唱片产值下降了5.4%,而流媒体增长了45.5%。另外,演

---

[1] http://news.cctv.com/2018/11/21/ARTIZARV0RhrRe3JQHqX4lwp181121.shtml.
[2] Busson A, Paris T, Simon J P. The European Audiovisual Industry and the Digital Single Market: Trends, Issues and Policies [J]. Communications & Strategies, 2016, 1.
[3] IFPI: Global Music Report 2017.
[4] Culture Statistic 2016 Edition, Luxembourg: Publications Office of the European Union, 2016.

唱会直播已然兴起，强化了线上线下的链接，拓展了泛音乐产业互动的场景，这将成为音乐产业未来重要的创收模式。

3. 文化产品供给日趋智能化

人工智能的发展正在让"人"的作用不断降低，"智能+文化"融合发展成为趋势。现阶段，人工智能开始在电台创作领域尝试完成更多工作，预计未来人工智能将进一步扩张其应用领域，智能化趋势逐步深入。在全球新闻领域，这种趋势非常明显。早在里约奥运会期间，腾讯的写作机器人Dreamwritter就撰写了超过3000篇的赛事新闻报道。伴随着自媒体时代的兴起，用户已不再满足于千篇一律的推送，不再仅仅是内容的被动接受者，相关的AI产品更能满足用户精细化与风格化的内容需求。电视也将更加智能化，通过多屏互动、人机互动满足用户个性化的观影需求，不再局限于传统电视的机器传输。据预测，到2023年，全球智能电视销售额为2.52亿美元，较2017年增加30%；全球智能电视家庭普及率从2013年的11.5%平稳增加至2019年的32%。[①] 显然，智能化的文化产品供给的发展已经成为必然的趋势。

4. 移动数字文化产业逐渐成为主流

移动化成为近年来国际文化市场的另一个显著特点。随着3G、4G用户数量和互联网流量增加，全球移动互联网业务种类丰富，移动数据内容市场日趋活跃。2018年，全球移动游戏市场收入占游戏产业收入比重首次超过一半，达到51%，成为当前最大的游戏市场。截至2018年底，全球手游玩家达22亿，占世界人口的近1/3。近几年移动音频兴起后，国外的YouTube/Snapchat短视频平台，国内的抖音、快手都积累了大量的用户，并进行海外市场扩张。

（四）版权保护和付费推动文化市场高质量发展

随着版权保护力度的增强，特别是以优质内容为核心的新时代的开启，

[①] 资料来源：由文化和旅游部发展司委托中国传媒大学课题组的专项课题《国际文化市场报告（2018）》。

电视、数字音乐、视频等用户付费内容细分产业呈现加速增长态势，国际文化产业迎来用户付费内容的结构性改变。根据《国际文化市场报告2018》[1]，预计到2021年，全球付费电视用户将达到10.74亿户，占总体市场规模的比重为63.4%；其中，亚太地区付费用户预计为6.47亿户，占全球总数的60%。国际电视订阅收入将从2012年的1780亿美元增加至2021年的2310亿美元，其中2015~2020年年均复合增长率为2.5%。预计2015~2020年国际网络电视、卫星电视、有线电视订阅收入分别按照7.6%、3.1%和1.2%的速度增长。随着文化产品的版权保护以及用户付费意识的普遍增强，大量高质量文化产品持续生产，国际文化市场朝着付费转型方向演进。

二 广州文化产业发展现状与特点

（一）文化产业支柱地位初步形成

近年来，广州积极推动文化产业加快发展，文化产业发展规模和效益不断提升，在建设现代产业体系中的地位越来越突出。2013~2017年，广州市文化产业以年均12.69%的速度增长，高于同期经济增长速度4.45个百分点。2017年，广州市文化及相关产业增加值1161.07亿元，迈入千亿元级门槛，占全市GDP的比重上升为5.4%，文化产业的战略性支柱地位初步形成。

（二）文化贸易体量不断扩大

在促进文化产业加快发展的同时，广州积极发挥对外开放窗口的作用，着力推动文化产品的进出口贸易。近年来，广州对外文化贸易总体上保持增

---

[1] 《国际文化市场报告（2018）》是由文化和旅游部发展司委托中国传媒大学课题组的专项课题。

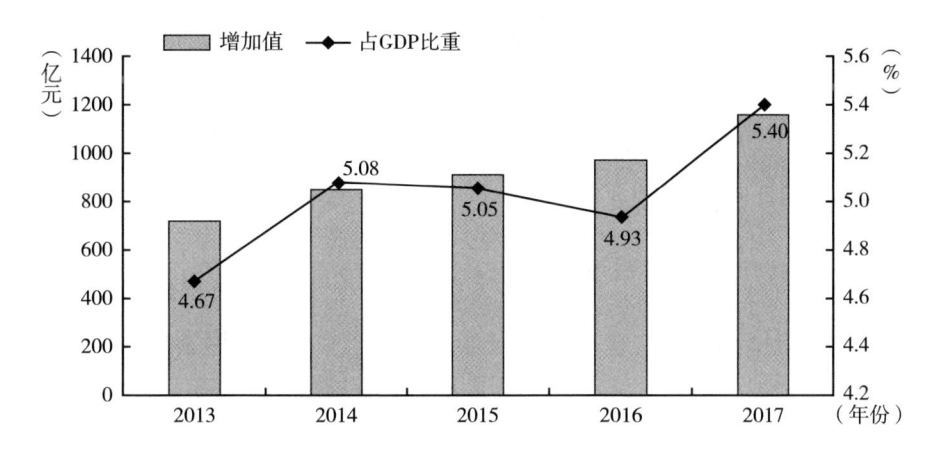

图 3 广州市文化产业增加值及其占 GDP 比重

长态势，体量不断扩大。按照原统计口径①，2017 年广州文化产业主要商品进出口总额 140.79 亿美元，同比增加 7.9%。其中，文化产业主要商品出口 77.06 亿美元，同比增加 12.4%，进口 63.73 亿美元，同比增加 2.9%，实现顺差 13.33 亿美元。如按照新统计口径，则 2017 年广州文化贸易进出口额达到 211.97 亿美元，占全市进出口总额的 14.8%，在经济发展中的重要性更加凸显。在我国推动"一带一路"倡议的新形势下，广州文化企业实力不断壮大，居粤港澳大湾区城市文化贸易规模前列②，在推动文化产业"走出去"合作发展中发挥着重要的引领作用（见图 3）。

（三）文化产业投入稳步增长

广州对文化产业的投入包括政府资金和市场化融资两大途径，推动文化产业加快资本积累。政府资金投入随经济增长而逐步增加，2013～2017 年，广州市文化体育与传媒一般预算支出以年均 16.3% 的速度增长。2017 年，广州市文化体育与传媒一般预算支出达到 41.2 亿元，与 2013 年相比增加 83%。文化信贷业务发展良好。2018 年上半年，广州地区银行业金融机构

---

① 从 2017 年起，广州文化产业主要商品进出口额包含珠宝首饰进出口额。
② http：//www.yidaiyilu.gov.cn/xwzx/dfdt/68315.htm.

对文化、娱乐及相关产业贷款余额157.23亿元，比上年同期增长约6%。投入增长带来广州文化产业新增固定资产不断提高。统计显示，2013~2017年，广州文化产业每年完成固定资产投资稳定在150亿~200亿元的规模，5年累计新增固定资产697.74亿元。

（四）文化产品消费逐年扩大

作为首批全国扩大文化消费试点城市，广州文化消费呈逐年扩大趋势，人均消费处于全国前列。通过发挥各种文化惠民措施如政府补贴、市场售票等，广州的文化消费不断扩大。以电影消费市场为例，2017年，广州电影票房收入达到20.47亿元，在全国城市票房排名中位列第四，广州的人均观影次数为5.22次，已达发达国家的水平。视频网站统计数据显示，早在2016年广州观众观看纪录片的总时长就已经超过了京沪，位居全国第一。[1]《2018年中国广州文化发展报告》数据显示，2017年，广州市按常住人口计算的文化消费总体规模为711亿元，同比增长10.7%。进一步分析人均文化消费水平发现，2017年广州城镇居民人均文化消费为5040元，占人均消费支出13.1%，超过北京、上海和深圳，在全国一线城市中位居前列。

（五）"文化+"战略成效显著

在"文化+"引领下，文化产业正与制造、信息服务、教育、旅游等跨界融合发展，广州文化产业边界不断拓展，产业结构不断优化，"文化+"新业态发展迅猛。以励丰文化、欧科地理、酷漫居、多益网络、酷狗音乐等为代表的龙头骨干文化科技企业，利用高新技术手段，在旅游文化展演、文博、工业设计、家居、游戏、音乐等领域不断创新，市场竞争力不断增强，涌现了数字文化体验、智慧文博、智能家居、网络游戏、数字音乐等新业态[2]，呈现与国际文化产业数值化转型同步的发展趋势。2017年，广州文化

---

[1] http://difang.gmw.cn/gd/2018-12/12/content_32157366.htm.

[2] http://www.sohu.com/a/236558243_99981682.

类高新技术企业超过了1000家，全市文化企业的科技创新活动日益活跃，广州国家级文化和科技融合示范基地内文化科技项目蓬勃发展。

三 广州文化产业发展的主要短板

（一）产业实力和地位有待提升

尽管文化产业总体上在广州经济中的地位和作用不断增强，但与全国及主要城市相比，广州文化产业存在增加值规模相对偏小、增速下滑和波动不稳等不足。从增长速度看，除2017年在新统计口径下的高增长外，2013～2016年，广州文化产业增加值增速呈快速下滑态势，从2013年的14.02%大幅度降至2016年的6.94%，且明显低于全国同期增速。增长乏力导致文化产业规模地位相对下降。2017年广州文化产业增加值占GDP比重为5.4%，低于北京（9.6%）、上海（6.8%）、深圳（6.8%）等国内大城市。而且，广州文化产业增加值占GDP比重整体上虽然呈上升态势，但波动较大。占同期全国文化产业增加值比重则出现了下滑，从2013年的3.37%降低到2016年的3.17%，2017年新的统计口径扩大，上升为3.34%，但仍没有改变下滑态势（见表1）。

表1 广州与全国文化产业增加值对比

年份	广州 规模（亿元）	广州 同比增长（%）	广州 占GDP比重（%）	全国 规模（亿元）	全国 同比增长（%）	全国 占GDP比重（%）
2013	720.01	14.02	4.67	21351	18.15	3.59
2014	849.34	17.96	5.08	23940	12.13	3.72
2015	913.28	7.53	5.05	27235	13.76	3.95
2016	976.73	6.94	4.93	30785	13.03	4.14
2017	1161.07	18.87	5.40	34722	12.79	4.20

资料来源：历年《广州统计年鉴》和《中国统计年鉴》。

（二）文化贸易地位优势下降

对外文化贸易在广州整体对外贸易中的占比不小，但近年来呈现不断下降的趋势。2010~2017年，广州文化产业主要商品进出口总额占广州商品进出口总额的比重维持在10%左右，远高于中国文化产品进出口规模占全国对外贸易总额的比重（2.5%）；但是，广州文化贸易占比也从2012年的11.62%下降至2017年的9.89%。在文化产业增速减慢的情况下，文化贸易占比仍然存在进一步下降的可能。就广州文化产业进出口占全国的比重而言，整体下降较为明显，且有较大波动。2010年，广州文化贸易占全国的比重最高达到22.46%；2014年比重降低到10.64%，之后有所回升，到2017年底，这一比重也仅为14.5%，较2010年下降了7.96个百分点。总之，无论是从广州自身，还是全国的对外贸易来看，广州文化产品在全部对外贸易中的份额不断减少，优势地位相对下降（见图4）。

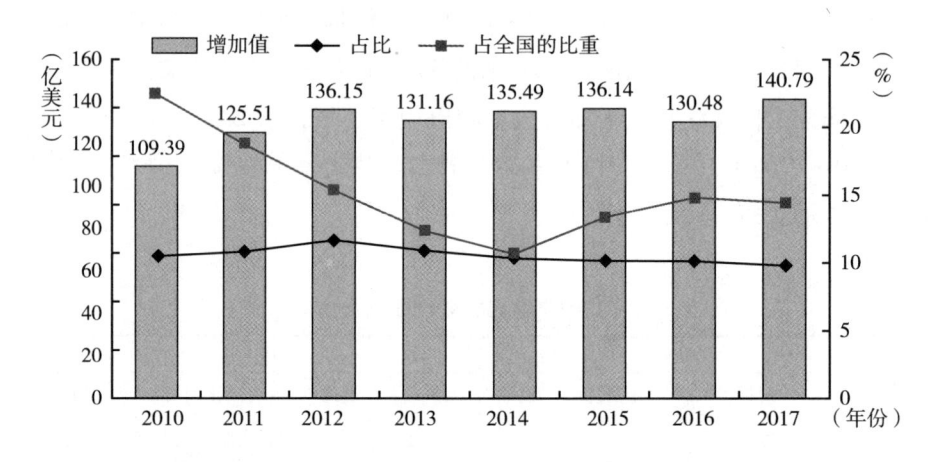

图4 2010~2017年广州文化产业主要商品进出口情况

资料来源：广州统计局。

（三）文化投融资多元化发展不足

与国内外城市相比，广州文化产业尚未建立起融合全社会资本的多元化投融资体系。一是政府对文化产业的扶持投入略显不足,难以激活整个文化供给和需求链条。2017年广州市文化体育与传媒的财政预算支出为21.89亿元,落后于深圳(57.12亿元)、杭州(30.93亿元)等国内城市。二是对文化创意投融资的社会资本吸纳不够。在政府投资的基础上,吸收民间资本和外来投资也是文化产业的重要资金渠道。美国在发展文化产业中,就注重广泛吸纳企业、个人以及外资投资等社会资本投入,迪斯尼、百老汇等文化设施都是吸纳民间资本投资形成的。广州市的创投风投相对保守,与国内先进城市北京、上海和深圳相比,偏重于眼前利益和短期回报,对投入大、产出周期长的文化产业关注不够。同时,银行信贷对文化产业发展的作用也处于较低水平,而美国和日本文化企业的借款占比超过了29%。[①]

(四)文化产业结构有待进一步优化

一是文化产业体系上,传统优势产业升级尚未完成,新兴业态占比不高。目前广州数字类、创意类的新业态取得了不俗成绩,但仍然存在一系列问题。以数字音乐产业为例,尽管广州的数字音乐产业实现快速发展,但是与全球音乐市场规模相比,存在较大差距。在网络游戏领域,2017年,广州游戏产业实现营业收入482.3亿元,占全省游戏产业同期总收入的28.9%,但排名仍然位于深圳之后。设备制造是广州文化产业的传统优势,但广州文化产品与设备制造中多数为中小企业,整体技术层次较低。二是文化科技融合水平不高。广州在互联网产业、AI前沿应用技术等领域,相比先进城市与地区,还存在自主创新能力不足、人才匮乏、产业链有待强化等问题,文化产业与数字科技结合还存在较大提升空间。尽管以酷狗音乐为代表的本土互联网企业,尝试通过拓展产业链来突破当前产业盈利模式单一的发展瓶颈,促进行业业态转型取得了不错成效,但总体来看,要保持快速增长的态势,广州文化产业需要不断丰富产品形态和服务模式,拓展产业边界。

---

① 资料来源:http://www.fx361.com/page/2016/1207/374194.shtml.

四 广州加快文化产业发展的对策建议

(一)深刻把握国际文化市场发展趋势,找准文化产业的着力点

一是要发展"文化产业+人工智能",不断推进人工智能技术向文化领域深度渗透和应用。文化娱乐产业和人工智能的结合也越来越普遍,不管是创意创作、IP开发、版权保护,还是传播发行、广告营销、商业变现,人工智能都显示出巨大的潜力。广州要运用"政策+技术+资本+需求"四大利器,驱动人工智能快速在文化产业普及开来。结合广州文化和科技融合示范基地建设,加强大数据、云计算、人工智能等高新技术与文化产业的深度融合发展,利用现代科技推动文化产业创新发展,提升文化产业智能化水平。

二是要聚焦数字技术对文化产业转型升级和高质量发展的重要作用。当前,以互联网为代表的数字技术正在加速与社会经济各领域深度融合,数字文化产业发展已经具有相当的产业基础。因此,广州要坚持创新驱动,以互联网手段提升文化产业的数字化水平。一方面,用互联网思维给传统产品赋能加值,满足用户文化需求;另一方面,利用现代高科技手段发展出创新型文化业态,丰富和更新文化产业的内容,提升广州文化产业竞争力。

三是要扩大高质量文化供给,满足用户精细化文化需求。在消费升级的大背景下,市场对文化产品和服务供给的要求不断提高,专业化和定制化成为未来的需求方向。文化产业的内核是文化内容和创意服务,广州文化产业创新发展仍然要将"内容为王"当作核心竞争力,扩大高质量文化供给。运用"新零售"思维,线上和线下相结合,充分挖掘知识内容的附加值。同时,以数字技术为翼,盘活呆滞供给,淘汰过剩供给;以创意创新为着力点,研究新消费,激发新供给,培育和引导新消费。

（二）加快实施广州文化"走出去"，提升文化贸易核心价值

在对外开放方面，发挥核心城市的引领和带动作用，积极对接"一带一路"倡议，参与粤港澳大湾区建设，为广州文化产业发展拓展新的空间，构建广州文化产业全方位合作的格局。

一是培育壮大文化贸易主体，鼓励本地文化企业"走出去"。广州文化"走出去"，既要重点打造大型文化产业集团，又要积极扶持小微文化企业的发展，形成较强的竞争力和影响力；同时，加强与"一带一路"沿线国家和地区主要港口城市、地区中心城市的经贸合作，促进商业和文化的融合与提升。

二是推动影视产品和服务"走出去"，扩大广州文化影响力。一方面，要顺应数字化趋势，推动更多高质量的文化作品出现，既要在制作技术上进一步向国际先进水准看齐，更要加强"共情能力"，妥善处理文化差异。另一方面，积累打造品牌文化资源载体，加强对外文化交流，办好城市国际传播年和国际品牌提升年活动，如"广州文化周"系列活动，提高城市文化软实力，打响广州文化品牌。

三是搭建文化会展交易平台。发挥南沙自贸区等政策优势，积极发展文化产品跨境电子商务，建设文化产品保税区。做强做大广州文化产业交易会，扩大市场交易和国际影响力，把广州建设成为全国乃至全球的文化会展中心。

（三）提高文化消费水平，推进文化强市建设

一是完善公共服务、健全社会保障，进一步释放居民积蓄，提高居民的文化消费支出水平。利用广州作为首批国家扩大文化消费试点城市契机，大力深化与推广"广州市文化消费积分通"计划，通过政府采购、消费补贴等有效拉动文化消费。创新消费信贷产品，推动文化消费线上线下融合创新，鼓励文化消费。二是推进文化产业供给侧改革，促进文化消费。优化文化产品和服务供给结构，增加有效供给，以创新供给带动需求扩张，提升文

化产品和服务供给质量。加强政府、企业、社区等部门的文化服务供给，构建新城镇居民公共文化服务体系。三是要不断完善文化消费配套设施，提升文化消费便利性。开展居民文化消费进社区活动，拓宽市民文化消费的渠道和途径，刺激市民文化消费。

（四）优化文化领域投资结构，推进文化金融深度融合

一是加大政策性金融对文化产业的投入。设立政策性文化产业投资基金，专项投资文化领域。鼓励各类现有政策性基金投资文化产业。二是大力发展文化产业风险投资，设立系列的市场化风险投资基金，加强引导社会资本进入文化领域投资。三是鼓励金融机构设立文化特色分支机构，建立文化融资担保企业库，完善融资担保体系，引导信贷资金向文化领域倾斜。四是发挥财税政策对文化产业发展的引导作用，以贷款贴息、补贴、担保等方式，对文化产业贷款予以支持。五是支持文化产业企业利用资本市场进行融资，鼓励文化企业在境内外证券市场上市、新三板挂牌。六是积极开展各类文化金融创新，创建国家文化与金融合作示范区。

（五）推动文化产业结构优化，提升文化产业发展层次

一是要主动对接"中国制造2025"以及广州IAB计划，积极引进高端文化产业，进一步完善广州文化产业链条。继续优化传统优势文化行业，实施培植优势产业、扶植强势企业的培优扶强战略，通过龙头企业聚集文化产业链关键要素，吸引中小企业入驻，突出文化产业集聚效应。二是要推动文化与科技融合发展，以科技创新提升文化发展层次。整合文化科技资源，以"文化+科技"为核心，开展文化产业核心技术研究和产业化应用，增强文化企业内生动力机制，提升广州文化产业竞争力和影响力。三是要认真落实《广州市关于促进我市文化与科技融合发展的实施意见》《广州市关于文化创意和设计服务与相关产业融合发展行动方案（2016~2020）的通知》等产业融合发展政策，加快文化产业内部细分领域之间以及与其他行业的跨界

融合，不断培育壮大"文化＋"新业态，丰富产品形态与服务模式，探索文化产业跨要素、跨行业、跨平台融合发展新路径。

（六）加强统筹与组织，营造良好的产业发展环境

一是完善与文化产业发展相适应的领导、协调、管理和推进机制，切实加强领导和组织协调，明确各部门职责。同时，逐步建立职能明确、职责清晰、分工合理的文化产业管理体制，充分发挥体制的统筹协调作用，确保文化产业扶持政策有序推进落实。二是要按照规划指导、政府推动、社会参与、市场运作的原则，为产业发展提供资金、土地、税费、人才引进等方面的政策优惠与支持，为广州文化产业发展提供坚实的政策保障。

B.16
澳大利亚文化产业政策发展及其启示

付瑶 郭贵民*

摘　要： 澳大利亚文化具有文化多元性的特征，此特征为澳大利亚文化产业发展提供了大量的机会和可能，本文着重分析了澳大利亚文化产业发展现状、文化产业政策的形成和发展，达到揭示澳大利亚通过制定文化产业政策培育经济新的增长点的目的。广州在经济转型升级过程中，澳大利亚通过制定文化产业政策培育经济增长点、实现经济新的发展的做法值得借鉴。

关键词： 文化产业政策　经济增长　澳大利亚

一　澳大利亚文化产业发展

国家政策的形成往往基于国家的现实情况，澳大利亚文化产业政策的形成与其国情、人文历史有着必然联系。澳大利亚是一个属于英联邦体系的移民国家，1931年，澳大利亚借英国议会通过的《威斯敏斯特法案》获得内政外交独立自主权，实现了独立，成为英联邦中的一个独立国家。澳大利亚居民大约1/4出生在澳大利亚以外，居住在澳大利亚的土著人，仍

---

* 付瑶，广东工业大学，管理学博士研究生；郭贵民，广州市社会科学院产业经济与企业管理研究所副研究员。

然保持着自己的风俗习惯。因此，文化多元性是澳大利亚文化的最基本特征，整个社会包含三大类文化：土著文化、英国殖民者带来的文化体系、其他移民的文化。二战后，澳大利亚实行移民政策，许多来自希腊、意大利、以色列等的新移民涌入，为澳大利亚带来了新的文化，为澳大利亚文化多元性注入了新的元素。以英国文化为特征的传统澳大利亚文化加入了新的文化元素，原住民文化此时也得到相应的发展，外来文化与原住民文化相互融合发展，形成了澳大利亚文化的多样性，为文化产业的发展提供更多的素材和基础。

澳大利亚创意产业企业交流中心（CIIC）研究编辑出版的《创意产业经济分析报告（2009年）》表明，2009年澳大利亚创意产业创造的工业生产总值为311亿澳元，比2008年增长了3.9%，比澳大利亚总体经济增长速度要高，提供43.8万个就业机会。创意产业对GDP的比重明显增加，贡献度已超过煤气、水、电、农业、林业、渔业、住宿与食品等传统产业。

澳大利亚建国时间较短，时间只有200多年，自身文化发展底子不深，文化沉淀不足，文化遗产稀少。为此，在文化产业发展过程中，澳政府既重视对文化遗产的保护，同时加大对文化遗产的开发，注重对并不丰富的文化遗产进行创新性开发利用。随着新经济的兴起，知识经济在全世界增长迅速，文化创意产业作为知识经济重要组成部分受到世界大多数国家的重视，澳大利亚也不例外，把文化创意产业作为国家支柱产业予以重点扶持。此外，澳大利亚文化多元化特色在国际文化舞台上具有一定的吸引力，在国际文化舞台上具有一定的地位，而且澳大利亚是一个年轻国家，充满活力，容易形成良好的国家形象，有利于澳大利亚与世界发展文化交易，有利于文化创意产业产品的对外贸易。多年来，澳大利亚充分发挥自身的文化优势和特色，着力实施经济文化一体化的发展战略，文化产业的高速发展对澳大利亚经济发展起了极大的促进作用，丰富了国民的文化生活，提高了国民生活质量和水平。澳大利亚文化创意产业的高速发展，政府制定的国家文化产业政策功不可没。

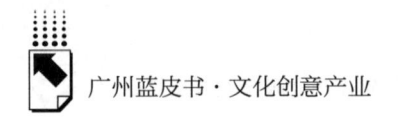

二 澳大利亚文化产业政策的形成

（一）澳大利亚文化产业的分类

澳大利亚文化产业分类是根据联合国教科文组织标准来制定的，澳大利亚将文化产业分为十大类，包括表演艺术类，美术类，广播电视类，娱乐建设类，文学、图书类，音乐类，艺术教育和群众文化类，体育类和自然类等。其中表演艺术、影视业、图书出版业和商业性艺术展览发展规模最大，经济效益最显著，构成澳大利亚文化产业主体。

（二）澳大利亚文化产业政策的发展脉络

澳大利亚文化产业政策按照其发展历程大致划分为两个重要阶段，分别是萌芽阶段和成长发展阶段。

第一阶段：萌芽阶段。澳大利亚政府将文化作为一种产业进行管理可以追溯到20世纪70年代初期。1968年成立澳大利亚艺术委员会，后于1973年更名为澳大利亚委员会。1994年，澳大利亚颁布了第一个国家文化发展政策——《创意国度：联邦文化政策》（*Creative Nation：Commonwealth Cultural Policy*）（以下简称《创意国度》），提出了创意产业的概念，强化了创意产业对经济发展的重要作用，此政策实际上就是一个文化政策，它的目的就是振兴或者保护民族文化。需要强调的是，《创意国度》还是一个经济政策，它认为文化是可以创造财富的，通过"文化+"，可以使创新、市场营销和广告的价值获得提升和增加。澳大利亚工业品牌需要文化元素来增加附加值，是澳大利亚的经济腾飞不可或缺的。由此表明，澳大利亚政府在文化对经济的价值上有比较深刻的认识，对文化与产业链接的接受度比较高。

第二阶段：成长发展阶段。1996年，《艺术面前人人平等》出台，此政策也是一个文化政策。1999年，澳大利亚联邦政府承诺在文化政策指引下，对文化事业的拨款不会削减，相反，还会更大力度地支持艺术家和艺术团体，为澳大利亚人参与文化活动提供更大的发展空间和更多的发展机会。21世纪以来，澳大利亚出台了大量的文化产业政策和调研报告，主要包括《澳大利亚数字内容产业行动纲领》、《国家创新系统回顾》、《推动创意——21世纪创新发展日程》和《澳大利亚数字经济的未来》等，通过制定政策和强化调研积极推进澳大利亚文化产业在21世纪的发展。2011年，澳大利亚出台了《澳大利亚创意产业21世纪发展战略》，第一次从国家高度强化了创意产业对经济发展的重要作用。

三　澳大利亚文化产业政策发展

（一）澳大利亚文化政策的目的

澳大利亚许多公共政策都有特定的政策出发点，澳大利亚文化产业政策作为一项重大的公共政策，同样有其政策的出发点，正如《创意国度》指出的，这个文化政策还是一个经济政策。……它对澳大利亚的经济腾飞起着至关重要的作用，是不可或缺的。以此可以知道，澳大利亚政府出台文化政策，就是为了推进文化创意产业发展，进而达到推动经济腾飞的目的。

（二）澳大利亚文化政策的原则与执行

澳大利亚文化管理中采取的原则是当时国际上比较通用的原则，即"分权化"原则，也就是平常所说的"一臂间隔"原则，这一原则得到联合国教科文组织的支持，在西方国家文化管理中普遍采纳，此原则包括两个方面，一方面，要求国家采取间接管理模式，而不是直接对文化进行拨款；另一方面，要求国家对于文化采取一种分权化的行政管理体制，而不是集中统一的行政管理体制。

"一臂间隔"原则有两种分权向度，一是"垂直分权"向度，二是"水平分权"向度。所谓"垂直分权"向度是指上下级之间的分权，即中央政府与其所属机构、地方政府之间的纵向分权关系。在澳大利亚，中央政府赋予澳大利亚通信、信息技术与艺术部文化政策制定和实施权，以及部分文化拨款的责任，这就是"垂直分权"向度。

所谓"水平分权"向度是地方政府与非政府文化组织（NGO）的水平分权，也就是地方政府通过文化NGO组织实施执行国家文化政策，在政府与文化企业之间建立起沟通与合作的桥梁。澳大利亚理事会是澳大利亚"水平分权"的典型代表，澳大利亚理事会是著名的文化背景非政府组织，澳大利亚理事会是澳政府与具体文化单位之间的专业性中介组织，贯彻执行联邦政府文化政策，推动文化项目的开展，对艺术家和艺术机构进行资助，为地方政府提供文化发展咨询。总之，澳大利亚理事会在贯彻执行文化产业政策，推动文化产业政策实施等方面发挥了积极的作用，受到澳大利亚政府的重视。

（三）澳大利亚政府对于文化产业政策的扶持手段与内容

1. 为文化创新提供政府资助和税收优惠

提供政府资助。创新是创意产业发展的原动力，为推动文化发展，必须对文化创新提供资助，因此，加大对文化创新提供政府资助，是政府推进文化产业发展的重要扶持手段之一。2007年澳大利亚通过"澳大利亚影视制作激励机制"法案，就是政府资助文化产业发展的重要举措，法案规定，澳大利亚政府分4年投入超过2.8亿美元支持电影电视制作。为扶持文化创新，2009~2010财政年度的"澳大利亚商业化"计划加大了对创意产业创新提供资助的力度，2011年《澳大利亚创意产业21世纪发展战略》又提出了对创意产业进行资助，用于提高澳大利亚的创新能力，扶持创意产业发展。

政府税收优惠。"研发税收优惠政策"是澳大利亚政府出台的对企业尤其是中小创意企业的研发投入给予税收优惠政策，对营业额在2000万澳元以下、2000万澳元以上企业的研发规定了不同的税收优惠政策。

通过政府资助和税收优惠政策，澳大利亚政府希望把文化创意产业培育成国家支柱产业的意图非常明显。

2. 重视文化创意产业研究和实际运用

加强对文化创意产业发展的调查研究。2005年,澳大利亚研究委员会创意产业创新研究中心设立,这是澳大利亚最为重要的创意产业研究机构之一,成立时间比较早,在澳大利亚国家创意产业发展调查研究中发挥了重要的智库作用,创意产业创新研究中心成立以来获得大量的政府资助,在创意产业领域开展了许多富有成效的研究,许多研究成果成为"创意企业标准",为政府和企业了解和研究创意产业提供了认知边界。

研究成果的利用也是促进创意产业发展的重要工作。为推进创意产业研究成果运用,"布里斯班创意产业研究中心"应运而生,此中心类似创意产业促进中心,是由联邦政府直接支持的国家级创意产业振兴机构,其职责主要是根据政府的财政和政策的导向,引导民间资本加大对创意产业的投入力度,积极推进创意产业的研发,推进技术创新和市场创新,精心培育歌剧、音乐剧、电影电视制作等澳大利亚重点发展的文化创意产业。

3. 强化创意人才教育和培训

人才是发展的第一要素,文化产业发展离不开人才,澳大利亚推进创新产业发展,创意人才培养得到重视,在澳大利亚,创意人才被认为是创意产业发展的"奠基石"。创意人才获得的途径是教育和技能培训,只有通过教育和培训,才能获得足够的创意人才,因此对中学、高等教育、专业培训等人才教育培训的重视是澳大利亚这些年来的重要措施,有许多扶持政策。为老师和家长使用信息通信技术与学生沟通提供技术支持,为9~12岁的学生每人配备一台上网电脑,设立澳大利亚全国艺术教育课程,把音乐、舞蹈、戏剧这些传统艺术形式以及视觉艺术等新的艺术形式纳入日常课程表,发展在线教育等。大力支持艺术教育培训机构,澳大利亚芭蕾舞学院、澳大利亚电影电视广播学院、澳大利亚国家音乐学院、澳大利亚国家戏剧艺术学院等都得到国家的大力支持,为创意产业培养出大量的文化艺术人才。

4. 大力发展中小企业

针对创意产业以中小企业为主的特点,澳大利亚政府对创意产业创新中心对中小创意企业提供特别的资金支持,支持中小创意企业加强研发创新和服务创新，提高开发创新内容与创新服务的能力。政府还为创意中小企业提供商业评估企业发展咨询等服务。为中小企业与高校、研究机构搭建沟通合作平台，为研究机构或者人员搭建与企业的联系桥梁，推进企业与研究机构和人员信息沟通。为中小企业提供信息化服务，设立小企业在线，完善中小企业网络设施等，提升中小企业利用数字技术便利性。

四　澳大利亚文化产业政策的经验与启示

澳大利亚政府制定文化政策以及推行文化产业政策，有英联邦国家的历史传统和制度变迁根源，它继承和延续了英联邦国家长期以来不断成熟的制度设计框架，还把英国文化政策的理念引进来，进行了有效的借鉴。这种在市场经济主导下，充分发挥政府宏观调控作用，结合澳大利亚民族传统文化而形成的文化产业政策，形成了独特的澳大利亚文化政策模式。澳大利亚文化产业政策对广州市文化产业政策的制定有以下启示。

（一）重视制定文化产业政策

澳大利亚文化繁荣、产业快速发展与澳大利亚政府出台的一系列文化产业政策息息相关。这些政策精准地抓住了澳大利亚的文化特色，适应了经济全球化发展的趋势，为澳大利亚的文化产业指明了方向，注入了新的动力，推动了澳大利亚文化产业的快速发展，为澳大利亚国家经济的发展做出了积极贡献。

文化产业的发展在广州市建设国家重要中心城市、实现经济高质量发展、推进经济结构转型升级中有着重大的战略意义。广州市加快文化产业发展，需要系统的文化产业政策来提供政策支持。广州市目前文化产业发展的政策还存在一些问题，一是广州市促进文化产业发展的政策法规体系不够完善，政策文件比较零散，还有待于系统化、体系化。二是政策措施更需要进一步落实，由于没有实质性的优惠政策，文化企业无法享受到有力的支持，导致个别文化企业转移到有优惠政策的发达地区和周边城市。进一步完善广州市文化产业政策体系,为文化产业发展提供实实在在的政策支持,是今后广州市文化产业政策的一项重要工作。因此相关部门要重视完善文化产业政策体系,对不完善的政策,对欠缺的政策,该完善的完善,该补缺的尽快补缺,使文化产业政策有效地促进文化产业的良性发展。

(二)建立富有成效的文化管理制度

富有成效的管理制度是文化产业快速发展的必要条件,也是文化政策制定和实施的前提条件。澳大利亚的创意产业这些年的快速发展,一方面是文化政策对创意产业起到"助推器"的作用;另一方面,澳大利亚富有成效的制度安排保证了这些政策的顺利实施,从而为文化产业发展提供了健康稳定的制度环境。澳大利亚引用"一臂间隔"原则,实行"垂直分权"与"水平分权",可以充分发挥了州、政府及非政府组织各自的职能。特别是非政府组织在国家与文化企业之间起到了很好的纽带作用。一方面利用与政府的密切联系,为文化企业提供及时有效的咨询、信息等服务;另一方面由于与文化企业紧密的关系,了解文化企业的现实需求,在为政府提供文化政策的时候,能够站在企业的角度,提出对于企业有益、对于国家可行的文化政策。

澳大利亚制度安排启示我们,广州市应尽快完善文化产业管理体制,进一步理顺相关工作部门的职能,特别是党委部门和政府部门之间的职责和权力,加强部门之间、部门与企业之间、企业之间沟通、协调,改变多头管理、各自为政的状态,充分发挥行业协会等服务机构的桥梁作用。

(三)要加强文化产业政策与其他领域政策的协调

随着国家 2018 年 4 月颁布了新修订的《文化及相关产业分类(2018)》,文化产业的边界越来越清晰,在国民经济中的作用越来越突出,因此,广州市在制定文化产业政策时,首先要区分的是文化事业和文化产业,厘清文化政策和产业政策的界限,不能用文化事业的政策来指导文化产业的发展,同样也不能用文化产业的政策去指导文化事业。文化产业属于经济范畴，文化产业发展需要协调好文化产业与其他经济领域的关系，特别是协调好与财政和税收、技术创新、土地等方面的政策，争取在财政税收、技术创新、土地等政策方面支持文化产业，实现文化产业与其他经济领域的和谐发展。

（四）重视文化创意产业复合型人才的培养

澳大利亚重视文化创意产业人才的教育培养，特别是对复合型人才培育力度较大。复合型人才的培养是发展文化创意产业的必经之路，因此要促进广州市文化创意产业的发展，应重点培养和引进一批各领域领军人物和专业人才，特别是懂经营善管理的复合型人才，探索以团队引进、核心人才带动引进等方式引进优秀高端人才。通过与高等院校合作设立专业培训机构、与相关企业合作建设人才培养基地、鼓励相关单位和企业引进中高级技工人才等方式，夯实文化创意产业发展的人才基础。改革人才使用和管理制度，健全人才评价体系，建立人才激励机制，充分调动文化工作者积极性，为广州市文化创意产业发展提供坚实的智力保障。

B.17
欧美国家文化产业发展及其对广州的启示

杨俭波*

摘　要： 促进产业发展，实现业态融合，是广州文化（创意）产业优化发展和结构调整的主要任务。如何实施，无外乎外求"诸人"，内练"内功"。本研究着眼点即在于"外求诸人"，即在对欧美发达国家文化产业发展特征进行分析和经验总结的基础上，分析讨论欧美主要国家（英、美、法、德）文化产业发展经验、趋势，及其对广州市文化产业发展的启示。

关键词： 欧美国家　文化产业发展　经验启示

一　（欧美国家）文化（创意）产业发展概况

20世纪90年代以来，随着文化在综合国力竞争中的重要性日益增强，欧美主要国家（英、美、德、法）的文化（创意）产业在其国家产业结构体系中愈益重要，欧美主要国家（英、美、德、法）立足产业结构转型与优化，启动了文化（创意）产业发展战略，文化（创意）产业也迅速发展成为欧美（英、美、德、法）国家的支柱产业［2012年，英国文化产业GDP增加值为8.9%，超过金融业。美国主要文化产业（版权业）GDP增加值为12.16%］。在欧美国家的一些大城市（伦敦、纽约等），其文化

---

* 杨俭波，佛山科学技术学院地方文化和旅游发展研究中心主任，副教授；研究方向：文化产业、旅游管理。

（创意）产业成为促进经济结构体系优化的重要成分和拉动城市经济增长的重要动力。欧美主要国家文化产业特征叙述如下。

（一）英国文化产业发展特征

1. 成立专门机构，出台专门文件，立足制度建设和保障服务于文化产业发展

英国政府主动施为、推动和制定文化（创意）产业激励政策，完善法律规章制度体系。在文化（创意）产业发展的管理模式方面，英国中央政府和地方机构积极探索、出台大量产业促进（扶持）政策，并推动执行。将文化（创意）产业发展与国家（地方）经济政策、城市转型升级战略等相整合，并成立了"创意产业特别工作小组"、文化媒体及体育部、创意产业输出推广顾问团等多个机构来统筹推进。

2. 合理利用各种资源，调动各方积极性，打造本土文化品牌

由于资源分布的差异性，英国各地文化产业发展情况各有不同。伦敦是全球"创意城市"楷模，利物浦是披头士摇滚乐团的故乡，是英国音乐、艺术、博物馆、足球队等文化荟萃的名城，被誉为"创新之城"，曼彻斯特通过一系列文化升级策略重拾了"北方之城"的荣耀。不同的城市特色，要求文化产业政策与之协调。第一，英国商业管理机构采取主动作为方式投资文化产业，主要通过商业机制引入、企业文化创意领域投资积极性调动等方式，增益和提升文化创意产值。第二，各商业机构在政策在地推行过程中，积极尊重地方文化及其认同，鼓励民间力量深入参与，投资文化（创意）领域，这些努力和措施促成了产业发展的成功，构造了全新、高效的政企良性合作互动。第三，这种多方参与的文化创意产业协同发展机制，更成为英国文化（创意）产业成功发展的重要因素。第四，在园区发展政策上，英国各级政府积极将文化（创意）园区的发展与城市的发展转型、优化结合起来，通过多元化的资金支持渠道和多方合作开发，成功兼顾城市商业业态与文化多样性的文化园区统筹发展和建设。

3. 文化创意企业呈现较小型化和集聚生长特征

文化创意产业以小公司为主体。2013年，英国有14万家创意公司，其

中 200 家占据了总营业额的 50%。文化企业在业务主创上，大多实现文创与商贸的结合。在文化创意产业中，工作环境远比公司重要，（文创）企业并不像主创人员、工作氛围、经营机制等那么重要，这也是为何文化创意经济的持续健康发展，要求必备的城市文化环境氛围、社区集群合力支撑的原因所在。这种文化环境既包括正式的文化场所，也包括消闲意味突出的如多样的教育设施、开放的公共空间、城市咖啡厅、酒吧、休闲俱乐部等。城市社区文化多样性越突出、越有特色，文化创意人群也就越来越集聚。通常情况下，那些发展潜力强劲的小型创意公司也都会吸引本领域的其他公司，并逐渐实现集群发展。

4. 重视投融资，注重培养创新型人才

英国历来重视对创意产业的财政支持，并广泛利用社会集资进行文化投资。在税收政策支持文化产业发展方面，英国实行出版业零增值税。设立多项基金对中小型文化创意企业进行扶持，私人投资已成长为推动英国文化创意产业发展的中坚力量。人才培养方面，英国政府为有才能的人士提供培训机会，政府部门协同培养创意人才。注重对青少年的艺术教育和创造力培养，为电影、电视和多媒体行业举办人才再造工程，与大学合作设立了"创意产业高等教育论坛"，为创意产业从业者设立创意奖金等。

5. 重视国际交流与合作

为了促进和推动文化产业的国外发展，英国政府立足全局进行综合协调，在具体做法上，主要通过成立文化产业出口专业指导机构的形式加以统筹。英国政府先后成立了创意发展、表演艺术、设计协作等方面的出口协调小组。在成员构成上，各小组成员主要以政府高级官员、大中专院校和主要文创企业的高管为主，他们共同组成协调小组的专家智库团队，通过针对性的发展规划，来提供专业性的政策咨询和指导。为开拓文化产品的国际市场，让各驻外使馆协助积极推广其文化创意产品。对外宣传中，力求塑造富有活力和现代感的英国形象。

（二）美国文化（创意）产业发展特征

1. 产业发展水平高，发展快

从时间发展轴来看，美国无疑是文化（创意）产业发展最早的国家，也是迄今为止全球范围文化（创意）产业在其产业结构体系中表现最为卓越的国家——其文化（创意）产业的整体实力持续位居各国之首。从产业门类和规模来看，美国文化（创意）产业的规模大、门类全，并大多处于全球领先地位。从产值总量来看，文化（创意）产业的综合年产值已经实现了对计算机、飞机、电子器件乃至汽车等行业的全面超越。目前，美国文化（创意）产业的集群化以动画、传媒音像、电影电视、书籍报刊、娱乐体育等为核心支撑。在市场覆盖方面，建成了全球尺度的市场销售网络，并通过全球化的销售网络，成功实现对诸多国家的商业机构、电影院、连锁店、出版机构等的直接（间接）控制。

2. 产业政策环境宽松，以间接资助为主

各级政府对文化（创意）领域实行宽松的管制政策，鼓励文化（创意）产业发展，并为其发展提供极为自由的法律支持条件，如通过加强对版权及其他知识产权的保护立法，为文化（创意）产业的市场化、商业化运作打下基础。同时，为达到不随意干涉市场和产业发展，鼓励自由竞争的目的，美国政府主要采取间接措施来激励和发展文化（创意）产业，如通过税收政策有效调控文化产业，其具体的办法有：一是免征收出版物商品销售税；二是出口图书免征收增值税；三是已征收的营业税也先征后退；四是图书进口领域也实行全面的免征政策。同时，美国政府还给予软件开发等高新技术企业以"永久性研发税优惠"，以期达到扶持知识产权业发展的长期目标。通过有选择、有限度地拨款，实现对文化（创意）产业的发展和资助。另外，对那些带有较强公益性质，难以自我生存的文化产业，提供专项资金以直接资助，增强其发展竞争力。如对高雅艺术表演团体进行专项拨款和援助，建立了针对文化艺术产业发展的"信托基金"，鼓励非文化部门和外来资金投资文化（创意）产业。

3. 在国家层面厉行对文化（创意）产品的推广，强化对文化市场国际贸易主导权的掌控

立足利己主义原则，美国在文化产业全球市场的拓展过程中，坚持文化（创意）市场和产业发展的自由开放立场，极力反对通过政府补贴、贸易壁垒和配额制等手段来限制全球领域的文化产品自由流通。现行的文化产业领域知识产权保护的主要全球性协议，包括《知识产权的组织、表演和唱片条约》《知识产权的版权条约》《与贸易有关的知识产权协议》等，作为西方主导的全球文化市场立足基石，实际上是在美国主导的西方发达国家势力全面引领和操纵下，以公约协议的形式主导和规范着全球范围内的关联交易。为维持其在知识产权领域的优势，美国沿用国际贸易的"特别法"条款，从法律制度保障的层面，全面主导了与发展中国家（地区）的条约签订，如要求和逼迫相关国家允许欧美国家的知识产权和关联文化创意产品进入其市场，并全面保护其知识产权。

4. 坚持本土培养为主，兼顾全球延揽优秀人才

美国政府极度重视研究智库的作用，充分发挥各种专业研究智库在学术和专业层面的能力和素养，设立了多种多样的专门研究机构（研究院、所和中心），实现政府对文化产业发展政策的定位和把脉。同时，在高等教育专业结构的优化方面，美国政府与时俱进，根据产业发展对各专业文化创意人才的需求状况和特征，大力优化、调整美国各大学的人才培养计划、学科（专业）设置。另外，对世界其他国家的文化产业优才，也持续以大力度、宽尺度方式，吸引人才流入，如不断放宽对技术移民的限制等。

5. 坚持市场化发展模式

美国文化产业领先于全球的基本动力在于其市场化的产业发展思路和模式。美国立足于其强大的综合实力、完善的市场机制和科技发展水平等，建立以市场调节为主的国家文化产业发展机制体系。美国政府采取宽松的态度，充分发挥法律政策、中介机构、地方政府、市场体制的作用，对文化产业倡导自由发展。强化法律法规的制度作用，自由化的市场机制和保障性的法律法规为有序、公平和竞争性的市场机制和环境培育提供了强大的制度支撑。开放自由的经济和贸易发展模式，为美国文化产业的产品和服务输出疏通了道路。其安全、自由、开放和巨额的资本市场也对文化（创意）产业的持续发展提供了有力支撑。

6. 业态发展多元共进，新兴业态持续拓进

传统纸质报业发展相对停滞，报刊的网络化发展已成趋势，期刊零售业务下降，数字内容业务上升，图书市场成长良好，大出版集团并购趋势明显，广播电视机构产业化进程加快、数字电视发展迅猛，电影业发展基本稳定，游戏市场走出低谷。

（三）德国文化产业发展特征

德国是欧美发达国家中传统的文化产业强国，其文化（创意）产业体系中，居全球领先地位的主要有影视、出版、会展、表演艺术等行业。

1. 高度定位文化产业战略地位，以切实的政策、法律推进文化产业发展

德国政府把文化产业优先发展定为基本国策，并以"新文化政策"作为 21 世纪德国文化政治的口号，强调"文化工作"要更多地服务于"所有公民社会，人际交往和美学需要的发展"。城市文化产业体系培育和文化发展的主要任务，在于促进更多的社会交往和更有效的人际沟通，以避免当代城市生活带来的孤独、陌生和彼此疏离，通过创新生活空间和交往场域，激发和重聚情感和文化心理。

2. 通过具体的优惠政策和计划布局，实现对文化（创意）产业的提前、有效和全面促进

德国政府通过制定文化（创意）产业的优惠税制制度，对文化制品、图书等的增值税，制定较低税率以保护和促进该类产品和产业的增长。政府鼓励各级城市和地区举办重大文化活动和城市庆典类嘉年华活动，各级议会为该类活动提供专项资助和拨款支持。在文化产业产值提升方面，为达到产值提升目的，德国政府制定了"联邦政府文化与创意产业行动计划"。制定各种专项奖励计划，以刺激关联产业发展，如设立奖励制度，以实现对游戏开发者优才的奖励，达到全力支持娱乐（电脑游戏）媒体以及传媒技术的发展和促进。

3. 重视人才培养，积极出台文化产业优才激励政策

首先，通过开设更多契合文化管理和文化市场拓展和培育的先导课程的方式，实现在高等教育领域的改革创新。对于从事音乐艺术类高等教育的学校，给予专门的鼓励政策。其次，在移民政策改革中，德国政府力倡社会层面上的文化多样性维持，鼓励多元地域的不同优才移民德国，为德国获得大量的具有高学历、受过良好教育的移民，并通过文化融合的方式，引导移民们逐渐从他们本土的文化背景中解脱出来，融入德国城市及其背景文化中。再次，德国政府鼓励对文化创作的奖励和扶持，政府设立了多样化的基金（会），如文学基金、视觉艺术基金会、社会文化基金等，通过奖励、展览、竞赛等方式，对文化领域从业者进行支持，奖励和扶持文化行业从业者，如对下一代音乐家给予特别资助和支持。

4. 积极发展国际贸易，重视国际交流与合作

以文化产业促进和文化贸易发展为重点的"文化外交"，在德国的国家外交事务中占有很高的地位，被称为德国外交的"第三支柱"。通过间接性的减免税收，直接支持音乐出口等方式，持续支持德国文化产业的投入和发展。同时，在具体做法上，德国通过建立诸如洪堡基金会、德国学术交流中心、歌德学院等一些法律上相对独立的经纪组织，来促进文化的沟通和输出。德国通过"有限干预"和"平衡发展"相结合的文化产业发展方式，实现对德国文化（创意）产业地位的维持，并促进文化创意经济的持续发展和增长。

5. 产业发展模式以混合模式为特征

即强调政府和市场两种力量的均衡，坚持政府统筹与市场调节相结合。坚持尽可能少的干预政策。同时，对必须干预的时间和领域，则坚决执行干预政策以促进发展平衡和调整，以此模式和思路为基础，德国形成了特色鲜明的"既集权又分权"的文化（创意）产业发展机制和模式。所谓"集权"，指的是各级政府始终确立和建构其之于文化管理中的核心和主导地位，德国政府认为，必须始终牢牢控制对文化发展与管理领域的主导权。而所谓的"分权"，则集中于指联邦政府通过适度的行政权力平衡和架构，使

政府机构的各个部门确认并下行落实文化政策到各级地方政府，将特定的文化管理责任落实、确认到具体的地方行政机构，这也成为德国政府在文化政策制定和执行方面最重要的抓手。既集权又分权的管理机制和模式，较好地克服了因为过度市场化和过度商品化而滋生的"无政府主义"倾向，对保障和落实德国的国家文化产业战略及政策，收效显著。

6. 多业共进，龙头引领

在产业发展的业态表征方面，德国主要有以下特点：出版市场持续稳定，且发展总体向好，图书市场的销售渐渐走出低谷；出版业龙头位置持续稳定，并小幅增长；传统广告业回暖，网络广告猛进；广播收入快速增长，数字电视引领时尚；电影业持续下降，期刊市场两极分化严重。

（四）法国文化产业发展特征

1. 政府居于主导地位，以完备的法制化环境做支撑

法国素来重视对文化产业的扶持发展，也是当今世界上位居前列的文化产业大国和强国，在产业发展方面，法国始终坚持国家（政府）在文化发展和文化产业体系建构中的主导作用，同时，法国也非常尊重市场力量对于文化产业发展的支配作用。由此形成了法国特色鲜明的文化产业发展模式，其核心表现主要体现为国有与私营的结合、计划与市场的互通、政府与企业的协同，它们的相互作用和融合机制，促进和提升了法国文化（创意）产业发展速度，确立了法国特色的文化（创意）产业成长和发展路径。在具体做法上，法国政府尤其重视通过政策法律实现对文化（创意）产业进行保障。法国政府出台了内容丰富、体系众多的文化（创意）产业发展政策，加强对文化遗产等特色资源的立法保护。在资金筹措、运用和支配等方面，通过先导支持的方式，对文化产业发展予以具体的支持和鼓励。在财政资金投入上，每年法国国家预算的相当大一部分，都会用于文化产业及体系的培育发展，并为各具体文化企业（行业）提供多样化的补贴，如对海外文化产业拓进和推销意义重大的外交部、教育部、文化部等的拨款补助。

2. 加强基础建设，重视基础管理

法国政府尤其重视对公共文化基础设施的建设，其建设发展的核心要旨，是通过公共服务设施的完善和优化，凸显法国国家社会经济制度的优越性。财政拨款方面，每年都会以专款账户的形式，资助重大文化基础设施建设，如从财政资金中专门设立几十亿欧元的年度基金，特别用于对各种图书馆、博物馆、剧场等设施的修建、修缮和维护。通常，当财政资金从财政部门支付至文化部后，通过年度使用规划和计划，分配给各主要发展和在建的文化设施项目。而具体建设过程中，对文化设施项目的监督管理，则以市场机制组织管理，设有董事会和财务管理委员会，定期开会。在文化基础设施和重点设施等的管理方面，法国各主要文化机构、文艺团体和艺术院校等受法国文化部直接领导，国内主要国有文化机构成立理事会，负责对重要事项的决策。

3. 支持产业领域，更扶持艺术家个体

法国国家各级政府有着深厚的支持艺术家的传统。国家政府通过多样化的方式，实现对图书、电影及艺术等领域卓越艺术家的支持：一是加强对文化创作的具体支持，如法国设立特别支持基金，用以支持各种专题的文化艺术创作；二是设立专项资金，专门用以改善艺术家的生活条件。在全球尺度上，法国比较新异的做法之一，就是通过设立专门的发展计划（娱乐促进计划），对娱乐业领域中那些没有做出重大贡献，没有显赫声誉，更或许没有固定收入的作曲家、表演者、艺术家以及专业工作人员，保障他们在失业状态时，可以得到起码和必要的生活保障和福利诉求，为这些特定人员提供保障和最低的生活供给。为支持文化产业的发展，法国政府还通过专门向特定的文化团体和文化机构预订各种专题演出节目、设立多样化的奖项和定做各种特殊需求的艺术品等方式，来达到对法国文化（创意）产业的扶持和发展。

4. 实行税收减免以鼓励文化产业发展

法国政府强化税收征管方面的制度设计，采取税率优惠的系统制度安排，鼓励和刺激文化（创意）产业发展。在具体的措施和手段上，包括增值税标准降低、专业税减免、收入所得税减免、财产税减免等多种形式。同时，税收政策与收费管理实现高度结合以刺激文化产业发展，在税收和各种收费中，专门设立了法国国家文化产业发展专用账户，如电影和电视产业支持账户、国家图书基金等来统筹发展。另外，政府成立如演出资助基金会、电影视听资助账户基金等，为电影和电视产业提供资金，实现对文化产业的支持或赞助。此外，法国尤其重视对本国高竞争力文化产业的支持和鼓励，特别将本国电影产业列为重要产业来鼓励银行金融机构的投资。

5. 大力推进国际文化贸易

在国外推广法国文化是法国外交政策中历史最悠久的重点之一。法国文化部在文化产业出口方面也起到重要作用。近年来，法国在国际上持续主张"文化例外"意识，并将"文化例外"的国家倡议延伸到世界贸易组织的合作框架体系，进而扩展到联合国机制之中，同时，为适应这种扩展和迁移，法国发起将"文化例外"延伸并调整为"文化多样性"。

6. 业态发展上，法国文化产业业态呈现传统萎缩、新军突起的整体特征

图书出版持续增长，图书出口态势良好，报纸发行备受冲击，付费报刊呈上升趋势，传统电视产业发展平稳，数字电视用户增长迅猛，传统广告增长缓慢，网络广告异军突起，电影市场出现萎缩，游戏产业前景广阔。

二 欧美主要国家文化产业发展趋势

（一）全球化使资源整合和产业发展进入新时代

要素和市场的全球化使文化全球化正日益凸显出来，文化全球化要求基于全球尺度来加强对文化（创意）产业的本底资源进行整合、配置，以获得超额利润。而国际化生产也为文化产业全球化提供了方向和指引，使各国的文化产业发展不能停留于局地的自我封闭和保守发展，而必须立足于全球尺度，以开放、动态视角联络、承接和瞩目文化产业的未来发展。同时，从另一个角度来看，全球化的文化产业扩张中，必然要求欧美主要国家之间合

作生产，协同开发和作业，如各国之间联合出资进行电影产业的拍摄、制作和上映，欧美各国（特别是美国）的电影公司把电影生产制作移向海外来降低生产成本，规避贸易壁垒等，这些协同合作，生产了一系列的"超级影片"，如《泰坦尼克号》《阿凡达》等。文化产品消费流通的全球化趋向，使那些代表了审美旨趣转变、娱乐享受转型、图像文字创新、设计声音多样化的文化产品体系，也更具有全球流动和扩张传播的可行性。随着文化传播技术的发达，文化产品和文化市场具有了全球流动的特征，文化产品和服务正逐步实现全球意义的真正共享，文化资源不再是某一国或某一地区内部资源，文化产品的生产和销售体系需要更为广泛的国际化协作。

（二）欧美占据超额市场份额，产业发展日益不平衡

在全球联系日益紧密的趋势下，世界主要国家尤其是欧美传统发展强国，在因应技术革命、产业升级和转型等多样化诉求下，加大了文化产业发展的力度，使各国文化产业都得到快速发展，欧美主要国家（英、美、德、法）由于占据了文化产业发展的绝对优势地位，在经济全球化中，它们的文化（创意）产业所占的份额和产业边际收益等，都远远高于世界其他国家，特别是第三世界国家和发展中国家。欧美传统文化产业强国中的强势文化企业集团，利用其自身雄厚的实力、领先的技术、通达的市场和完善的管理等优势，进军跨国文化经济市场，它们通过强力介入的形式，极大地扩大了自己在全球文化市场中的份额，挤压着弱势国家的文化产业和文化市场发展空间。最新的统计资料显示，当前全球的文化（创意）产业市场中，美国拥有全球文化（创意）市场中的43%，欧洲地区主要国家则占有总额的34%，美国、德国、日本和英国，作为当前全球尺度上传统的四大文化（创意）产品输出国，共占据了全球文化产品出口总额的56%左右。在文化企业实力方面，当前全球位居前50的大媒体娱乐公司，占据了世界上全部文化市场的95%。具体到新闻节目方面，目前传播于世界各地的各种新闻节目中，以英、美、德、法为首的西方七大国家几乎垄断该类节目的生产和销售，而其中的70%更是由主要的跨国大公司垄断。世界主要的大型影视公司，有36%在美国，36%在

欧洲（主要还是以欧盟为主的发达国家和地区）。近年来，美国更是控制了占据全球75%的电视节目的生产和销售，最新的图书市场数据统计显示，当前世界图书市场中，欧美国家占据了67%以上。可见，欧美主要发达国家的这种文化产业发展超级垄断地位，严重打击和抑制了发展中国家文化产品市场的发展，并使世界各国之间的产业发展更加失衡。

（三）集群化、规模化发展明显

近年来，文化产业的集群化，成为欧美国家文化产业发展的主要特征。在欧美主要国家（英、美、德、法）中，出现了大量的文化（创意）产业集聚区，这些产业园区和集聚区通过主动整合，使原有相对分散的文化业态，开始朝着典型的文化产业集群区演进。

如纽约影视产业集聚区和以好莱坞为集中区的洛杉矶等，这些以影视为主题和特色的集聚区，在发展脉络上，经历了从电影产业的集聚，到随着电视兴起，逐渐实现电影与电视的相互渗透和彼此融合，进而形成（文化）媒体（创意）产业集聚区。在欧美主要强国中，此类集聚区还有英国伦敦西区的艺术集群区，该集聚区发展至今，已然成为与美国纽约百老汇齐名的世界两大戏剧中心之一，伦敦西区目前仅各类剧院就有40多家，平均每个剧院每年演出400场左右。同时，德国汉诺威发展成为全球会展业的示范性集群区，法国集聚于巴黎的影视业也是其国内最为重要的文化产业集聚区之一，在这里，存续和汇集了大量的电影制片公司，一些为影视产业服务的唱片公司、电视广播服务公司和广告公司也汇聚于此。同时，21世纪以来，通过兼并、重组，欧美主要国家形成了全球性的产业集团，覆盖了传媒、娱乐等诸多门类。

（四）网络化、数字化趋势显著

在文化艺术的消费方式和消费领域，随着互联网的出现，当前世界的文化消费和文化娱乐形式，正在发生着翻天覆地的变化，通过信息技术、网络技术与文化产业的联姻，文化（创意）产业的各个业态实现了进一步的融合和汇聚，网络化生存的文化（创意）产业成为当今世界文化（创意）产业发展的主流。最新的统计显示，当前位居全球前 25 的信息技术和互联网高度发达国家中，其文化服务业创造的价值比开通互联网前平均增加175%。比如美国，互联网普及以来，美国文化（创意）产业创造的社会价值上升了 30%以上。欧美国家中，以数字化技术和网络化装备起来的数码机器、产业设备及各种文化产品，既带来了全新的生活理念，更点燃了新的文化需求。另外，文化（创意）产业的数字化相当迅速。数字化印刷成为未来的趋势，在数字媒体和数字电影领域，技术进步使当前处于迅速发展的内容压缩和加密技术，为盗版行为设置了更高的壁垒，使电影业在未来有了更为广阔的发展前景和空间。而数字收音机、数字录音机和数字唱片等新兴数字消费和产品热点，则共同推动着广播业和音像业等迈入数字化时代。网络游戏产业也正在培育和形成多元化的游戏消费和多元化硬件平台，产生了更多选择的盈利模式。而新兴的数字媒体和数字版权技术等，正促使数字化成为当代文化（创意）产业发展的主流趋势。

（五）业态发展多元共进，特征各异

近年来，在传统文化产业发展领域，随着竞争的进一步加剧，传统的图书出版市场，出现了极为明显的网络化、电子化和寡头化。同时，新兴的数字技术发展，推动着图书出版业结构正在发生深刻变化。从全球来看，那些垄断性的互联网运营商、数字技术开发商、大图书出版商等，正在利用其独特的资源优势，占领和收拢着内容资源的制高点，使数字出版物如雨后春笋般冒出的同时，也使传统图书的出版、批发、营销等渠道，出现了大范围的削弱下降。那些非传统图书营销渠道也在互联网技术的催化下，经由大的国际出版巨头的集中开发，而逐渐显现其全方位的服务便捷性和便利性。以美国为例，近年来，随着互联网技术的进一步生活化，在美国出版业的并购中，出现了更为明显的大金额、大企业、大财团特征。全球范围内的电子图书市场，也呈现明显的加速增长态势。各大型出版集团正以大浪淘沙的方式，不断地淘汰着中小出版商，扩充着自己的市场规模和份额。在德国，其

图书市场的发展，正在经历从低谷期向回暖期的过渡，其市场发展在有所回暖的同时，依然处于相对漫长的增长之中。

全球范围的网络广告市场，也呈现为明显的发展潜力大、前景好的态势。在信息和互联网技术等多重影响下，网络的作用和意义愈益深化，网络广告成为当今广告产业中广告收入的重要来源。电影市场格局中，一极独大的状况没有明显改变，美国仍是全球电影市场的霸主。动漫游戏产业多头并进，市场梯度格局明显，动漫游戏产业已经成为欧美国家发展的重点行业。美国动漫产业已经成为其六大支柱产业之一，形成了一个较为完整和庞大的产业链。

三 对广州文化（创意）产业发展的启示

（一）加强产业规划，重视产业发展战略体系布局

一是要加强产业发展的环境氛围营造和改善，从产业环境建设的角度出发，做实基础，做厚底子，主动创设有利于文化（创意）产业健康发展的产业环境。要对不同类型的文化产业发展实施区分指导，给予公益性文化事业必要的财政支持，鼓励文化事业单位主动介入市场竞争。二是制定文化（创意）产业发展规划，提出符合现实情况又有合理未来规划的产业政策，理顺管理体制，加强文化产业的立法和改革工作，依法管理文化产业。三是合理开发和有效整合文化资源，要立足广州文化资源本底特征，建构广州特色的文化产业发展体系。四是优化文化产业组织结构，创新运行机制。建立产权结构清晰、权责划分明确、政企良性互动、管理合理科学的文化（创意）企业新制度，创新企业运行机制。五是主动对接信息、数字化技术，建立数字化文化产业发展配套系统。要立足信息和数字化技术等，下大力气推动和促进文化（创意）产业在电视、出版、设计、广告、广播、电影全行业和全领域的数字化改造、升级，拓展在数字书店、数字报纸、数字剧场、数字图书馆、数字教育等数字辅助设施的发展，培育、搭建和完善集文

化产业研发、生产、流通、交易于一体的数字化平台，实现全产业链上的各个链条间（政、产、学、研等）高端和有效整合，拓宽文化产业链持续发展的深度和广度。六是完善知识产权保护体系。

（二）发展新型文化业态，促进多业融合发展

要促进文化和科技融合，努力发展各种新型的、具有强烈先导意义和指标含义的文化（创意）产业业态，提升广州文化（创意）产业的集约化、规模化、专业化水平。促进文化、科技和市场的多源共同融合，培育新的产业增长极。要促进数字科技与广州传统文化的有机融合，开发多元业态，形成爆炸级产业吸引物。要以英美等西方主要发达国家在文化（创意）产业多主体融合发展的成功经验为参照，出台广州市文化、旅游、体育、休闲、商贸等关联产业融合发展的相关资金扶持政策。发挥社会力量参与文化（创意）与科学技术融合及协同创新。积极出台广州市文化、旅游、商业、创意等产业的融合发展规划和政策。加强对传统文化（创意）产业的提升、改造、优化和升级，促进文化、产业、企业的融合发展。

（三）加大财政投入，完善财税政策，培育产业龙头

要加大财政投入力度，促使广州市文化产业走向良性发展道路。公共财政要充分发挥其在文化基础设施建设上的基础导向作用，重点扶持公益类文化事业单位及有典型示范性效应和社会效益的文化企业的投入，创新机制，改善投入。通过税收优惠政策的牵引作用，实行免征、减征所得税政策。对新闻出版、文化艺术、音像、广播影视、文物等部门的利税所得，实行奖励性返还。对重点发展的文化行业，如数字广播影视、电子出版物等，予以相应的税收减免等优惠政策。制定和落实广州市有关文化产品进出口管理领域的税收优惠和奖励返还政策。提升和促进产业发展专项资金的发展导向作用，鼓励多样化的社会资本大力投资文化（创意）产业。要立足广州市关联产业发展的长处和短板，集中有限财政资源，进行"栽大树，抡大锤"，重点培育优势、龙头文化企业。

（四）突出人才引领作用，优化人才培养、使用的体制、机制

作为一个深度依赖创意、技术和知识生产的产业，文化产业发展尤其依赖人才资源的核心支撑，人才是广州市文化（创意）产业发展的中坚力量。要全面借鉴欧美国家在人才引进、培养、使用方面的经验、教训，实行"引入和培育"两手抓。要建立一个完善的文化人才培养体系，建立合理的人才流动和激励机制，要建立文化产业的系统教育培养体系。加强校企合作，建立政、校、企、产业多领域协同和联合的，多行业、多层次的广州市文化产业人才教育（培训）基地。改善和优化人才使用机制，用待遇引人，用真诚留人。

（五）要树立"立足本地，面向全球"的战略大局观

全球化发展的今天，对任何一个地区中心城市来说，产业的发展离不开国内和国际两个市场的良性互动和有效演进。广州市文化产业的发展也必须始终重视国内、国际两个市场，要充分认识到国际、国内文化领域两个市场对广州市文化产业发展的良性促进作用。建立和完善文化产业"走出去"的法律法规支撑体系。既要制定出符合全球文化贸易进程中的规则、规范体系，促进广州市文化（创意）产业和文化贸易发展与国际规则的友好对接，培育一批竞争能力强的大型、外向型文化（创意）产业集团，直接进入国际竞争，更要树立精品意识，打造文化产业精品品牌。要明确（广州）中国文化产品的比较优势，有针对性地培育和塑造地方特色、民族特色的文化产品品牌。通过多样化的"走出去"渠道，建立和完善国际、国内两个文化贸易市场体系。加强与全球范围的大型文化（创意）产业集团之间建立良好的资本合作关系；积极稳妥地引进国外文化交流项目；培养具有国际营销能力的本土经纪人队伍。

参考文献

〔德〕蔡鸿君：《2015 德国书业：变革中稳健发展　守固下模式创新》，《出版商务周报》2017 年 1 月 9 日。

〔英〕保罗·理查森：《2016 年英国大众图书市场分析》，《出版商务周报》2017 年 5 月 27 日。

安宇、田广增、沈山：《国外文化产业：概念界定与产业政策》，《世界经济与政治论坛》2014 年第 6 期。

毕佳、龙志超：《英国文化产业》，外语教学与研究出版社，2017。

陈怀之：《美国动漫：世界动漫业的霸主》，《重庆与世界》2015 年第 12 期。

陈凯：《2015 年美国报业盘点》，《海外传媒》2016 年第 6 期。

陈凯：《2016 年美国报业盘点》，《海外传媒》2017 年第 8 期。

崔君衍：《法国电影的圣战》，《大众电影》2017 年第 6 期。

B.18 后 记

作为广州蓝皮书系列之一的《广州文化创意产业发展报告（2019）》，在广州市文化体制改革和文化产业发展领导小组、广州市委宣传部的指导下，由广州市社会科学院牵头、广州市文化创意行业协会协助，在广州市文化广电旅游局、广州市统计局等多个政府职能部门、各区相关部门、科研院校和重点企业的积极参与下，历时半年多，共同完成。

由广州市社会科学院产业经济与企业管理研究所和广州市文化创意产业协会组织的《广州文化创意产业发展报告》编辑部，负责本书的编辑出版工作。《广州文化创意产业发展报告（2019）》编辑工作从2018年10月开始，主报告由编辑部组织人员完成，通过对政府有关部门、企业、有关协会和行业内人士进行深入的调研，收集大量的材料，为主报告的编写打下扎实的基础。在此基础之上，对收集到的材料进行深入、细致的分析和研究，经过多次集体讨论，以及相关人员的精心撰写，顺利完成；分报告通过发征稿函、约稿等方式向市区有关部门、协会、高校、科研机构征集文章，于2019年3月完成本书的组稿工作。4月通过了由广州市社会科学院组织的专家评审，提交给社会科学文献出版社编辑出版。

《广州文化创意产业发展报告（2019）》顺利出版得益于多方力量的支持，在此对广州市文化体制改革和文化产业发展领导小组、广州市委宣传部、广州市文化广电旅游局提供的切实指导表示衷心的感谢。对本书各位作者、有关部委的大力支持，以及社会科学文献出版社的辛勤编辑工作谨表感谢！

《广州文化创意产业发展报告》自2008年编辑出版以来，其以翔实的数据、深入的调研和严谨的分析，全面总结广州文化创意产业当年的发展状况，预测广州文化创意产业的发展走势，已成为研究广州文化创意产业的重

后 记

要文献资料,受到了上级领导的高度评价。秉承"立足广州、交流互鉴"研究宗旨,我们将持之以恒地坚持每年做好报告的编辑出版工作,并期待业界人士和广大读者对报告提出宝贵意见,以帮助我们不断改进。

本书编辑部

2019 年 4 月

权威报告·一手数据·特色资源

皮书数据库
ANNUAL REPORT(YEARBOOK) DATABASE

当代中国经济与社会发展高端智库平台

所获荣誉

- 2016年，入选"'十三五'国家重点电子出版物出版规划骨干工程"
- 2015年，荣获"搜索中国正能量 点赞2015""创新中国科技创新奖"
- 2013年，荣获"中国出版政府奖·网络出版物奖"提名奖
- 连续多年荣获中国数字出版博览会"数字出版·优秀品牌"奖

成为会员

通过网址www.pishu.com.cn访问皮书数据库网站或下载皮书数据库APP，进行手机号码验证或邮箱验证即可成为皮书数据库会员。

会员福利

- 已注册用户购书后可免费获赠100元皮书数据库充值卡。刮开充值卡涂层获取充值密码，登录并进入"会员中心"—"在线充值"—"充值卡充值"，充值成功即可购买和查看数据库内容。
- 会员福利最终解释权归社会科学文献出版社所有。

卡号：528336786577
密码：

数据库服务热线：400-008-6695
数据库服务QQ：2475522410
数据库服务邮箱：database@ssap.cn
图书销售热线：010-59367070/7028
图书服务QQ：1265056568
图书服务邮箱：duzhe@ssap.cn

S 基本子库
SUB DATABASE

中国社会发展数据库（下设 12 个子库）

全面整合国内外中国社会发展研究成果，汇聚独家统计数据、深度分析报告，涉及社会、人口、政治、教育、法律等 12 个领域，为了解中国社会发展动态、跟踪社会核心热点、分析社会发展趋势提供一站式资源搜索和数据分析与挖掘服务。

中国经济发展数据库（下设 12 个子库）

基于"皮书系列"中涉及中国经济发展的研究资料构建，内容涵盖宏观经济、农业经济、工业经济、产业经济等 12 个重点经济领域，为实时掌控经济运行态势、把握经济发展规律、洞察经济形势、进行经济决策提供参考和依据。

中国行业发展数据库（下设 17 个子库）

以中国国民经济行业分类为依据，覆盖金融业、旅游、医疗卫生、交通运输、能源矿产等 100 多个行业，跟踪分析国民经济相关行业市场运行状况和政策导向，汇集行业发展前沿资讯，为投资、从业及各种经济决策提供理论基础和实践指导。

中国区域发展数据库（下设 6 个子库）

对中国特定区域内的经济、社会、文化等领域现状与发展情况进行深度分析和预测，研究层级至县及县以下行政区，涉及地区、区域经济体、城市、农村等不同维度。为地方经济社会宏观态势研究、发展经验研究、案例分析提供数据服务。

中国文化传媒数据库（下设 18 个子库）

汇聚文化传媒领域专家观点、热点资讯，梳理国内外中国文化发展相关学术研究成果、一手统计数据，涵盖文化产业、新闻传播、电影娱乐、文学艺术、群众文化等 18 个重点研究领域。为文化传媒研究提供相关数据、研究报告和综合分析服务。

世界经济与国际关系数据库（下设 6 个子库）

立足"皮书系列"世界经济、国际关系相关学术资源，整合世界经济、国际政治、世界文化与科技、全球性问题、国际组织与国际法、区域研究 6 大领域研究成果，为世界经济与国际关系研究提供全方位数据分析，为决策和形势研判提供参考。

法律声明

"皮书系列"(含蓝皮书、绿皮书、黄皮书)之品牌由社会科学文献出版社最早使用并持续至今,现已被中国图书市场所熟知。"皮书系列"的相关商标已在中华人民共和国国家工商行政管理总局商标局注册,如LOGO( )、皮书、Pishu、经济蓝皮书、社会蓝皮书等。"皮书系列"图书的注册商标专用权及封面设计、版式设计的著作权均为社会科学文献出版社所有。未经社会科学文献出版社书面授权许可,任何使用与"皮书系列"图书注册商标、封面设计、版式设计相同或者近似的文字、图形或其组合的行为均系侵权行为。

经作者授权,本书的专有出版权及信息网络传播权等为社会科学文献出版社享有。未经社会科学文献出版社书面授权许可,任何就本书内容的复制、发行或以数字形式进行网络传播的行为均系侵权行为。

社会科学文献出版社将通过法律途径追究上述侵权行为的法律责任,维护自身合法权益。

欢迎社会各界人士对侵犯社会科学文献出版社上述权利的侵权行为进行举报。电话:010-59367121,电子邮箱:fawubu@ssap.cn。

社会科学文献出版社